高校から大学への法学

[第2版]

君塚正臣 編

上石圭一
小沼史彦
畑野　勇
佐々木くみ
伊室亜希子
吉垣　実
中内　哲
水留正流
望月康恵
中島琢磨

法律文化社

第2版へのはしがき

　読者の皆様に向け，本書第2版を公刊できることは望外の幸福である。本書刊行の趣旨は，2009年刊行の初版へのはしがきをお読み頂きたく，第2版でも基本的なことは何も変わらない。なにより，法学・政治学を学ぶ大学1・2年生に，高校での学習との連関を再認識してもらい，大学での教養・専門基礎科目への効率のよい橋渡しをすることが本書の主目的である。初版は強い関心をもって迎えられた。大村敦志先生（東京大学）からも注目すべき法学入門書として，編者は先生と対談を行う機会にも恵まれ（2013年に公益社団法人商事法務研究会webにて2回連載），改訂も長く期待されていた。また，編者は，高校の教科書である『高等学校新現代社会』（帝国書院）の分担執筆者になったこともあり，「橋渡し」にさらに関心をもち，責任も感じるようになった。

　この度，高等学校の学習指導要領が改定され，続いて，山川出版社の6冊の用語集も大幅改訂された（2014年10月）ので，これらに準拠する本書も，新課程で学んだ高校生の大学入学に間に合うべく改訂した。改訂にあたり，用語を選抜する作業を行ったが，①この間に発生した事象（「東日本大震災」など）が入ったのは当然だが，②「脱ゆとり教育」を反映して，難易度の高い語が取り上げられた例があり（「リプロダクティヴ・ヘルス／ライツ」など），③法教育への期待の高まりから，高校の教科書にも法律用語が増えた（「緊急逮捕」など）ことなどがあり，このほか④全体を見直して入れたもの（「ミズーリ協定」など）と抜いたもの（「カノッサの屈辱」など），⑤継続して採用するが表記を変更したもの（「アジア・アフリカ（バンドン）会議」など）がある。また，章末の大学入試センター試験問題，大学の期末試験問題等も原則として差し替えた。章の中には，以上の用語の差替えなどに伴い，全面的な見直しを行ったところもある。

＊　　＊　　＊　　＊　　＊　　＊　　＊　　＊

　こうしてみると，やはり7年の間にも変化はあるものである。大学での法学

教育の基礎となるべき重要語が高校段階でも学ばれる傾向が強まっていることは心強い。基本的に高校での各科目を，入試科目でないからという理由で殆ど勉強しないことは望ましくない。ただ，民法，刑法に関する語が高校段階では依然として少ないことは残念である（他方，高校の教科書に関わって，社会法，国際法の非常に細かい知識が高校段階で教えられていることも再認識した）。

　本書の副次的効用は，初版はしがきに述べた通りであるが，2点補足したい。まず，高校で政治・経済や現代社会を教授されている先生方には，法教育の観点からのご活用もご検討願えればとも思うことである。非嫡出子相続分差別事件周辺の家族法の基礎知識あたりは，当分の間，入試問題でも頻出であり，そういった対策としても有用である。そして，大学の法学部の教員や3年次以上の学生，卒業生たちにも，この本を通じて，法学の周辺学問等の変化（例えば，「専業農家」よりも「主業農家」という語が一般化，「アジア・太平洋戦争」という語がかなり定着したなど）を感じ取って頂き，知的摂取の第一歩を踏み出すことを求めたいということである。法学は世の中の変化と無関係に存在はできないであろう。また，あるべき法学部（社会科学系学部）入試とはどうあるべきか，共通認識模索の意識が薄すぎることをも懸念している。

＊　　＊　　＊　　＊　　＊　　＊　　＊　　＊

　本書と『高校から大学への憲法』の2冊の改訂にあたっては，初版同様，法律文化社の小西英央氏に多大な貢献をして頂いた。また，忙しい中，この企画に引き続き参加して頂いた執筆者の先生方，特に諸般の事情で大幅な改訂をお願いしたり複数の章をご担当頂いたりした先生方には，深く感謝したい。

　2016年1月

君塚　正臣

はしがき
——高校から大学の法学・政治学教育への橋渡しの必要性——

　姉妹編『高校から大学への憲法』とともに本書を世に送る理由がある。

　ある年のある大学の法学部の講義終了後，学生がやって来たので，熱心だなと思ったら，「フランス革命ってなんですか？」と質問してきて驚愕したことがあった。聞けば，実は，大学入試で必要ない世界史は勉強していないのだという。それにしても，中学の社会科の範囲（常識）ではないか。一部私立進学高特有の現象かと思っていたら，それは氷山の一角であった。2006年秋に，全国的な地歴・公民等の未修問題が発生したことは，ご承知の通りである。

　しかし，これは単純に履修「偽装」が悪いというにとどまらない。大学進学者は過半数となったが，その基礎学力，学問をする力の基となる基本的な知識レベルが危うく，その相互関係の理解はもっと危ない状況にあるからである。大学入試に携わった経験からいえば，重箱の隅をつつくような暗記問題は意外とできるのに，常識レベルを組み合わせた応用問題の正答率は低いのである。

　果たして，このような状況は大学の教員として是認できるか。ほかの学問のことをいうのは控えるが，社会科学に関しては厳しいものがあるというのが正直な感想である。経済学に関して，ケインズはこう述べている。

　　経済学の研究には，なんらかの人並外れて高次な専門的資質が必要とされるようには見えない。…それなのにすぐれた経済学者，いな有能な経済学者すら，類まれな存在なのである。…こういうパラドックスの説明は，おそらく，経済学の大家はもろもろの資質のまれなる組合せを持ち合わせていなければならない，ということのうちに見出されるであろう。…彼はある程度まで，数学者で，歴史家で，政治家で，哲学者でなければならない。彼は記号論も分かるし，言葉も話さなければならない。彼は普遍的な見地から特殊を考察し，抽象と具体を同じ思考の中で取り扱わなければならない。（大野忠男訳の文章（『人物評伝』（東洋経済新報社，1980））を，根井雅弘『ケインズを学ぶ』（講談社，1996）より引用）

　この点は，隣接する社会科学分野はおろか哲学や歴史学，自然科学などの「諸学問の知恵」にその成果を拠っている筈の，法学や政治学でも同じであろ

う。早い話，法学や政治学を学ぶには，まずは浅くても広い知識と素養が必要なのではないか。少なくとも，大学入学前後にはそうではないか。それは，ときとして法学部の学生などが，法律学が大学で始まる学問であるがために，それを崇高な学問だという意識で臨んでしまうことや，政治学を高校の延長に過ぎないと気楽に考えてしまうことなどへの戒めでもある（特定の学問や特定の国と日本の法学との関係を過度に強調するさまざまな立場へのアンチテーゼでもある）。

とはいえ，大学入学当初に，高校時代の勉強をやり直せ，といわれても，たぶん誰もやらない（私もやらなかった）。やみくもに，世界史ぐらいやっておけ，といっても，何がどう必要か（例えば，ローマ史は，大学のローマ法，延いては民法や民事訴訟法で役立つなど）の目的意識がないと意味もない。では，法学や政治学の見地から見て，これだけは必要だということを選択し，その後の学習の基礎となる本はできないか。本書を企画した動機はまずはそこにある。

本書が主にターゲットとしたのは，高校の地歴・公民分野である。そこでの大学の法学・政治学学習に必要な語の選択は，山川出版社の6冊の用語集を利用した。理科分野にも見逃せない語もあり，こちらはブルーバックス・新しい高校理科教科書シリーズ（講談社，2006）を利用させていただいた。これらは，本書では**太字**で表記してある（英数国その他は漠然とし過ぎるので外したが，言うまでもないが軽視できない。文章読解力，論理性などはもちろん必要である）。以上の重要語を見ると，高校までの勉強がいかに無駄でないかもわかろう。これを基礎に，大学での法学・政治学（およびそれ以外の科目も）を勉強して欲しい。加えて，決して，政経の資料集，歴史地図帳などを資源ゴミにしないで欲しい。

また，本書が大学での法学・政治学の学習のためにあるのであるから，大学の教養・専門基礎段階で押さえておくべき内容にも言及している。これらは，本書では<u>**太字**</u>で表記した。高校レベルの理解がしっかりしておけば，このレベルの理解も進みやすいということが，よくわかって戴けるのではないだろうか。加えて，学習に寄与するため，各章には概念図，ColumnやKeyword，#補充的記載，設問や参考文献を付したので，適宜利用して欲しいと思う。

そこで，まず本書は，法律や政治，政策系の学部・学科に合格した新入生に，

なるべく早い段階で読む本であることを念頭においている。合格通知とともに購入を勧めたいものである。特に，AO入試や推薦入試の合格者が長い入学準備期間に読み，教科学習の不足を補うのに勧めたい。このことは，法科大学院などに他学部から入学される方にも言えることで，読まれれば，法律学が，皆さんの教養をもって対処可能なものと思われるであろう。

本書は，そのまま大学の教養科目や法学部専門基礎科目の「法学概論」，もしくは「公法入門」，「私法入門」，「社会科学入門」のような科目の教科書として使えることにもなる。12章構成になっているので，（予備日と試験日を取って）半期科目で使うのに適当であろう。非法学部・非政策系学部向けの「法学概論」としても適量であろう。特に入試科目が少ない大学では，高校の地歴・公民の基本事項の確認を本書で行ってはどうであろう。基本に立ち返ることは，2.26事件のときの投降呼びかけではないが，「今からでも遅くはない」のである。また，本書の前半は「西洋法制史」，「法思想史」，「比較憲法」，「日本法制史」，「日本政治史」，「政治過程論」などの副読本として使える。後半は，民法や刑法などの専門科目やゼミナールのガイダンスの意味もあろう。

＊　　　＊　　　＊　　　＊

以上が本書の正規の効用であるが，副産物もないではない。

大学入試に関しては，受験生を嘆くばかりでなく，出題者にも責任があるのではないかと思えることもないではなかった。法学部や経済学部の試験問題なのに文化史を7割も出題することや，自分の狭い専門から高校レベルを超えた難問を出題することなどは，学問の後輩の育成にとって有害と考えるべきではなかろうか。振り返ると，本書は，適正な出題レベルの手引きとなっていると思えるので，多忙な中，出題にあたってしまった先生には御一読願い，知恵を出し合うことを願いたいのである。本書を受験生が読めば，出題されやすい箇所をチェックできることになるのかもしれないが，有意義な学習を重点的に行うことは悪いことではない。結果，理屈の通った（論理整合的な）正解選びや必須事項の記述を求めるような良問が増えることはお互いのためであろう。

また，本書編集の段階で，民法や刑法という法学の基本科目に関連する事項

が高校段階で意外と教えられていないことが判明した。裁判員制度が始まる時代に，愚民政策がまだ続いているのではないか。互いに人を個人として尊重し，自律した者同士が契約を結び，犯罪を抑止して，「法の支配」を貫徹できる社会を作るためには，高校段階で法学のごく基本は教えられるべきではないかと考えられる。近時，「法教育」に関するさまざまな動きがあると認識しているが，明治以来，教育論議がしばしばイデオロギッシュになりやすかったことの再演になりはしないかと危惧する気持ちもある。思想教育的になることを避け，民法や刑法の基礎レベルを，素直に降ろせばいいのである。高校では「現代社会」の相当部分が「政治・経済」と重複してしまっているが，その部分をそれに当てて仕立て直すことを提言したいものである。むろん，高校では両科目とも勉強するものとして。そうでなくとも本書は，（手あかのついた表現であるが）市民のための法学入門として活用できる本にはなるものと思うのである。

　本書と『高校から大学への憲法』の2冊の刊行に当たっては，『ベーシックテキスト憲法』（2007年）同様，法律文化社の小西英央氏に多大な貢献をして戴いた。忙しい中，この企画に参加して戴いた若手研究者の皆様にも深く感謝したい（なお，「はしがき」の主張は編者のものであり，全執筆者を巻き込むものではない）。そして，読者の皆様の学習，学問，研究が進展することを祈ります。

　本書の性格上，参考にさせて戴いた先行業績の一部を章末に掲げるにとどめ，細かくは引用致しませんことをお詫び申し上げます。

　　2009年1月

　　　　　　　　　　　　　　　　　　　　　君塚　正臣

目　　次

第2版へのはしがき
はしがき
略　語　表

第1章　西洋古代・中世史——昔の人々は法とどう関わってきたか ……… 1

　　Ⅰ　法の源流（2）　　Ⅱ　中世の社会と法（9）　　Ⅲ　中世社会，中世法から近代社会，近代法の成立へ（12）

第2章　西洋近代史——近代国家の登場と民主制のはじまり ……………… 15

　　Ⅰ　中世ヨーロッパの封建社会（16）　　Ⅱ　ルネサンスと宗教改革（17）　　Ⅲ　絶対王政の時代（18）　　Ⅳ　市民革命の時代（21）

第3章　日本近代史——立憲政体下での政党の台頭と衰退 ………………… 33

　　Ⅰ　近代国家の建設（34）　　Ⅱ　政党政治の確立（40）　　Ⅲ　政党政治の崩壊（48）

第4章　日本戦後史——日本国憲法の理念と国際関係の現実の狭間で ……… 55

　　Ⅰ　戦後の日本——ファシズムの崩壊と米ソ冷戦構造の確立（56）　　Ⅱ　高度成長期の日本——冷戦の継続と多極化（61）　　Ⅲ　バブル経済崩壊後の日本——社会主義の凋落と「文明の衝突」（66）

第5章　個人と家族——2つの転換〜戦前から戦後・戦後から現在〜 ……… 71

　　Ⅰ　基本的人権（72）　　Ⅱ　家　族（76）　　Ⅲ　現代の家族問題（82）

第6章　契約と自己責任（私的自治1）——民法の基本原則と意思表示
　……………………………………………………………………………… 87

　　Ⅰ　法における民法（88）　　Ⅱ　民法の基本原理——近代民法の原則（90）　　Ⅲ　私的自治——契約と意思表示（92）　　Ⅳ　契約と所

vii

有権（物権）の交錯（96）

第7章　保護と救済（私的自治 2）──消費者問題と公害問題を中心に‥99

Ⅰ　契約と消費者問題（100）　　Ⅱ　担保と消費者問題（104）　　Ⅲ　不法行為と消費者問題・公害問題（107）　Ⅳ　権利の実現＝司法上の救済（112）

第8章　企業と資本主義──企業を取りまく主要な法制度を概観する …115

Ⅰ　企業活動に関する法（116）　　Ⅱ　企業活動と取引に関する法（123）　　Ⅲ　企業活動と企業のグループ（126）

第9章　労働と社会保障──福祉国家・日本における社会的弱者の救済‥131

Ⅰ　労働者と使用者との法律関係（132）　　Ⅱ　労働者の連帯と使用者への対抗──労働基本権の法認（136）　　Ⅲ　人たるに値する生活の実現──生存権と社会保障（141）

第10章　犯罪と刑罰──刑事法の世界 ……………………………149

Ⅰ　刑　罰（150）　　Ⅱ　犯　罪（153）　　Ⅲ　刑事手続（157）

第11章　国家と条約──国際社会に共通するルール ………………163

Ⅰ　国際社会の誕生と発展（164）　　Ⅱ　20世紀以降の国際社会（172）　　Ⅲ　グローバリゼーションと国際社会の課題（175）　　Ⅳ　国際法の日本への影響（179）

第12章　戦争と平和 ……………………………………………181

Ⅰ　第二次世界大戦までの国際政治（182）　　Ⅱ　第二次世界大戦後の国際政治（188）　　Ⅲ　冷戦終結後の世界──地域紛争・民族紛争・テロ（195）

索　　引　199

Column 目 次

1 ギリシャ悲劇にみる法思想 (4)　2 ローマ法の形式性 (6)　3 近代の法典編纂 (11)
4 イギリス（英吉利）(20)　5 会議は踊る (28)　6 大日本帝国憲法における天皇制 (38)
7 憲法案の幅 (58)　8 自民党の派閥 (64)　9 法典の口語化 (68)　10 法化社会 (68)
11 個人主義 (72)　12 明治憲法の下での仏教 (73)　13 ライフサイクル (80)　14 遺言の
方式 (80)　15 非嫡出子に対する差別 (82)　16 国際結婚の増加 (83)　17 日本国憲法24条
の性格 (84)　18 慣習と法律の関係 (88)　19 日本民法の歴史 (90)　20 民法（債権関係）
改正法 (90)　21 宇奈月温泉事件 (97)　22 債務奴隷 (104)　23 公害問題の展開 (107)
24 債権の発生原因 (108)　25 胎児と不法行為 (111)　26 安全配慮義務 (112)　27 権利義
務の帰属主体としての法人 (117)　28 WTO 紛争処理制度 (126)　29 株式交換・株式移転制
度 (129)　30 ILO とわが国の最低労働条件 (134)　31 労働法のこれから (141)　32 過労
死と労災認定 (145)　33 国民皆保険・皆年金への懸念 (146)　34 学派の争いの前提 (151)
35 類推解釈，拡張解釈，言葉の可能な範囲内での解釈 (155)　36 国際法は法か (166)　37
国際法と国内法の関係 (169)　38 国家は他国から承認される？ (173)　39 台風はなぜ日本に
上陸するのか？ (176)　40 国際政治に対する世論の関心の高まり (185)　41 マッカーサーの
日本中立論と沖縄 (190)

Keyword 目 次

1 『神の国』(8)　2 大正デモクラシー (45)　3 55年体制 (62)　4 ロッキード事件
(64)　5 戸籍 (77)　6 家事審判 (79)　7 血族 (81)　8 合計特殊出生率 (85)　9
相殺 (93)　10 一般条項 (94)　11 時効 (97)　12 割賦販売 (104)　13 リーマン・
ショック (121)　14 電子記録債権 (125)　15 TOB（株式の公開買付け）(128)　16 解雇権
濫用の法理 (135)　19 ラダイト運動 (136)　20 春闘 (137)　21 再審 (160)　22 国連海
洋法条約 (164)　23 国際慣習法 (165)　24 外交官特権 (167)　25 拒否権 (171)　26 政
府開発援助（ODA）(171)　27 サミット (178)　28 人間の安全保障 (197)

略 語 表

裁判所の判決・決定等

大判	大審院判決
最大判（決）	最高裁判所大法廷判決（決定）
最判（決）	最高裁判所小法廷判決（決定）
高［支］判（決）	高等裁判所［支部］判決（決定）
地［支］判（決）	地方裁判所［支部］判決（決定）

判例集（＊民間刊行物）

刑録	大審院刑事判決録
大民集	大審院民事判例集
民（刑）集	最高裁判所民事（刑事）判例集
下民（刑）集	下級裁判所民事（刑事）判例集
判時	判例時報＊
集民（刑）	最高裁判所判例集民事（刑事）

学習に役立つウェブサイト

（以下の**太字**で検索すると便利です）

衆議院　http://www.shugiin.go.jp/index.nsf/html/index.htm

参議院　http://www.sangiin.go.jp/

首相官邸（内閣）　http://www.kantei.go.jp/

　　法令データ提供システム　http://law.e-gov.go.jp/cgi-bin/idxsearch.cgi

　　条約データ検索　http://www3.mofa.go.jp/mofaj/gaiko/treaty/index.php

裁判所　http://www.courts.go.jp/

　　判例　http://www.courts.go.jp/search/jhsp0010?action_id=first&hanreiSrchKbn=01

　　裁判所の管轄　http://www.courts.go.jp/saiban/tetuzuki/kankatu/index.html

　　各地の裁判所一覧　http://www.courts.go.jp/map_list.html

　　＊　各裁判所の裁判官名は，上記「各地の裁判所一覧」の中の「裁判手続きを利用する方
　　　　へ」の中の「担当裁判官一覧」をクリックする　**最高裁**の**裁判官**については http://
　　　　www.courts.go.jp/saikosai/about/saibankan/index.html

　　裁判手続（民事・刑事事件などの手続の説明）　http://www.courts.go.jp/saiban/

法務省　http://www.moj.go.jp/　司法試験等は「資格・採用情報」をクリック

検察庁　http://www.kensatsu.go.jp/

日弁連（日本弁護士連合会）　http://www.nichibenren.or.jp/

法テラス　http://www.houterasu.or.jp/

自由人権協会　http://www.jclu.org/

地方自治体（LASDEC（地方自治情報センター）のウェブサイト）　https://www.j-lis.go.jp/
　map-search/cms_1069.html から当該都道府県（→**市区町村**）をクリック

国連（国際連合広報センター）　http://unic.or.jp/index.php

法令の調べ方（大阪府中之島図書館）　http://www.library.pref.osaka.jp/nakato/guide/hourei.
　html#tsutatsu

文献検索（国立**国会図書館**）　http://opac.ndl.go.jp/index.html

文献検索（**CiNii**　国立情報学研究所）　http://ci.nii.ac.jp/

書籍検索（**Amazon**）　http://www.amazon.co.jp/ から和書・洋書を検索

消費者庁　http://www.caa.go.jp/　　**消費者の窓**　http://www.consumer.go.jp/

国民生活センター　http://www.kokusen.go.jp/

日本国憲法の誕生（国立国会図書館）　http://www.ndl.go.jp/constitution/index.html

第1章　西洋古代・中世史

昔の人々は法とどう関わってきたか

【 概 念 図 】

　学校に校則があるように，社会にも法がある。法は，私たちの生活にとっては切り離すことができない存在であり，昔から社会に存在していた。法とはいかなるものか，いかなるものであるべきかについては，そのときどきの社会のありようの影響を受けてきたし，多くの思想家によってさまざまな思索がなされてきた。それらは今日の法思想にも受け継がれている。こうした法思想を学ぶことで，法への理解を一層深めることができる。

■古代社会と法　→Ⅰ参照
　　古代ギリシャ
　　ソクラテス（問答法）
　　プラトン（哲人政治）
　　アリストテレス（配分的正義，調整的正義）
　　古代ローマ
　　ローマ法の発展（市民法，万民法）と衰退
　　キリスト教→個人の自由意志，自然法と人定法
■中世社会　→Ⅱ参照
　　法学提要の再発見→ローマ法学復興へ
　　ルネサンス──人間性の解放→合理的思考へ
　　封建制の衰退→絶対王政へ
■近代の幕開け　→Ⅲ参照
　　近代啓蒙思想
　　ホッブス，ロック，ルソー　　社会契約論
　　モンテスキュー　　三権分立論
　　カント，ヘーゲル　　理性の尊重，近代社会論
　　近代法学の展開
　　法典編纂　歴史法学からの抵抗
　　概念法学とその批判―自由法学

I　法の源流

1　古代社会と法

（ⅰ）　どんな社会にも法はある　　「社会あるところ**法あり**」といわれ，法は集団生活とは切り離すことができない。古代メソポタミアのウル・ナンム法典（B. C. 21世紀頃）や古代バビロニアの**ハンムラビ法典**（B. C. 18世紀）のように，古代社会にも法があったし，未開社会にも法はある。法は社会秩序を維持・恢復する機能を果たす，人間社会にとって不可欠な存在なのである。

（ⅱ）　古代中国と法　　もちろん社会の秩序を維持する機能を果たしうるのは法だけではない。中国の春秋戦国時代（B. C. 770-B. C. 221年）の**孔子**（B. C. 551-B. C. 479年）や**孟子**（B. C. 372-B. C. 289年）など，**諸子百家**の一つであった儒家は，徳や礼による社会統治を説いた。このように徳によって社会を治める考えを**徳治主義**という。

> ＃　孔子の教えを記したとされる論語には，「これを道びくに政を以てし，これを斉うるに刑を以てすれば，民免れて恥づることなし。これを道びくに徳を以てし，これを斉うるに礼を以てすれば，恥ありて且つ格る」（為政篇）とある。これは，法や刑罰で治めようとすると，民は法の網をくぐろうとするが，徳や礼節で治めれば，民は恥を知って身を正すようになるということであり，徳治主義の考え方をよく表している。

儒教では，天から信を受けて建てられた王朝の君主が徳を失って天にみはなされたときには新たな君主が出て，新たな王朝を建てる（**易姓革命**）と考えた。

孔子の亡き後，儒家は，人の本性を善と考える**性善説**を唱える孟子の一派と，人の本性は悪と考える**性悪説**を唱える荀子の一派に分かれた。荀子（B. C. 313-B. C. 238年）は，人の本性は無限の欲望に支配される結果として，社会が乱れるのだと考える。そして人間の行動を礼で規制する必要性を説いた。

この荀子の思想に影響を受けつつも，法による社会統治（**法治主義**）を説いたのが**韓非**（B. C. 3世紀）に代表される法家である。その思想は秦の始皇帝（B. C. 259-B. C. 210年）に採用され，法（**秦律**）の整備が図られた。

第1章　西洋古代・中世史

　その後の中国では，社会統治の中心原理となる思想となったのは徳や礼を中心とする儒教思想であり，律令制度は発達したものの，法家の思想は社会統制の中心的な思想とはならず，法が中心原理となることはなかった。

2　西欧法思想の源流──古代ギリシャの思想家

　西欧では，古代ギリシャ期より，法が重要な社会原理の一つであった。古代ギリシャでは，市民がポリスの政治に自由に参加できたため，弁論術が重視された。そうした中で，報酬を得て，人々に弁論術をはじめとするさまざまな知識を教えた者が**ソフィスト**である。彼らは，伝統的な立場から離れ，**相対主義**の観点から自由に当時の法や制度について論じ，**ロゴス**（言葉，**理性**など）によって真理を求めようとした。古代ギリシャ思想の特徴は，ロゴスによって物事の奥に潜む法則や原理を明らかにしようとする**フィロソフィア**の精神として表すことができる。古代ギリシャの哲学者のうち，とりわけ有名な**ソクラテス，プラトン，アリストテレス**の思想についてみることにしよう。

　（i）ソクラテスの思想　　ソクラテス（B. C. 469頃-B. C. 399年）については，自身の著作は残っていないが，弟子のプラトンの著作によって彼の思想を伺い知ることができる。彼は，弟子との対話の中で相手に質問を投げかけ，それに相手が答え，それに対して新たな質問を投げかけるのを繰り返すことで，相手が真理に到達するよう導く**問答法**により弟子を指導したとされる。ソクラテスは，若者を堕落させるという理由で**裁判**にかけられ**死刑**判決を受けた。弟子たちは脱獄を勧めたが，ソクラテスが脱獄を拒否し，毒を飲んで死んだことは有名である。

> ＃　ソクラテスの死をめぐっては，「悪法も法か」という問題として，よく取り上げられる。だが，ソクラテスは「悪法も法だ」といっていない。プラトンの『クリトン』によれば，国家によって育てられ，しかも国家による統治を承認してきたこと，追放刑を選択できたのにそうしなかったことを理由として，ソクラテスは脱獄を拒否したのだという。

　（ii）プラトンの思想　　プラトン（B. C. 427-B. C. 347年）は，『国家』において，民主制では，民衆は思い通りのことを何でも行うことが許されるため，自

3

由を極限まで求める結果，僭主制（せんしゅ）に取って代わられると唱えた。また，ポリスがうまく統治されるためには，人々の欲望を抑制させることが必要だと考え，とりわけ指導者の資質を重視した。そして理想的な政治体制では，知性と勇気，節制を兼ね備えた哲人が統治者となり，勇気や節制をもつ補助者とともに政治に関わるべきだ（**哲人政治**）と考えた（晩年の著作『**法律**』では，哲人政治の思想は表に出てこなくなっている）。

　(iii)　**アリストテレスの思想**　　アリストテレス（B. C. 384-B. C. 322年）は『**形而上学**』の中で，万物には，それを構成する素材ともいうべき**質料**（ヒュレー）とは不可分なものとして，そのものに内在し，そのものの性質を付与する**形相**（エイドス）があると考えた。そして経験や観察をもとにして論理的に命題を導き出すことを重視した。彼の倫理学では，人間の活動には目的があり，そのような目的の最上位には最高善である幸福があるという。そのための正義として，各人の分け前を各人に配分する**配分的正義**，均衡が失われた場合にこれを回復する**調整的正義**（矯正的正義）を区別した。彼は，社会の成り立ちとして，まず男女と子ども，奴隷とからなる「家」ができ，家が集まって「村」ができ，村が集まって「ポリス（国）」ができると考えた。そして，そのような国家は人間が生存のために生じ，よりよく生きるために存在するものであり，**人間はポリス的動物である**（人間は自然によって国家的動物である）（『**政治学**』）と考えた。

　アリストテレスは，寡頭制と民主制が上手く混合した体制が望ましい政治体制だと考えた。これは，優れた人を寡頭制によって確保する一方で，民衆の衆知と政治教育を民主制によって確保でき，しかも両者が互いに規制し合うことで腐敗を防ぐことができると考えたからであった。

Column 1　**ギリシャ悲劇にみる法思想**　　古代ギリシャ哲学の法思想の一端をギリシャ悲劇の一つ『アンティゴネー』にみることができる。国王クレオンによって，反逆者ポリュネイケースの亡骸を埋葬してはならないという布令が出されていたにもかかわらず，その妹アンティゴネーはこれに従わなかったため，捕らえられる。クレオン王の面前に引きずり出され，埋葬を禁ずる布令を知りながら，な

第1章　西洋古代・中世史

ぜ埋葬したのかと問いただされたアンティゴネーは，その布令がゼウスや正義の女神の掟ではないこと，書き記されてはいなくても，神の定めた掟は古くから続いてきた何人たりとも改変できないものであることを主張する（ソポクレース『アンティゴネー』）。アンティゴネーの主張する，書かれてはいないが，人がつくる法より上位に位置し，人が変えることのできない普遍の法は自然法と呼ばれる（これに対し，人がつくる法を実定法という）。この自然法という考えは，今日においても議論される法哲学（法理学）上の重要な法思想の一つである。

3　古代ローマの社会と法

（ⅰ）　共和政ローマの歴史　　ローマは伝説によれば，ロムルスとレムスという双子によって都市国家として建設されたといわれている。もともとは王政であったが，B. C. 509年に共和政となった（共和政治）。

　共和政ローマでは，元老院が候補者を選び，ケントゥーリア民会によって選ばれたコンスル（執政官）が形式上の元首とされた。元老院はコンスルの諮問機関と位置づけられてはいたが，実質的には強大な権力を握った。また非常時には，全権を掌握するディクタトル（独裁官）の制度が設けられていた。

> ＃　ローマでは奴隷制が敷かれ，戦争捕虜らが大農場経営の基盤となった。剣闘士奴隷は，選挙権をもつ市民のために円形闘技場の見せ物とされ，その多くは命を落とした。奴隷はもちろん，女性も共和政の政治決定から排除されていた。

　共和政ローマはその末期，貴族で構成された元老院中心の貴族政治を重視する者と，平民中心の政治を重視する者との対立が激しく，政治的に不安定になった。このとき，カエサル（シーザー）（B. C. 100頃-B. C. 44年）は元老院の機能や権威を低下させ，護民官や民会も有名無実化させ，自ら終身独裁官に就いた。カエサルがブルートゥス（B. C. 85-B. C. 42年）らによって暗殺された後，彼の甥のオクタウィアヌス（B. C. 63-B. C. 14年）は，その後の内乱を勝ち抜き，元老院よりアウグストゥスの称号を贈られたことで実質的に帝政ローマが始まった。

> ＃　共和政ローマの時期，ローマは都市国家から脱して，版図を広げようとした。そのた

めの戦争で戦力の中心となった**重装歩兵**が平民から構成されていたことから，平民の力が強まり，その地位は次第に向上した。平民の地位の向上は，貴族からなるコンスルに対して護民官がつくられたり，民会に対して平民会がつくられたり，2名からなるコンスルの1人を平民から選ぶといった改革として現れた。

　共和政ローマの末期から帝政ローマ初期にかけての思想で有名なのは，**ストア派**である。ストア派は，人間には自由意志があると想定し，徳の実践を重視する考えであり，キリスト教が普及する前のローマに大きな影響をもたらした。ストア派の代表的な人物にはセネカ（B. C. 4頃-65年）や，**五賢帝**の一人だったマルクス・アウレリウス・アントニヌス（121-180年）がいる。

　(ii)　ローマ帝国とローマ法の発展　　ローマが都市国家から外部に向けて大きく発展するにつれ，**ローマ法**の体系も発展していった。B. C. 450年に**十二表法**が制定された以外にも数多くの法が制定された。当時の法律には，例えば**契約**や**贈与**などの要式について細かな定めがあり，これらの要式に従わない行為は無効とされる形式性の強いものであった。ローマの法律家は，それらの法律を形式的に尊重しながら，現実にあうように創造的に法を解釈していった。また法律を補充するものとして，法務官が法務官告示を出し，これが法務官法を形成することで，社会の変化に法を適応させていった。十二表法をはじめとする法律とこれら法務官法からなるのが**市民法**である。ローマ帝国の版図が拡大し，外国人との関係も法で規定する必要が出てくると，これまでのような要式性を維持することが困難になってきたことから，より柔軟な**万民法**が形成された。さらに自然法とは，自然世界の必然法則であって人間の本性に関わる法則が法として現れたものとされた。

Column 2　**ローマ法の形式性**　　ローマ法の厳格な形式性を表す逸話がガイウスの『法学提要』にある。十二表法の第8表には，「他人の木（arbor）を不法に伐採した者は木1本に附き25アス支払わなければならない」という規定があった。これに対して，ブドウの木を切られた者が，「ブドウの木（vitis）」を切られたと訴えたところ，「木（arbor）」という単語を用いていなかったために，その訴えは認められなかったという。

6

第1章　西洋古代・中世史

　ローマ法の最盛期は1世紀から3世紀にかけてだといわれる。その後は，神格化された皇帝による勅令が法実務の中核を占めるようになり，ローマ法学は衰退した。裁判官が判決に際してどの学説に従うべきかの決定すら困難になり，東西のローマ皇帝が共同で，学説引用の方法を示した引用法を公布（426年）したことは，ローマ法学がいかに衰退していたかを表している。

　このような状況に対して，**ビザンツ（東ローマ）帝国のユスティニヌス1世**（在位527-565年）は，それまでに伝わっていたローマ法の学説法からなる法典を編纂させた。これを**ローマ法大全**（市民法大全）という。ローマ法大全は，ローマ法についてのこれまでの法学者の解説の抜粋（学説彙纂），それを簡易化したもの（法学提要），ユスティニヌスが発した勅令（勅法彙纂と新勅法彙纂）からなる。ユスティニヌス帝は，この編纂事業によってローマ帝国の理念の復活をめざした。だが，西ローマ帝国はすでになく，東ローマ帝国内においても，ローマ法大全は9世紀末には使用されなくなった。その後，ローマ法大全が再び注目されるようになるのは，11世紀にイタリアでローマ法大全のうちの法学提要が再発見されたことで，ローマ法ルネサンスが起こってからである。

4　キリスト教とローマ帝国

　イエス（B. C. 4頃-28年頃）は紀元1世紀前半にパレスチナのガラリア周辺で活動した。彼の教えは社会的な弱者に目を向けたものであったが，イェルサレムで逮捕され十字架刑に処せられた。彼の死後，弟子たちが広く積極的に伝道を始めたが，他の宗教との摩擦を生み，迫害されることも多かった。

　3世紀になって**キリスト教**に対する誤解も解けると，教会は多数の信者を抱えるようになり，勢力を拡大しだした。その後，312年のミラノ勅令によって，すべての宗教信仰の自由が認められ**キリスト教の公認**がなされた（313年）。その後，キリスト教はコンスタンティヌス帝から教会保護政策を受けるようになり，392年には国教として認められるようになった。

7

Keyword 1 『神の国』 ローマ帝国の著名な神学者, アウグスティヌス (354 -430年) の著作。この中で彼は, 全てのものが神の意志によって生み出されたことを主張した。さらに, 人間についても, 各人が自由な意志によって, 信仰することの大切さを説いた。その思想は, トマス・アクィナス (1225-74年) をはじめ, 中世・近世の思想にも大きな影響を及ぼした。

　キリスト教が国教となった後, 当時盛んだったストア派の思想をもとにキリスト教の立場からの法思想も展開された。アウグスティヌスは, 神的理性の表現である不変の永久法と, その一部で人間が理性で認識可能な自然法, さらに人間が時間的空間的制約の下に人為的につくる時間的法を区別した。アウグスティヌスの法思想を受けてアクィナスが展開した法思想では, 法は神の摂理である永久法, 人間がその自然的本性から向かう目標である自然法, 自然法をもとに人為的につくられる人定法に3分されていた。

5　ローマ帝国の崩壊と中世のはじまり

　4世紀, ディオクレティアヌス帝は, 自らの神的権威を強めるため, 臣下に**皇帝崇拝**を求めるなど, 専制君主化した。広大な版図を効率的に統治して内外の危機に対応すべく, 皇帝を正帝2人, 副帝2人設ける4分統治制をとった。

　次の皇帝, コンスタンティヌス帝は首都をローマからビザンティオン (現在のイスタンブール) に移した。これは首都をローマから移すことで, キリスト教的な首都を建設することをめざしたためとされる。当時, ローマ帝国は, 東方からはササン朝ペルシアの侵入に, 北方からはフン族の圧力の影響を受けて始まった**ゲルマン人の大移動**に伴うゲルマン人の侵入に苦しめられていた。

　その後, テオドシウス帝は, 死に臨んで, 帝国を東西に2分割して子どもに与えた。これによってローマ帝国は東西に分裂し, 両帝国はそれぞれ別の道を歩み出した。西ローマ帝国は, 西ゴート族をはじめとするゲルマン人の侵入に苦しんだ。そして467年, ゴート族の王だったオドアケル (433-493年) がローマ皇帝を倒したことで, 西ローマ帝国は崩壊した。この西ローマ帝国の崩壊はまた, 中世の幕開けとして位置づけられる。

第1章　西洋古代・中世史

Ⅱ　中世の社会と法

1　中世社会の歴史

（ⅰ）　フランク王国から神聖ローマ帝国建国まで　　ゲルマン人の大移動は4
世紀に始まったが，フランク族は早い段階で勢力を広げた。そのフランク族を
統合したクロヴィス1世（466-511年）は，**フランク王国**（メロビング朝）を建て
るとともにカトリックに改宗して，**ローマ・カトリック教会**との関係を強めた。
その死後，フランク王国は分裂するが，7世紀末に中ピピン（635？-714年）が
フランク王国を再興した（カロリング朝）。

　当時，教会は偶像崇拝を許容するか否かをめぐって，東西の教会間で対立を
深めていた。そのためローマ教会はフランク王国による保護を求めた。一方，
フランク王国も支配のための権威を必要としていたため，両者は結びつきを深
めることになった。小ピピン（714-768年）がイタリア遠征によって得た領土を
ローマ教皇に寄進したことで**教皇領**が成立したのは，その現れであった。

　フランク王国は，カール大帝（在位768-814年）の時期には，東ローマ帝国に
並ぶ広大な王国となった。だが，その死後，フランク王国は3つに分裂した。
このうち，西フランク王国はゲルマン人の侵入に苦しみ，**キリスト教**への改宗
を条件に，911年に彼らをノルマンディーに定住させ，**ノルマンディー公国**
（～13世紀）をつくらせた。他方，東フランク王国は王権が弱く，諸部族を基盤
とする**諸侯**が力をもった。そのうちのザクセンのオットー1世が教会との関係
を深め，962年に教皇からローマ皇帝に任ぜられた（**神聖ローマ帝国の成立**）。

（ⅱ）　神聖ローマ帝国の歴史　　神聖ローマ帝国では，諸侯の勢力が強かった
ため，教会は皇帝や国王の支配を強く受け，教会権力の世俗化が進んだ。10世
紀頃には教会の世俗化に対する改革も起こり，国王と教会との対立が深まった。

　＃　その例がカノッサの屈辱（1077年）である。教皇グレゴリウス7世が国王ハインリッ
　　　ヒ4世を叱責する書簡を送ったのに対して，国王が教皇を廃位する決議を行ったことに
　　　端を発する。教皇はハインリッヒ4世の廃位と破門を宣告し，他の諸侯がこれに同調し

9

たことから，国王はカノッサに赴いて教皇に謝罪し，ようやく破門を解かれた。この事件により，教皇の権威はいっそう強まることとなった。

　この国王と教会との対立（叙任権闘争）は，1122年の**ヴォルムス協約**によって決着をみた。その後も教皇は教皇権の強化に努め，**イノケンティウス3世**（在位1198-1216年）のときに最高に達した。

　13世紀半ば，実質的に皇帝が不在の大空位時代（1256-73年）が生じたこともあり，神聖ローマ帝国自体が形骸化し，諸侯による独立傾向が強まった。それに伴う王権の伸張により，教皇権力は低下した。1309年から約70年間，教皇がフランス王の支配下にあった（教皇のバビロン捕囚）ことはその例である。教皇がローマに戻った後も，フランス王は別の教皇を立て，それをフランスやイベリアなどが支持したことから，**教会大分裂**（大シスマ。1378-1417年）が決定的な状態になり，教皇の権威は大きく低下した。こうして教会権力と皇帝権が力を低下させると，聖を支配する教皇権力と俗を支配する王権とが分離していった。

　(ⅲ)　中世の崩壊　　中世の西ヨーロッパは**封建社会**であり（→第2章Ⅰ **1**），地方では**荘園制**が広がっていた。農民の多くは**農奴**として保有地を耕作し，作物を地代として領主に納めたり，賦役を課されたりしていたが，農業技術の向上や貨幣経済の進展により，13世紀頃には地代を金銭で納めるようになった。

　中世末期になると，ペストや戦争の影響で人口が激減し，封建制の下での経済は危機的な状態になったため，封建領主は，王権に頼ってこの危機を脱しようとした。他方，新大陸の発見などによる経済発展により，新興ブルジョア層も力をもってきてはいたが，政治を動かすほどの力はなかったので，王権の庇護を求めた。こうした状況の下で，国王が絶対的な力をもつようになり，**絶対王政**が始まった（→第2章Ⅲ）。絶対王政の成立は，中世から近世への移行でもあった。

2　中世の法

　西ローマ帝国滅亡後の西欧では，**ローマ法大全**が用いられることはなかったが，世俗化した**ローマ法**が伝わっていた。11世紀に『法学提要』が再発見され

たことで，ローマ法への関心が高まり，それはヨーロッパ全土に広まった。その際，法学者は学説彙纂に含まれる矛盾を調和的に理解し，それを法実務に提供しようとすることを通して，さまざまな法概念を生み出していった。ドイツも，イタリアで発達したローマ法の影響を強く受けた。だが，ドイツには古くからの**慣習法**（固有法）もあったため，実務ではどの法を使うべきかが問題となった。その中で，16世紀末以降，ローマ法やドイツの固有法をもとにしつつ，時代に即した法の作成が図られることになった。近代の法典編纂はその延長に位置づけられる。フランスでは，北部地域はローマ法の教育・研究が禁止されたために慣習法の影響が強く残ったのに対し，南部地域はローマ法を継受した。

　こうした**大陸法**とは異なり，イングランドではローマ法の継受はなかったとされる。イングランドでは早い時期から法曹が自立して法曹団体を形成していたこと，そして**判例法**である**コモン・ロー**の体系を維持するとともに，それを補うものとして**大法官府裁判所**において**エクィティ**を発達させることで法の近代化を図ったことがその理由である（現在ではコモン・ローもエクィティも同じ**裁判所で扱われている**）。こうして判例法をもとにした**英米法**が形成された。

Column 3　　**近代の法典編纂**　　19世紀初頭は，ヨーロッパ各地で法典編纂運動が起こった。フランスでは1804年に**ナポレオン法典**が公布され，法典編纂が進められた。ドイツでは，ナポレオン法典の影響を受け，法典編纂を進めようとする動きがあったが，その一方では，ドイツ固有の法を重視する**サヴィニー**（1779-1861年）ら**歴史法学**の立場も強く，法典編纂は遅れた。しかも一般民法典が公布された後も，ドイツ各地の慣習法は強く残った。こうした状況において，法文からの演繹で対応しようとする**概念法学**に対して，**法の欠缺**については裁判官が自由に法を創造するという**自由法学**も展開された。この自由法学の延長には，**エールリッヒ**（1862-1922年）が提唱した**生ける法**を発見する**法社会学**がある。歴史法学は，**メイン**（1822-88年）が『古代法』を著したように，イングランドでも起こり，**法制史**研究を活発化させることになった。

Ⅲ　中世社会，中世法から近代社会，近代法の成立へ

1　近代ヨーロッパの成立

　14世紀になると，イタリアからヨーロッパ全土に**ルネサンス**が広がった。ルネサンスにより，教会によって抑圧されていた人間性を復活させる動き（ヒューマニズム）が広まった。**トマス・モア**（1478-1535年）や**マキャベリ**（1469-1527年）のように教会の教えから離れ，人間について観察・思索した思想も現れた。さらに15世紀以降には封建領主層や**教皇権**も衰退して，王に集中して成立した**絶対王政**を正当化した思想が**王権神授説**であった。

　17世紀になると，イギリスでは専制を強めた国王**チャールズ1世**に対して，**議会**は**権利請願**を提出し，議会の同意しない課税などをしないよう国王に認めさせた（1628年）。だが，国王の専制はやまなかったため，**清教徒**（ピューリタン）**革命**が起こって王政が倒され，**クロムウエル**（1599-1658年）によって共和政が打ち立てられた。クロムウエルの死後，王政が復活したものの，再び国王が専制的に振る舞ったことから，国王ジェームズ2世は追放され，**メアリとウイリアム3世**が王に迎えられた（**名誉革命**）。彼らが**権利の宣言**を承認し，**権利章典**として発布（1689年）したことにより，イギリスの絶対王政は終わった。

> ＃　イギリスの**ベーコン**（1561-1626年）は，観察や経験から一般法則を導き出す**帰納法**をもとにした経験論的合理主義を唱えた。一方，フランスの**デカルト**（1596-1650年）は，全てを疑うとともに，論理的な**演繹法**によって真理に達すると唱えた。

2　近代の法思想

　この時代は法思想の面でも大きな前進があった。**ホッブス**（1588-1679年）の『**リヴァイアサン**』，**ロック**（1632-1704年）の『**統治論二篇（市民政府二論）**』，**ルソー**（1712-18年）の『**社会契約論**』などは社会契約説に立つものとして有名である。**モンテスキュー**（1689-1755年）は『**法の精神**』を著し，三権分立によって政治権力を抑制均衡させるべきことを唱えたが，気候や風土が，その土地特

有の社会制度や政治制度との関わりがあることも唱えた。彼が**法社会学**の創始者といわれるのはこのためである。

ドイツでは，**カント**（1724-1804年）がイギリスの経験論とフランスの合理主義とを批判的に受け継いだ。彼は，自由は自分で決めた規則に従うことにあると考えた。**実践理性**の命ずる「汝の意思の格律が，常に普遍的立法の原理として妥当するように行為せよ」（『実践理性批判』）は，このことを表している。カントはまた，**道徳**は内的自由を基礎に置くのに対し，法は外面的行為を問題とする点と外面的な強制力をもつという点で，法と道徳とを区別した。カントは人間を，自由意志をもつ存在として捉え，道徳律に自主的に従う人間を**人格**と呼び，人間は人格をもつがゆえに尊重されると考えた。

19世紀に入ると，**ヘーゲル**（1770-1830年）は，歴史自体が一つの大きな**弁証法**であると考えた。彼は，欲望の体系である**市民社会**では，欲望がとどまるところがないため，肉体的・倫理的な荒廃を来すと考えた。ヘーゲルは，こうした荒廃の危機を克服するための倫理的共同体として国家を捉えた。

マルクス（1818-83年）は，ヘーゲルの哲学を批判的に受け継ぎ，社会の発展法則として**唯物史観**を展開した。唯物史観では，物質的生産力が発展して既存の生産関係と矛盾するようになると，社会革命が起き，その際には，生産関係の上に立っている法律的・政治的上部構造も急激な変化が生じるという。その結果，最終的には**資本主義**は共産主義に取って代わられるとされた。

カントやヘーゲルが理論化したのは，人々がその身分に縛られていた社会とは異なり，自由で対等な権利をもった市民が社会を構成する市民社会であった。前近代的な社会から市民社会へのこうした動きを，先に紹介したメインは**身分から契約へ**と表したのであった。

3　非西洋圏の法

法思想や法体系が発展したのは，西洋に限ったことではない。例えば，日本では，西洋近代法を継受するまでは，戦国時代の**分国法**や江戸時代の**武家諸法度**，**公事方御定書**にみるように，独自の法体系を発展させてきた。このことが，

明治初期に西洋近代法の継受が比較的容易に進んだ背景の一つである。**イスラーム文化圏**では，クルアーン（コーラン）と**ムハンマド**の言行のスンナを中核とする**イスラーム法**（シャリーア）が発展した。今日でも，多くのイスラーム文化圏では，イスラーム法が維持されている。

\# 本章で紹介してきた法思想や社会思想は旧いものだが，プラトンによる民主制批判が今日のテレビポリティックスにも当てはまるように，現代でもその意義を失ってはいない。旧いからといって学ぶに値しないとはいえないのである。

【設　問】

1　対話相手に自らの無知を自覚させるためにソクラテスが用いた方法の説明として最も適当なものを，下の①〜④のうちから一つ選べ。（2012年・センター本試「倫理」）

①　相手との問答を通して，相手の考えの矛盾を明らかにするという方法

②　神託に謙虚に従い，魂がそなえるべき徳に関する知へ誘（いざな）うという方法

③　全に関する真理を教授し，知を愛することを手助けするという方法

④　魂を手段とする問答を通して，互いの優れた考えを学びあうという方法

2　西洋古代・中世の法思想について論じなさい。（2011年度前期・新潟大学教育学部「市民社会思想史Ⅰ」・改）

■ さらなる学習のために

勝田有恒ほか編著『概説西洋法制史』（ミネルヴァ書房，2004）

笹倉秀夫『法思想史講義上・下』（東京大学出版会，2007）

三島淑臣『法思想史〔新版〕』（青林書院，1993）

山本茂ほか編『西洋の歴史（古代・中世編）』（ミネルヴァ書房，1988）

【上石圭一】

第2章　西洋近代史

近代国家の登場と民主制のはじまり

【概　念　図】

　イタリア・ルネサンスに始まるといわれる西洋近代は，西欧を中心に主権国家および主権国家によって構成される国際社会が確立する時代である。日本は明治時代以降近代化を推し進め，西欧で発達した近代国家の仕組みを積極的に取り入れてきた。よって西洋近代史を学ぶことは，現代の日本社会，政治，そして法制度を理解するための基礎体力づくりとして不可欠である。このことは，国際社会，国際政治，そして国際法の学習においても同様である。

■ヨーロッパ中世封建社会→絶対王政　→Ⅰ，Ⅱ，Ⅲ参照
　┌─封建制
　│　　　　　　　　　→中央集権化（近代国家誕生への地ならし）
　└─荘園制

■国民国家の形成　→Ⅳ参照
　・市民革命／ブルジョア革命
　　──イギリス革命（権利宣言・権利章典，議会主権の確立）
　　──アメリカ独立戦争／革命（バージニア権利章典←最初の人権宣言，独
　　　　　　　　　　　　　　　立宣言，アメリカ合衆国憲法）
　　──フランス革命（人権宣言──基本的人権，国民主権，権力分立
　　　　　　　　　　　　　　　　→近代立憲主義憲法の基本原理）
　・ナポレオンの対外戦争の影響（ナショナリズムの高まり）
　　──イタリア統一（イタリア王国，教皇領占領，未回収のイタリア問題）
　　──ドイツ統一（神聖ローマ帝国崩壊，ドイツ帝国，外見的立憲主義）

■独立後のアメリカ　→Ⅳ参照
　・外交政策の基本原則→モンロー・ドクトリン（→モンロー宣言）
　・南北戦争→結果┬─合衆国の維持
　　　　　　　　　└─奴隷解放→合衆国憲法13・14・15条
　　　　　　　　　　　　　（奴隷制廃止，平等保護，適正手続…）
　　　　　　　　　　　　　　└─→人種差別問題

I　中世ヨーロッパの封建社会

1　封建社会

　ヨーロッパ中世の封建制度は，古ゲルマンを起源とする**従士制**と，ローマを起源とする恩貸地制が結びついたものである。従士制とは，誠実義務に基づく自由民相互間の自由な契約であり，軍事的色彩の強いものであった。従士は主君に忠誠を尽くし，主君は従士を自分の保護下に置き，馬や武器などの物資を与える。これに，軍事的奉仕の見返りとして主君が従士に**封土**と呼ばれる土地を与える，恩貸地制が加わることにより，従士と主君との**双務的契約**関係に基づく封建的な主従関係が成立した。封建制度の主従関係は，皇帝や王を頂点として，大諸侯，**諸侯**，**騎士**，そして領主といった序列になっていた。これに**教皇**を頂点とし，大司教，司教，司祭そして領主といった**ローマ・カトリック教会**の階層制とが重なり，複雑で重層的な支配関係が成り立っていた。

　封建社会を下から支える**荘園**制度は，領主が**農奴**に土地を貸し与え（→第1章Ⅱ），農奴は賦役や貢納物（中世後期には金納の場合もあった）を領主に払う仕組みであった。また，農奴を土地に縛り付けるために，人頭税や**死亡税**，**結婚税**（領外婚姻税）なども用いられた。農奴は奴隷ではないものの自由人とは異なり，自身の生まれた土地の領主に隷属する身分であった。

> ＃　人頭税，死亡税などの負担を備えた農奴の典型例は，実際は少数であったと指摘される。結婚税については，土地に縛り付けるほどの額でなかったともいわれる。

2　ローマ・カトリック教会

　ローマ・カトリック教会が教皇を頂点とする階層制の下に整えられたのは，教皇グレゴリウス7世（1020?-85年，在位1073-85年）の教会改革による。この頃から13世紀頃までには，教皇の権威が非常に高まった。教皇権は，精神界の最高権威であり，また国王や封建諸侯に対しても政治的効果を大いに発揮した。

　また，11世紀末から13世期末にかけて，十字軍運動が展開された。**十字軍**

（Crusades）とは，ビザンツ皇帝の要請を受けたローマ教皇の唱道により，巡礼者を保護しイスラム教徒に奪われたイェルサレムを奪還するために企図された軍事遠征のことである。第1回十字軍（1096-99年）はイェルサレム占領に成功し，イェルサレム王国が成立したが，成功した十字軍遠征はこの第1回のみとされる。十字軍運動は，封建諸侯，北イタリア諸都市，ローマ教皇といった諸勢力が，それぞれに異なった思惑をもちながらも聖戦の名の下に参加した，対外的一大運動であった。十字軍運動では，度重なる遠征の失敗により教皇権が失墜し，諸侯や騎士は没落した。遠征に伴う中世都市の発展は荘園に貨幣経済を浸透させ，遠隔地商業の発達は北イタリア諸都市に繁栄をもたらした。

II　ルネサンスと宗教改革

1　ルネサンス

14世紀にイタリアから始まった，もともと「再生」を意味する言葉である**ルネサンス**（Renaissance，文芸復興）は，古典古代の人間中心主義の考えを復活させ，**人文主義**（ヒューマニズム）や「自然と人間の発見」をもたらした。中世的な人間観や宇宙観（世界の捉え方）では現実の人間と世界を規律できないと考えた人々が，現実批判のために**ギリシャやローマ**といった古代文化（→第1章I）を理想化し，そこから新たな創造の可能性を見出そうとした。この運動は，美術，文学，科学，宗教，哲学，法律などの幅広い文化諸領域にわたった。

神政政治により混乱，荒廃したフィレンツェ市の政治家**マキャベリ**（1469-1527年）は，権力を中心に組織される支配の組織としての**国家**の登場を語り，また「国家」（stato）を支配する「君主」（principe）のもつべき性格と役割を論じた『**君主論**』（1513年稿，1532年刊）を著し，既存の道徳的考慮や教会の権威から政治的思考を切り離し，近代<u>政治学</u>の大きな礎の一つを築いた。

科学の分野では，ポーランドのコペルニクス（1473-1543年）が，『天球の回転について』（1543年）を著して**地動説**を示した。宗教改革者マルティン・ルター（1483-1546年）は聖書記載からの逸脱であると非難し，**カトリック教会**は

17

この説を無視した。自作の望遠鏡を使った観察から地動説を支持した**ガリレオ・ガリレイ**（1564-1642年）は，宗教裁判にかけられ自説を撤回させられた（教皇庁は1992年，自らの誤りを認めて，ガリレオの名誉回復を行った）。

2 宗教改革

神学者ルターの改革に始まるドイツの**宗教改革**は，ルネサンスが挑戦しなかった社会変革にまで運動が広がった。1515年，教皇レオ10世は，ローマのサンピエトロ教会建設のため，ドイツでの贖宥状販売を許可した。ルターは，『95ヵ条の論題』（1517年）を著し，贖宥状への非難だけでなく新しい信仰原理を提示した。それは**人は信仰のみによって義とされる**とする「義認説」および「信仰のよりどころは聖書以外にない」とする「聖書主義」であった。

> ＃ 贖宥状とは，善行に代えて金銭によって贖宥（犯した罪への現世的処罰の免除）が得られるとする制度。教会の誇大宣伝により，当時の人々はこれを購入すればあらゆる罰と罪責から解放され，確実に救済されると考えた。「免罪符」と意訳される。

宗教改革によって，**プロテスタント**（新教徒）がカトリック教会から分離し，**キリスト教**における宗派の多様性をもたらした。結果，ヨーロッパ全体に国家教会制あるいは領域教会制が広がり，絶対主義王権の確立とその後の**国民国家**の誕生を促す大きな要因となった。

> ＃ 宗教改革は，市民層だけではなく，農民層にも大きな影響を与えた。**ドイツ農民戦争**の基本的綱領である『シュヴァーベン地方における農民団の12カ条』（1525年）において，農民は，教区牧師の選出権，10分の１税収入からの牧師の生計費と貧民救済費の支払いといった要求のほか，農奴制廃止などの要求でも宗教的な根拠を主張したのである。

Ⅲ 絶対王政の時代

1 絶対王政

絶対王政の時代は，**封建社会**から近代社会への過渡期の時代である（→第1

第2章　西洋近代史

章Ⅱ）。

　ヨーロッパの各地では，13世紀頃から，国王による統治権力集中の動きが始まっていた。特に16〜18世紀に，王権を絶対視する政治体制（絶対王政）が現れ，**王権神授説**をその理論的根拠とした。「絶対」とは，教皇などの伝統的な権威や法から自由であることを意味する。国王たちは，**常備軍**と**官僚制**によって貴族や聖職者などの地方の封建的勢力を抑え，人民を直接支配に組み込んだ。また，経済的には**重商主義**を採用した。

> ＃　当時，国王といえども**自然法**，神の法，王国基本法などの慣習的な国法に拘束されるとする制限王政論の考え方も根強かった。その批判をかわすためにも，王権神授説などの，絶対王政を正当化するための理論的根拠が必要とされた。

2　ポルトガル・スペイン

　ポルトガルでは早い時期に国家的統一が実現し，王権による中央集権化が進んでいた。すでに13世紀中葉には**イスラーム教勢力**に対する**国土回復運動**（レコンキスタ）を完了し，人種・宗教・言語の均質な国家を形成していた。アヴィス朝の第4代国王ジョアン2世（1455-95年，在位1481-95年）は，大貴族を弾圧して王権を強化し，バルトロメウ・ディアスの喜望峰発見を契機として**インド航路**の開拓を開始した。また，スペインとのトルデシリャス条約などの事績によって，「完全なる主君」と称された。しかし，ポルトガルの繁栄は，王室と海外交易独占の恩恵を受けられる一部の層とに限られたものであった。さらに，海外交易も中継貿易にとどまり，国内産業の育成はなおざりにされた。

　スペイン王国は，フェルナンド5世（1452-1516年，アラゴン王としてはフェルナンド2世）とカスティリャ王女イサベル1世（1451-1504年）との結婚（1469年）と共同統治（1479年）によって成立した。スペイン王国は，1492年にイスラーム教徒最後の拠点グラナダを占領し，レコンキスタを完了させた。同年，イサベルの支援を受けた**コロンブス**（1451？-1506年）が西インド諸島に到達し，スペインの海外発展への道を開いた。また，**ハプスブルク家**のカルロス1世（1500-58年）がスペイン王となった後，ドイツ皇帝カール5世として即位し，

19

スペイン王国はドイツ，ネーデルラント，イタリア，そしてアメリカ大陸を含む大帝国となった。さらにフェリペ2世（1527-98年）は1580年にポルトガル王に即位，事実上同国を併合した。しかし，住民の反感を買ってネーデルラントの支配に失敗，長期のオランダ独立戦争（1568-1648年）の戦費によってカスティリャ経済は打撃を受けた。また，輸入する金銀の対価である毛織物を国内産業として十分に育成できず，貿易上の利益を外国商人によってもち出されて経済的に後退したほか1688年には無敵艦隊がイギリスに敗北するなど，その威信は失墜を続け，スペインは，17世紀には衰退の一途をたどった。

3 イギリス・フランス

テューダー王朝を創始したヘンリ7世（1457-1509年，在位1485-1509年）は，貴族による私兵の保持を法律で規制するなど，中央集権体制の基礎を固めた。**ヘンリ8世**（1491-1547年，在位1509-47年）の**イギリス国教会**設立と修道院の解散によって，教会の王権への従属が断行され，**エリザベス1世**（1533-1603年，在位1558-1603年）の治世に，イギリスの絶対王政は確立した。エリザベス1世は，国王至上法と統一法（1549年，52年）を復活させ，イギリス国教会体制を確立した。また，通貨の改革や徒弟法および救貧法を公布して社会経済秩序の確立維持に努めた。さらに対外的にはスペインの無敵艦隊を破り，新大陸（アメリカ）にはバージニア植民地をつくり，「よき女王ベス」の時代と呼ばれた。

> **Column 4　イギリス（英吉利）**　イギリスとは，「グレート・ブリテンおよび北アイルランド連合王国」を指す日本語である。イギリスは，ウェールズ，スコットランド，そしてアイルランドの三大ケルト辺境を擁し，イングランドがそれらを征服してできた重層的な国家であり，もともと歴史的に一貫した呼称はない。しかし，日本人にはそのような経緯についての認識が欠けていたため，ポルトガル語あるいはオランダ語を語源に「イギリス」という言葉ができ，定着した。

フランスでは，1589年にブルボン王朝を成立させた**アンリ4世**（1553-1610年，在位1589-1610年）が，自らはカトリックに改宗し，また，**プロテスタント**の信仰の自由を認め，**ユグノー戦争**（1562-98年，カルヴァン派プロテスタント，ユグ

第2章　西洋近代史

ノーとカトリックとの間に生じた宗教戦争）の終結とスペインとの和平も成立させ，王国の再統一を果たした。

　フランスの絶対王政は，太陽王ルイ14世（1638-1715年，在位1643-1715年）の時代に絶頂期を迎える。イギリスの絶対王政が，常備軍と官僚制も整ったものとはいえず，また，存続していた中世身分制議会が課税同意権を楯に国王の専制を制限し続けたのに比べ，整った官僚制とヨーロッパ最強の常備軍をもち，さらには王権に対する議会の拘束もなく，典型的な絶対王政を体現していた。

Ⅳ　市民革命の時代

1　市民革命

　市民革命（bourgeois revolution）とは，**マルクス**主義の概念では，**封建社会**から資本主義社会への移行期に，封建制ないし**絶対王政**を打倒し，資本主義を確立するため，新興の**市民階級**（ブルジョアジー）が主体となって遂行する政治変革（ブルジョア革命）のことを指す。第二次世界大戦後に登場した修正主義は，革命の主体にはリベラル貴族も含まれていたことから，政治体制の変革がその目的であったと主張するが，市民革命の時代に，近代デモクラシー思想が登場，発展したことは確かであり，**立憲主義**の歴史においても重要な時代である。

　　＃　市民階級（ブルジョアジー）は，もともとはヨーロッパ中世の城壁に囲まれた都市の
　　　住民で，正規の都市民としての権利を有する階層を意味した。やがて，貴族に対して平
　　　民の中の富裕層をも指す言葉となり，後には労働者（→第9章Ⅰ）に対する**資本家**階級
　　　の意味でも用いられるようになる。日本では「ブルジョア」に「市民」があてられたた
　　　め，市民革命は，社会学的概念である市民社会の成立と混同されがちである。

2　イギリス革命

　イギリスの絶対王政は，**清教徒革命**（ピューリタン革命，1642-49年）と**名誉革命**（1688-89年）とによって終わり，議会主権の時代に代わった。

＃　清教徒革命の期間は，長期議会が改革に着手した1940年から王政復古の60年までとみ
　　ることもできる。また，清教徒革命のみを**イギリス革命**と呼ぶこともある。

　エリザベス１世の没後，イングランドでは，スコットランド王ジェームズ６
世が，イングランド王ジェームズ１世（1566-1625年，在位1603-25年）として迎
えられ，ステュアート朝を興し，両国は同君連合となった。彼と彼の次男であ
る**チャールズ１世**（1600-49年，在位1625-49年）の２代にわたる**王権神授説**を振
りかざした専制政治は，王権とイングランド議会との対立を深めた。議会を軽
視して甚だしい権力の濫用を行ったチャールズ１世は，国民からの強い反感を
招き，1628年に議会は，**コモン・ロー**に則って**エドワード・コーク**（クック）
（1552-1634年）らが起草した**権利請願**を国王に提出した。チャールズ１世はこ
れに署名したが，守るつもりはなかった。国王は翌年議会を解散させ，専制支
配を行った。そして，スコットランド教会に対しても**イギリス国教会**のやり方
を押しつけたため，これに反発したスコットランド人の反乱が起きた。チャー
ルズ１世は，戦費を得るためにやむなく議会を招集するが，専制支配への反発
に遭ったため３週間で解散させた（**短期議会**）。しかし，スコットランドの状況
は悪化するばかりであったので，国王は再度議会を招集せざるをえなかった
（1640年）。これが**長期議会**となって改革が始まり，国王大権を議会の制限下に
置く一連の改革法を制定し，最初の数カ月で専制支配を打倒した。

　1641年11月，国王の執政を批判し議会の改革目標を盛り込んだ大諫議書（大
諫奏）が僅差で可決されたことをきっかけに議会は分裂した。国王は議会に対
する武力行使を開始し，議会も兵を募ってこれに対抗したため，42年８月には
王党派（騎士派）と**議会派**（円頭派）の内乱に発展した（第一次内乱）。初めのう
ちは戦いに慣れた王党派が優勢であったが，オリヴァー・**クロムウエル**（1599
-1658年）が組織した清教徒自由農民による鉄騎隊が中心となり議会派軍全体が
新型軍に再編成され，攻勢に転じた。議会派軍は45年にイングランド中部の村
ネーズビーの戦いで国王派軍を破り，翌年チャールズ１世がスコットランドに
逃亡して第一次内乱は終わり，47年に国王は議会軍に引き渡された。第一次内
乱の過程で議会派の中でも穏健な改革を主張する**長老派**と急進的な**独立派**の対

立が表面化した。独立派の中から，さらに急進的な**平等派**が議会外に生み出され，47年に人民協約を提出した（この決議書は独立派によって否定されたが，初めて**人民（プープル）主権**を明確に示した文書とされる）。このような議会派の分裂に乗じて国王は逃亡を図り，第二次内乱が勃発した。内乱終結後，武力で議会を独占した独立派は，49年1月，チャールズ1世を裁判にかけ，処刑した（さらに平等派の反乱を鎮圧した独立派は，同年5月に一院制の共和制を成立させた。そして51年には航海法が制定され，海外発展の基礎が築かれるが，財政難を理由として軍隊を縮小したため，議会と軍隊との間に対立が生じ，深刻化した）。クロムウエルは53年に長期議会を武力で解散し，護国卿に就任して軍事独裁を行ったが，58年に彼の死で政権は崩壊した。60年に**チャールズ2世**（1630-85年，在位1660-85年）が即位し**王政復古**を宣言した。

　王政復古による新たな政治体制は，王権の縮小をも意図し，それ自体に矛盾をはらんでいた。国王派が優勢であった騎士議会では，クラレンドン法典を制定して清教徒を弾圧しつつも，チャールズ2世が**カトリック教徒**を保護して専制を試みたのに対しては，**審査法**（1673年）や**人身保護法**（79年）の制定で対抗した。国王も，議会による王室費の管理を嫌いながらも，決定的対立は避けた（この頃，国王支持，国教会擁護の**トーリ党**と，民権を主張し宗教的寛容を望む**ホイッグ党**が形成された）。チャールズ2世の没後，弟の**ジェームズ2世**（1633-1701年，在位1685-88年）が即位すると，2度の信仰自由宣言を出すなどカトリック教復活政策を行い，また，**常備軍**を設置し，反動的な政治を強行した。皇太子誕生の報に危機感を抱いた議会は党派の壁を越えて団結，1688年6月，王女メアリ（**メアリ2世**，1662-94年，在位1689-94年）の夫であるオランダ総督オラニエ公ウィレム（オレンジ公ウイリアム，**ウイリアム3世**，1650-1702年，在位1689-1702年）に武装援助を要請した。同年11月，ウィレムがイングランドのトーベイに上陸すると，常備軍の多くは寝返り，ジェームズ2世はフランスへと亡命した。89年にメアリ2世とウイリアム3世が共同統治者として迎えられ，議会が決議した**権利の宣言**に署名して即位した。清教徒革命では国王が処刑されたのに比べて無血の革命であったので，名誉革命と呼ばれる（戦闘における犠牲者はゼロで

はなかった）。同年末，権利の宣言は**権利章典**（臣民の権利および自由を宣言し，王位継承を定める法律）として立法された。こうしてイギリス革命の結果，絶対王政は打倒されて**議会主権**の秩序が確立した。

イギリスでは，18世期後半から綿工業を中心に多くの産業で技術革新が進み，蒸気機関（動力）の採用などによっていち早く**工業化**が進展した。この現象は**産業革命**と呼ばれ，イギリスにおける**資本主義経済**の確立をもたらした（→第9章Ⅱ，Ⅲ）。また，他国の工業化の雛形となる一方，原料供給地の工業化を妨げるなど，対外的にも大きな影響を及ぼした。産業革命によって実力をつけた産業ブルジョアジーは，自己の利害をよりいっそう議会に反映させようとした。そして，1832年に第1回選挙法改正が行われ，議会は**自由党**と**保守党**による**二大政党制**へと移行し，ついにブルジョアジーは国家権力を掌握した。

＃　今日では，イギリスの二大政党といえば，保守党と**労働党**である。

3　アメリカ独立革命

大航海時代，ヨーロッパ人は彼らにとっての「**新大陸**」，「**アメリカ**」を発見し，以後多くのヨーロッパ人がアメリカ大陸に移民することになる（アメリカ大陸には**先住民**が住み，ヨーロッパとは異なる文明も発展していた）。

イギリスは，**七年戦争**（1756-63年，フレンチ・インディアン戦争，1755-63年）でフランスに勝利し，イギリス領植民地を包囲していたフランス領を獲得すると，植民地統治の強化を図り，植民地の直接統治と植民地統治経費（特に軍事費）の課税による徴収をめざした。植民地西部における植民地人の行動を制限し，課税のために1764年砂糖法，65年**印紙法**と67年同法撤回後のタウンゼント諸法，そして73年の茶法などを制定し，植民地との対立を深めた。印紙法に対する一揆や本国製品不買運動は，**アメリカ独立革命**の端緒とされる（ここでのスローガンが**代表なくして課税なし**である）。

アメリカへの輸出が止まったイギリスは，やむなく印紙法を撤回するが，財政難に苦しんだため，新たにタウンゼント諸法による課税を行った。しかし，

第2章　西洋近代史

これも反対に遭い撤廃し，茶税だけを残したのである。植民地人は，不買運動を続けるうちに，イギリス風の生活から離れていった。

73年11月，「自由の息子たち」と名乗る集団がアメリカ先住民に扮してボストン港に停泊していた3隻のイギリス船に潜入し，**東インド会社**の茶を海に投げ捨てた（**ボストン茶会事件**）。この事件は，本国に対する抵抗運動が独立運動へと変わるきっかけであったとされる。イギリスは制裁措置を発動し，**13植民地**は，74年のフィラデルフィア第1回大陸会議で団結を確認した。75年4月にイギリス正規軍とマサチューセッツ民兵とが武力衝突，内乱へと発展した。

76年1月に**トマス・ペイン**（1737-1809年）が『**コモン・センス**』を著し，イギリスからの独立と共和国の樹立を説くと，たちまち12万部を売り上げ，独立の機運が高まった。同年6月，バージニア革命評議会は，最初の**人権宣言**とされる**バージニア権利章典**を採択した。次いで7月4日，大陸会議は**トマス・ジェファソン**（1743-1826年，第3代大統領，在職1801-09年）の手による**アメリカ独立宣言**を採択した。独立宣言は，人類に普遍的な**基本的人権**に基づき，人民が圧政を行う政府を廃棄し，自らの政府を樹立する権利を明らかにした文書であり，**フランス人権宣言**にも大きな影響を与えた。80年に制定されたマサチューセッツ州憲法は，**法の支配**の考え方に基づき，「人による統治」ではなく「法による統治」を強調した。**アメリカ独立戦争**（1775-83年）は長期化したが，フランスとの同盟を成功させたアメリカが，米仏連合軍として戦ったヨークタウンの戦い（1781年）でイギリス軍を破り，83年の**パリ条約**によって独立を達成した。

　# 13植民地とはマサチューセッツ（1630年設立），ニューハンプシャー（79年），コネチカット（65年），ロードアイランド（36年），ニューヨーク（64年），ニュージャージー（64年），ペンシルヴェニア（81年），デラウェア（64年），メリーランド（34年），バージニア（07年），ノース・カロライナ（53年），サウス・カロライナ（70年），そしてジョージア（32年）である。独立後は「最初の13州」と呼ばれる。

25

4　フランス革命

　フランス絶対王政の財政は，慢性的な赤字であった上にアメリカ独立戦争支援もあって，破綻状態に陥っていた。1787年，身分の差別なく課税を行う土地上納金の計画について，貴族の利益を代表する名士会の承認を求めたが拒否され，王権は麻痺した。1789年，貴族たちは1615年から休会していた全国**三部会**の召集を要求し，国王**ルイ16世**（1754-93年，在位1774-92年）は渋々同意した。

> ＃　三部会は，第一身分（聖職者），第二身分（貴族），そして**第三身分**（平民）の，3つの身分の代表者による議会である。

　全国三部会の開催に先立って，これまで通り自分たちに有利な裁決方式を維持しようとする貴族と，議員定数の増加と裁決方式の変更を求めた第三身分とが対立を深めた。89年5月5日から始まった全国三部会では，裁決の方法をめぐって初めから紛糾した。第三身分の議員たちは，全身分の合同会議の開催を求め，自ら**国民議会**（後に憲法制定国民議会）を名乗ると，憲法制定までは解散しないことを誓った（テニスコートの誓い）。国王と保守的な貴族たちが武力によって国民議会を解散させようと計画していることを知ったパリの民衆は7月14日に蜂起し，武器を奪うために専制の象徴とされていたバスティーユ牢獄を襲撃，占領した。民衆の蜂起は，7月末には全国に広がっていた。そのため，貴族たちは封建的な特権を放棄せざるをえなくなった。8月4日に国民議会はあらゆる特権の廃止を宣言し，旧制度（アンシャン・レジーム）は崩壊した。そして8月26日，国民議会は人権宣言（人および市民の権利の宣言＝フランス人権宣言）を採択した。人権宣言は，**基本的人権**（→第5章Ⅰ），**国民主権**，そして**権力分立**といった**近代立憲主義**憲法の基本原理を体系的に示した重要な文書であり，**1791年憲法**に前文として付された。

　しかしながらこの体制も，ブルジョアジーと自由主義貴族に利益をもたらしただけであった。**自由放任**の経済体制によって食糧価格がつり上げられ，さらに，賃金を低く抑えられ厳しい状況に陥った民衆や農民が各地で蜂起した。また，不満を抱えた保守的貴族たちは続々と国外に亡命，外国の力を借りて革命

を打倒する機会を窺っていた。91年6月20日深夜，ルイ16世とその一家が変装して王宮を脱出，王妃マリ・アントワネット（1755-93年）の実家のウィーン宮廷を頼ってオーストリアに亡命しようとしたが途中で見破られてパリに送還される事件が起き，国王は信頼を失った。

憲法制定に伴って設立されていた立法議会で有力となった**ジロンド派**は，国内の不満をそらすため，対外戦争に積極的であった。92年4月には先ず**プロイセン**，そしてオーストリアに相次いで宣戦布告した。立法議会の呼びかけに応じて全国から義勇兵がパリに終結したが，出陣後に宮廷が敵と共謀することをおそれた民衆と義勇兵が蜂起してテュイルリー宮殿を襲撃し，王政は打倒された（8月10日事件）。9月に招集された国民公会は王政廃止と**共和政**を宣言し（**第一共和政**），翌年1月，国王は処刑された。

その後も議会内部での権力闘争は熾烈をきわめたが，93年6月，**ロベスピエール**（1758-94年）率いる**山岳派**（ジャコバン派）が権力を掌握，独裁体制を確立して急進的な改革を推し進め，反対派を次々処刑する**恐怖政治**（テロル）を行った。彼らの**1793年憲法**（ジャコバン憲法）は<u>民主制</u>を徹底し，**公的扶助**（→第9章Ⅲ**2**）を国の義務として定めるなど優れたものであった。しかし，共和国軍の勝利によって対外的な不安が解消すると，恐怖政治への反発が強まり，94年7月27日（フランス革命暦テルミドール9日），国民公会においてクーデタが起こり（テルミドール9日のクーデタ），翌日ロベスピエールとその同志たちが処刑され，山岳派支配は崩壊し，1793年憲法は施行されなかった。

1795年憲法の後，総裁政府の下，5人の総裁によるブルジョア自由主義への復帰をめざしたが，王党派と共和派という左右からの攻撃にさらされた。99年，ブルジョアの守護神として登場した**ナポレオン・ボナパルト**（1769-1821年，皇帝在位1804-14年）がクーデタによって権力を掌握，**第一統領**を経て1804年に皇帝に即位し帝政を樹立（**第一帝政**），ここにフランス革命は終焉を迎えた。

5　ナポレオン時代とウィーン体制

1796年のイタリア遠征以来1813年にロシア遠征に失敗するまで，ナポレオン

は，**大陸封鎖令**を実施しつつ，フランス革命の伝播と，ブルジョアジーたちの利益のためにフランスの覇権を確立することとをめざして対外戦争を続けた。彼の対外戦争は，結果的にヨーロッパ各地に変革をもたらした。

> \#　第一帝政期に制定された**ナポレオン法典**（特に民法）は，**ローマ法**を継受した保守的な面（家父長制など）もあるが，**契約**（→第6章）の自由や**所有権**（→第6章）の絶対など，フランス革命の成果を取り入れ，近代市民法原理を確立し，各国の法制に大きな影響を与えた。

フランス革命とナポレオン戦争によって乱されたヨーロッパの秩序回復のため，1814年9月から15年6月まで，ウィーンで国際会議が開かれた（**ウィーン会議**）。イギリス，オーストリア，プロイセン，ロシア，そしてフランスが中心であったこの会議では，領土の配分をめぐって諸国の利害が対立し，「会議は踊る，されど進まず」と揶揄された。しかしながら，会議中に「ナポレオン，エルバ島脱出」の報が入ると危機感が高まり，革命前の支配関係を正統と認める**正統主義**と諸国間の勢力均衡とを2大原則とした121条に及ぶ議定書が，15年6月9日に調印された。この2大原則に基づく国際的な政治体制を，**ウィーン体制**，あるいは会議を主導したオーストリア外相（後に宰相）の名をとって**メッテルニヒ**（1773-1859年）体制ともいう。

Column 5　会議は踊る　　1931年にドイツで製作され，34年に日本でも公開された映画「会議は踊る」は，その名の通り，ウィーン会議の舞台裏を描いた映画であり，オペレッタ映画の最高峰と評されている。

フランスでは，**シャルル10世**（1757-1836年，在位1824-30年）の反動政治に対する不満から，1830年に**七月革命**が起き，国王はイギリスに亡命，ルイ・フィリップ（1773-1850年，在位1830-48年）による**七月王政**下で産業革命が進展した。しかし，厳しい制限選挙と食糧事情の悪化によって民衆の不満は高まった。48年2月，デモを行っていたパリ市民に正規軍が一斉射撃を加えたためデモは蜂起へと変わり，国王は退位して七月王政は崩壊し，**臨時政府**が樹立されて**第二共和政**へと移行した（**二月革命**）。同年6月23日，パリの労働者が反政府暴動

（六月蜂起）を起こしたが，カヴェニャック（1802-57年）により鎮圧され，保守派が台頭した。52年には大統領ルイ・ナポレオン（ナポレオン3世，1803-73年）が皇帝となり（在位1852-70年），第二共和政は**第二帝政**に移行するが，**普仏戦争**（1870-71）に敗れて帝政は崩壊した。71年3月18日に民衆的革命政権パリ・コミューンがパリの実権を握るが5月28日に鎮圧された。そして，1940年まで続く**第三共和政**が誕生したのである。

6 イタリア・ドイツの統一運動

イタリアでは，フランス軍のイタリア侵攻と軍事占領体制の下で，イタリアの統一という政治目標が掲げられ，「単一にして不可分の共和国」という理念がもたらされた。1831年，マッツィーニ（1805-72年）は，それまでの秘密結社による運動とは異なり，神秘的入会儀式も位階制もなく，目標を公開した結社，**青年イタリア**を亡命先のマルセイユで結成した。彼は，民族の創造は神によって与えられた使命であり義務であると考え，共和制と統一が民族にふさわしい統治形態であると説いた。1848年革命の勃発により帰国し，49年に**ローマ共和国**を樹立したが，フランスの干渉で挫折した（**イタリア統一戦争**（統一民族運動））。

イギリスの議会制度や自由主義経済を奉じていた**カヴール**（1810-61年）は，1852年に**サルデーニャ王国**首相に就任すると，安定した権力基盤を築き，対外的にも巧みな外交を行った（カヴール外交）。58年，対オーストリア第二次独立戦争においてフランス参戦の約束を取り付け，翌年オーストリアを破ると，61年にはイタリア全土の統一に成功，**イタリア王国**を成立させた。普墺戦争（1866年）と**普仏戦争**（1870-71年）ではプロイセンと同盟し，66年にヴェネツィアを併合，70年には**ローマ教皇領占領**を果たしたが，**未回収のイタリア**問題は残った。

カトリックと**プロテスタント**の争いからドイツを舞台に諸国が戦った**ドイツ三十年戦争**（1618-48年）後の**ウエストファリア条約**（→第11章Ⅰ**1**，第12章Ⅰ**1**）体制の下，諸邦がほぼ完全な主権を獲得したため，神聖ローマ帝国は約300の領邦国家に分裂し，名目だけのものとなった（神聖ローマ帝国の有名無実化）。領邦国家および絶対王政の形成が促進されるに従い，2大領邦であるプロイセ

ンとオーストリアとの対立が明白になった。

　1806年，2大領邦に対抗する勢力として，ドイツ諸連邦の同盟である**ライン同盟**（連邦）が，ナポレオンによってつくられた（**ナポレオン法典**も導入された）。帝国諸侯であったライン同盟が脱退を宣言したため，神聖ローマ帝国は崩壊した（**神聖ローマ帝国消滅**）。ナポレオンの侵入によって危機を迎えたプロイセンでは，1807年から**プロイセン改革**が行われ，近代化が進展し，さらに自由主義的施策によって経済発展の基礎が築かれた。13年にはナポレオンの没落によりライン同盟が解体し，ウィーン会議の結果，オーストリア，プロイセン，バイエルン，ザクセン，ハノーヴァーなど35の君主国と4自由市で構成された**ドイツ連邦**（1815-66年）がつくられ，オーストリアが覇権を握った。ドイツ国内では，後に反ユダヤ主義の台頭を促すことになる統一運動ブルシェンシャフト（ドイツ学生同盟）が組織された。また，30年には七月革命に刺激され，ザクセンなどのドイツ諸邦でも反乱が起き（ドイツ蜂起），ザクセンやヘッセンなどで憲法が制定されたが，連邦議会の協力を得たメッテルニヒによって鎮圧された。

　1848年，フランスの二月革命の報がドイツに届くと，3月13日にウィーンで，続いて3月18日にベルリンで，それぞれ**三月革命**が起こった。ウィーン三月革命ではメッテルニヒが追放された。各国で生じた1848年革命により，ヨーロッパ全体ではウィーン体制が崩壊した。5月には，連邦諸邦の代表による制憲議会として**フランクフルト国民議会**（-49年）が召集された。議会では，ドイツの統一をめぐる**大ドイツ主義**と**小ドイツ主義**の対立が明らかになった。

　プロイセンでは，軍備拡張をめぐって議会と衝突していた国王**ヴィルヘルム1世**（1797-1888年，国王在位1861-88年，皇帝在位1871-88年）が，1862年，**ユンカー**（エルベ川以東に多数存在した大地主貴族）出身のビスマルク（1815-98年）を首相に任命した。ビスマルクは**鉄血政策**を開始し，議会を無視して軍備拡張を行った。66年，ドイツ統一の主導権をめぐり，普墺戦争が勃発し，プロイセンが勝利した。オーストリアは領土を保全したものの，統一問題に対する発言権を失った。ドイツ統一問題についてはオーストリア領内のドイツ人居住区を除くとする小ドイツ主義が優勢となった。次にビスマルクは，ドイツ統一への妨

害を排除するためナポレオン3世を挑発して開戦を決意させ，普仏戦争が始まった。70年，セダンの戦いでフランス軍が降伏し（ナポレオン3世は捕虜となった），プロイセンが勝利して71年に**ドイツ帝国**が成立，小ドイツ主義に基づくドイツ統一が完成した（67年，オーストリアは**オーストリア・ハンガリー帝国**となった）。君主制に基づくドイツ帝国憲法は，国民の権利保障や王権の制限が不十分であったため，**外見的立憲主義**の憲法と呼ばれた。

7 独立後のアメリカ

イギリスに事実上の同盟をもちかけられ警戒感を高めていたモンロー大統領（1758-1831年，在任1817-25年）は，1823年の年次教書において，（ヨーロッパ諸国の西半球に対する）非植民地主義，（ヨーロッパ諸国による西半球への）非干渉主義，（アメリカによるヨーロッパの国内問題への）不干渉主義の三原則からなる外交方針を発表した（**モンロー教書**）。

1787年に制定された**アメリカ合衆国憲法**は**奴隷制**を廃止せず，1808年まで**黒人奴隷貿易**は干渉を受けることがなかった。南部では**黒人奴隷**を使った**プランテーション**での輸出用の綿花栽培が産業の中心であった。**米英戦争**（1812-14年）によってイギリスからの経済的自立が課題となり，北部では工業化が進んだ。1840年代後半から50年代にかけては，主にアイルランド系とドイツ系の**移民**たちが北部の工場に労働者を提供した。建国以来，アメリカの西漸運動（西部開拓）は，**明白な天命**と信じられ，90年に**フロンティア**（1平方マイルあたり人口2〜6人）消滅が確認されるまで続き，1830年**先住民強制移住法**が制定されるなど，<u>先住民族</u>への著しい迫害を伴った。新開拓地の奴隷制度を禁止しようとする北部自由州（工業化地域）と，奴隷制度の拡大をめざす南部奴隷州との対立が深まる中，カンザス・ネブラスカ法によって南北間で成立していた妥協である**ミズーリ協定**（20年）が廃棄されたことをきっかけに54年，**共和党**が設立，政権党であった**民主党**が奴隷制をめぐって60年に分裂したため，61年に**リンカン**（1809-65年，在任1861-65年）が共和党から初の大統領に就任した。同年南部11州は**アメリカ連合国**を結成，**南北戦争**が勃発する。内戦中の63年，リ

31

ンカンは奴隷解放宣言に署名した。同年，ゲティスバーグの戦いを制した合衆
国軍（北部）が最終的な勝利を収めた（65年4月，リンカンは南部人によって暗殺
された）。65年に**憲法修正13条**（奴隷制の廃止）が加えられ，68年には**憲法修正
14条**（平等保護，適正手続など）が，70年には**憲法修正15条**（人種に基づく選挙権
差別の禁止）が追加された。南北戦争の結果，合衆国は存続したが，それは空
前の犠牲者を出し，史上初の近代的総力戦とも呼ばれた。また，奴隷解放後に
は**人種差別**問題という大きな課題が残った。

【設　問】
1　19世紀中ごろまで，アメリカ合衆国の南部諸州では，アフリカ系の人々を
　労働力として使う奴隷制が存在していた。通常，奴隷所有者はヨーロッパ系の
　男性であった。所有者が奴隷の売却を決めると，奴隷の家族は離散を強いられ
　ることが多かった。1852年に（ア）が著した『アンクル＝トムの小屋』には，
　競売によって引き裂かれる奴隷家族の悲劇が描写され，奴隷制廃止運動を活気
　づけた。この運動は，最終的には1863年の（イ）による奴隷解放宣言として
　結実した。また，奴隷所有者の男性を頂点とする社会のあり方は，奴隷制廃止
　運動と連携した女性参政権運動からも批判の対象となった。
　文章中の空欄（ア）と（イ）に入れる語の組み合わせとして正しいものを，次
　の①〜④のうちから1つ選べ。（2014年・センター本試「世界史B」）
　①　アーストウ夫人　　　　イーリンカン
　②　アーストウ夫人　　　　イーラ＝ファイエット
　③　アーヘミングウェー　イーリンカン
　④　アーヘミングウェー　イーラ＝ファイエット
2　3つの基本原理に言及しながら，近代立憲主義的憲法登場の背景について述
　べなさい。（2015年度後期・成蹊大学教養カリキュラム「日本国憲法」）

■ さらなる学習のために
五十嵐武士＝福井憲彦『アメリカとフランスの革命』（中央公論新社，2008）
中井義明ほか『教養のための西洋史入門』（ミネルヴァ書房，2007）
川北稔『砂糖の世界史』（岩波書店，1996）

【小沼史彦】

第3章　日本近代史

立憲政体下での政党の台頭と衰退

【概　念　図】

　明治維新によって近代国家の建設を開始した日本の国家的課題は何よりもまず，西洋の進出に対して自国の独立を確保し，維持していくというものであった。中でも憲法（→第5章）の制定と議会の開設を根幹とする立憲政治の実現は，明治政府による政治的近代化政策の最大の目標となった。本章では立憲政治の確立過程と，その後の政党政治の形成・衰退過程を通して日本近代史を概観する。

【関連年表】

1853年	ペリー来航	1925年	普通選挙法・治安維持法制定
1868年	五カ条の御誓文	1928年	張作霖爆殺事件
1874年	民撰議院設立の建白書	1930年	ロンドン海軍軍縮会議，金輸出
1881年	明治14年の政変		解禁
1885年	内閣制度制定	1931年	満州事変
1889年	大日本帝国憲法発布	1932年	五・一五事件【政党内閣の終
→Ⅰ参照			焉】
1890年	第1回帝国議会	1936年	二・二六事件
1894年	日清戦争	1937年	第一次近衛文麿内閣成立，日中
1900年	立憲政友会成立		戦争（1945年まで）
1901年	桂園時代（1913年まで）	1938年	国家総動員法
1913年	第一次護憲運動・大正政変	1939年	第二次世界大戦（1945年まで）
1914年	第一次世界大戦（1918年まで）	1940年	大政翼賛会・日独伊三国同盟
1918年	原敬内閣成立	1941年	太平洋戦争（1945年まで）
1921年	ワシントン会議（1922年まで）	1945年	沖縄戦，原子爆弾，日本降伏
1924年	第二次護憲運動，第一次加藤高	→Ⅲ参照	
	明内閣成立【憲政の常道】		
→Ⅱ参照			

I　近代国家の建設

1　開国から明治維新へ

　1853（嘉永 6 ）年に浦賀に現れ，日本の開国を求めたアメリカ東インド艦隊司令長官ペリーに対して，幕府は翌年，**日米和親条約**を結んだ。さらに1858（安政 5 ）年には日米修好通商条約が調印され，ついで幕府はイギリス他の各国とも同様の**条約**を結んだ。これを契機に幕府は外圧に対処して国内を統治する実権を失い，新政府による国内統合を求める動きが表面化した。

　倒幕と新政府樹立の主体となったのは長州と薩摩の両藩であった。長州藩では高杉晋作や桂小五郎（木戸孝允）らが藩の主導権を掌握して幕府と対決し，薩摩藩では下級武士の西郷隆盛・**大久保利通**らが台頭し，実質的な藩政を指導した。両藩は1866（慶応 2 ）年にひそかに軍事同盟を結んで，翌67（慶応 3 ）年には武力による討幕を決意し，討幕の密勅が降下するよう朝廷に運動した。このとき**征夷大将軍**徳川慶喜は，薩長と並ぶ有力な政治勢力であった土佐藩の献策を受け入れ，討幕勢力の機先を制して，10月に**大政奉還**の上表を朝廷に提出した。しかし薩長両藩を中心とする武力倒幕派は，慶喜の政体構想（朝廷の下で徳川家が主導する諸藩の合議制）を容れず，12月にいわゆる**王政復古の大号令**を発して，**天皇**を中心とする新政府を樹立した。

　1868（明治元）年 1 月には，徳川慶喜を擁して新政府に対抗した旧幕府勢力と，薩摩・長州・土佐・肥前の四藩を主体とする新政府勢力との間で内戦（戊辰戦争）が勃発したが， 8 月の**明治天皇**の即位の礼を経て，翌1869（明治 2 ）年 5 月の箱館五稜郭における旧幕府軍の降伏によって，新政府による国内統一が達成された。新政府の成立（**明治維新**）以降，西洋の進出・圧迫に対して自国の独立を確保し，それを維持していくという日本の国家的課題の実現のため，政府による**富国強兵**が推進されるとともに，西洋の近代思想や生活様式の積極的な受容の風潮（**文明開化**）も生まれた。

　発足した新政府の最大かつ緊急の課題は，天皇を中心とする中央集権的な体

制の確立であり（→第5章Ⅰ **2**），戊辰戦争中の1868（明治元）年1月に，諸外国に対して**王政復古**と天皇の外交主権の掌握をいち早く宣言した。しかし多くの藩からの協力を必要とした新政府は，同年3月には新政府の国是として**五箇条の御誓文**を公布し，同年閏4月には政体書を制定して当面の政治機構を整備した。

　ここで重要なことは，新政府が自らの正統性を，薩長をはじめとする雄藩にではなく，天皇を中心とした公的な政権にあることを表明し，諸藩の支持を得ることに努めたことである。例えば，五箇条の御誓文の第1において「広ク会議ヲ興シ万機公論ニ決スヘシ」と記されているように，新政府は**公議世論**（公論）を重視することを表明することによって，諸藩の政治参加を歓迎する姿勢を示した。また政体書においては「各府，各藩，各県，皆貢士ヲ出シ議員トス。議事ノ制ヲ立ツルハ与論公議ヲ執ル所以ナリ（5条）」と述べられ，アメリカの政体を参照した形式上の**権力分立制**の政体が採用されている。

　やがて戊辰戦争の終結や**廃藩置県**の断行によって諸藩の力が衰退するとともに，その地位を安定化させた新政府は，公議世論を重視する政策に代わって中央集権化を志向するに至るが，新国家の発足にあたって，天皇の権威と結びつけられて公議世論が重要視された事実は，その後政府・反政府（自由民権派）のいずれの側からも，立憲政治の確立と議会の開設を志向する原点となった。

2　反政府運動の高揚と民権運動への一元化

　明治初期の政府批判は，征韓論争を契機とする1873（明治6）年に西郷隆盛・**板垣退助**らの参議の下野以降，維新によって旧来の特権を失った**士族反乱**と**自由民権運動**との2つの路線によって展開された。前者のうち最大規模のものは1877（明治10）年の西郷隆盛を首領とする鹿児島県士族の反乱（**西南戦争**）であったが，この反乱の鎮定を最後に武士による反乱は不可能とみなされ，反政府運動は自由民権運動に一元化されることとなった。

　西郷と同時に下野した征韓派前参議のうち板垣退助や後藤象二郎らによる，1874（明治7）年からの政府批判に始まる自由民権運動の直接の契機は士族の

35

不満であったが，板垣らは同年1月，愛国公党を結成するとともに，民撰議院設立の建白書を左院に提出し，政府の「有司専制」を批判して民撰議院（国会）の開設を求めた。この内容は提出翌日の新聞に掲載されて公表され，議会制度の創設について知識人の間に大きな議論を呼び起こし，嚆矢となった。

　政府側も民選議院論を無視できなかった。国内に大きな反響を呼んだだけでなく，この議論の正統性の根拠が，かつての雄藩による倒幕のシンボルであった「公議世論」に置かれたからである。かつて自らが喚起した公議世論に基づく国会開設運動に対応して，1875（明治8）年には，「漸次立憲政体樹立の詔」を発して将来の立憲制への移行を公約せざるをえなかった。

　1874（明治7）年板垣は自由民権運動の組織体として，郷里の土佐で立志社を創設し，翌年これを中心として大阪で愛国社を結成した。自由民権運動は，西南戦争の終結の頃から旧来の士族層にとどまらず，豪農や中農，商工業者，ジャーナリズムへと運動の担い手を拡大した。民権思想の啓蒙書として植木枝盛の『民権自由論』が1879（明治12）年に刊行されたことも，運動の拡大に大きく寄与し，1880（明治13）年3月に愛国社から改称した国会期成同盟を中心とする国会開設運動には20数万人の請願参加者を得た。

　一方で，政府は1878（明治11）年に参議兼内務卿の大久保利通が暗殺されて以降，伊藤博文，大隈重信，井上馨の3人が中心となっていた。政府は広範にわたる階層の支持を得た民権運動に対して，一方で集会条例（1880年）を筆頭とする一連の政治活動規制条例を制定するとともに，他方で自ら積極的に体制構想を対置しようとした。その過程で大隈は他の参議を出し抜いて，2年後に国会を開設して議院内閣制に移行するという急進的な内容の意見書を政府に提出し，皇室主体の漸進的な憲法の制定を説いた。伊藤博文らはこれに反発し，折から生じた開拓使官有物払下げ事件への対応をめぐっても政府内部に対立が生じ，1881（明治14）年11月に大隈が下野すると，政府は欽定憲法制定の基本方針を決定し，1890（明治23）年に国会を開設することを公約した。これは明治十四年の政変と呼ばれ，これ以降は伊藤らを中心とする薩長藩閥勢力が政府の中心として確定するとともに，大隈を中心とする新しい反政府派が生み出さ

れた。

　この年には自由民権運動も，本格的な**政党**の結成による運動の方向を進み始めた。まず国会期成同盟内部で運動方針をめぐる分裂が生じると，板垣はその一部を率いて自らを総理とする**自由党**を結成し，フランス流の民権思想を掲げた。翌82（明治15）年には大隈重信を党首とする**立憲改進党**が結成され，イギリス流の**立憲主義**の立場をとって運動が展開された。

　なおこの時期には，自由党や立憲改進党の活動にとどまらず，民間において国会開設の具体像を示すための**私擬憲法**（憲法の私案）が数多く発表された。福沢諭吉系の交詢社による「私擬憲法案」，民権派の植木枝盛が発表した**東洋大日本国国憲按**や，東京近郊の農村青年の学習グループによる**五日市憲法草案**などがその例であり，これら私案の内容は，のち政府による憲法制定時に参照・議論の対象となった。また同時に民権思想の分野でも，1882（明治15）年に**中江兆民**がルソーの『**社会契約論**』（→第1章Ⅲ **2**）の漢文訳を刊行し，加藤弘之，馬場辰猪，植木枝盛らの間で**天賦人権思想**をめぐる論争が展開された。

　これらの運動は，政府の巧妙な懐柔もあり，一時的に衰退した。自由党は1884（明治17）年に解党し，立憲改進党もまた1883（明治16）年末の大隈らの脱党により，事実上解党に追い込まれた。支持者の中には生活難から急進的な運動に走るものも現れ，それに対する政府の厳しい弾圧が行われた過程で民権運動は下火になった。しかし，国会開設が近づくと，1886（明治19）年に自由党と立憲改進党の党員らが提唱した大同団結運動，その翌年には三大事件建白運動が起こり，民権運動は1889（明治22）年の憲法発布に向けて再び活況を呈した。

3　憲法の制定と議会の開設

　明治十四年の政変によって，政府内では将来の政権担当者としての伊藤博文の地位が確立し，憲法の内容も天皇と政府の権限の強いプロシア流にすることが決定していた。民権運動に警戒感をもった政府は，政権の中心人物である伊藤を1882（明治15）年から翌年まで渡欧させ，憲法調査に着手した。伊藤は渡

37

欧後まもなくベルリン大学の**グナイスト**，ウィーン大学の**シュタイン**などの憲法学者から**プロイセン憲法**やドイツ流の立憲制について学び，帰国後はドイツ人顧問**ロエスレル**の助力を得て憲法草案の作成に着手した。宮中に制度取調局を設置して自らその長官となった伊藤博文の下で，井上毅，伊東巳代治，金子堅太郎らが起草を分担し，1888（明治21）年に草案が完成すると天皇の諮問機関たる**枢密院**で審議が行われ，翌89（明治22）年2月11日に**大日本帝国憲法**（明治憲法）として発布された。

　なお，伊藤は憲法の制定に先立ってさまざまな制度を創設したが，その一つが**内閣制度**の創設であった。伊藤はさきにふれた欧州巡遊を通して，憲法制定の必要的前提としての内閣制度の設置の重要性を痛感していた。ここに1885（明治18）年，それまでの太政官制度の廃止とともに**内閣総理大臣**・外務・内務・大蔵・陸軍・海軍・司法・文部・農商務・逓信の各省大臣によって組織される内閣制度を制定し，第1次伊藤博文内閣が成立した。

Column 6　**大日本帝国憲法における天皇制**　　伊藤は枢密院での憲法条文審議において，「我国の機軸を確定」する必要を説き，「わが国において機軸とすべきはひとり皇室あるのみ」と述べた。ヨーロッパにおいては宗教が一国の機軸として，国家体制の基礎としての重要性を有しており，グナイストもヨーロッパの強国にならって日本が国教として**仏教**を制定する必要を説いたが，伊藤は「日本では宗教の影響力が微弱であることから，民族体制の最終的保障たりうるのは皇室のみであり，神の不在を補うために天皇の神格化が必要である」とみなした。天皇制は前近代の遺産というよりは，日本近代の象徴として位置づけられた。

　制定された憲法は，君権中心主義的な色彩が強いものとなった。天皇は国の**元首**として**統治権**を**総攬**すると定められ（4条），天皇に属する権能（**天皇大権**）として，緊急の場合に天皇が**法律**に代わるべき勅令を発しうるという**緊急勅令**の発布権・国務大権（行政各部の官制を定めるとともに文武官の任免，宣戦・講和や条約の締結を行うなど，天皇が**国務大臣**の**輔弼**により国務上の行為をなす），また内閣や議会が関与できない陸海軍の**統帥権**（指揮統率権）を有していた（統帥を補佐する機関として陸軍**参謀本部**・海軍軍令部が設置された）。

これに対して臣民（民権）は君権（天皇の権利）と同等のものでは決してなく，臣民（国民）は所有権（→第6章）の不可侵や信教の自由，言論・出版・集会結社の自由を認められ，また帝国議会を通じての参政権も認められたものの，あくまで憲法を通じて与えられたものであり，固有のものではないとされた。さらに憲法の22〜30条は臣民の権利に関して法律の留保（法律の範囲内）を明記しており，非常事態時においては天皇大権により臣民の権利が制限されることが31条に規定されていた。

これらの条文から，大日本帝国憲法は戦後，真の立憲主義にはほど遠い性質の外見的立憲主義による憲法と評価された。しかし実のところ，天皇大権も決して無制約のものではなく，憲法条文の制約を受けた。先に見たように伊藤は枢密院の条文審議において，君権を機軸とする憲法制定の趣旨に基づく君権中心主義を強調したが，その伊藤は逐条審議の段階においては，「行政府（国務大臣の輔弼）と立法府（議会の承認）とによって君主権に制限を加えることが立憲政体の本質的意味である」と繰り返し表明した。「天皇は超憲法的存在ではなくその大権も憲法の範囲内にとどまる」という伊藤の解釈は，大日本帝国憲法の立憲主義的性質を認めたものといえる。こうして，天皇については絶対君主的側面と立憲君主的側面とが併存していた。

憲法の実際上の運用においても，天皇大権は天皇を補佐する国家諸機関に委任された。伊藤は天皇大権の委任について，「各機関は相互に独立し，天皇の名において相互に抑制的機能をもたらす」と考えていた。実際に，軍部は天皇に直結し，また枢密院は天皇に直結して内閣を掣肘するものであり，各国務大臣は内閣総理大臣から独立し，貴族院，衆議院は対立するものであった。すなわち大日本帝国憲法は天皇主権を規定しているにもかかわらず，実質は高度に分権主権的な性質をもつものであり，多元的な国家諸機関が相互に抑制均衡を図りながら機能したといえる。

憲法発布の翌1890（明治23）年に開設された帝国議会の権限は，憲法条文において天皇の立法権を協賛（consent）するものと定められた。また議会は，天皇の統治権などにより制限を受けたとはいえ，立法権・予算議定権を有していたが，ほぼ対等の権限をもつ貴族院と衆議院からなっていたため，衆議院の権限は，華族や勅任議員，多額納税者を構成メンバーとする貴族院の動向によってしばしば制約を受けた。しかし，実際上は法律・予算の成立には議会の同意が必要とされたため，のち議会政治の発展とともに，政党の台頭の素地がつくられた。

なお内閣官制も憲法発布と同年に改正された。内閣を構成する国務大臣は，議会にではなく天皇に対してそれぞれが個別に責任をもつものとされ（単独輔弼制），内閣総理大臣（首相）は従来よりも権限が縮小され，他の閣僚（国務大臣）に対して命令する権限をもたず**同輩者中の首席**にすぎないことになった。

　なお憲法以外にも，西洋をモデルとする法典の編纂は明治初年から，フランスの法学者ボアソナードらを中心として，主としてフランスに範をとった各種法典の起草が行われていた。1880（明治13）年には**刑法**と治罪法，そして憲法と皇室典範が公布された翌年の1890（明治23）年には**民法**と**民事訴訟法，刑事訴訟法**が，1899（明治32）年には**商法**（修正）が公布された。ただし民法については，公布から施行までの3年弱の間に，帝国大学教授の穂積八束（ほづみやつか）が「民法出デヽ忠孝亡ブ（ちゅうこう）」と題する論文（1891年）上で，ボアソナード民法が家族道徳などの伝統的な倫理を破壊するものとして批判するなどの論争が生じた（**民法典論争**→第5・6章）。そのため民法については，戸主と長男が権限を有する封建的な**家族制度**を基盤とする内容に修正されて公布された。

　なおこの時期の君権中心主義に基づく施策として重要なものに教育がある。憲法発布の翌年（1890年）に発布された教育に関する勅語（**教育勅語**→第5章）によって，天皇が帝国憲法によって政治的絶対者とされたのと同様，倫理的道徳的にも絶対者，道徳の祖述（そじゅつ）者とされるようになった。

　地方制度の改革については，ドイツ人顧問モッセの助言を得ながら山県有朋を中心に制度の検討が進められ，1888（明治21）年に市制・町村制，その2年後に府県制・郡制が公布された。

II　政党政治の確立

1　初期議会における国内政治

　1890（明治23）年11月に召集された第1回**帝国議会**から，**日清戦争**直前の第6回帝国議会まで，政府と**衆議院**との間に激しい対立が続いた。

　まず，議会開設に先立って1890（明治23）年に実施された日本初の**衆議院議**

員総選挙の結果，**立憲自由党**と**立憲改進党**などの**民党**が衆議院の過半数を占めた。民党は，民力休養・歳費節減のスローガンの下，**予算**緊縮や軍事予算削減を要求して，地租増徴を方針とする政府に対抗した。

これに対して政府は，自らの施策が**政党**の意向に左右されないという**超然主義**の立場をとっていた。これは**大日本帝国憲法**発布直後に，当時の黒田清隆首相が表明したものであるが，この方針は議会開設時の山県有朋内閣以降も受け継がれ，第1議会から第3議会までの間，当時の山県内閣・松方正義内閣はいずれも予算審議において民党連合と対決した。しかし，**法律**と予算は議会の**協賛**なしには成立しえず，かつ民党が衆議院の過半数を占めたことから，政府は民党の勢力を抑え込むことができず，しばしば苦境に立った。

このため，1892（明治25）年成立の**第2次伊藤博文**内閣が予算案通過のため**自由党**（旧立憲自由党）と接近するなど，ほどなく政府の民党への接近が試みられた。同年開会の第4議会では，**天皇の詔書**によって海軍軍備拡張を主体とする予算案の通過に成功した。以来，自由党は政府の施策にしばしば協力的な姿勢をみせた。1893（明治26）・94年の第5議会から第6議会においては，立憲改進党やかつての政府党である国民協会が完全対等**条約案**による条約改正を主張した。

2 日清戦争後の国内政治──日本初の政党内閣の成立

政府と衆議院の対決は第6回帝国議会まで続いたものの，1894（明治27）年の日清戦争を契機として，政府は超然主義を実質的に放棄し，第2次伊藤内閣と自由党との提携，1896（明治29）年の第2次松方内閣と進歩党（**大隈重信**を党首として，立憲改進党を中心に結成）との提携がなされた。この時期の民党は日清戦争を全面的に支持し，軍拡を主体とする予算の成立に協力した。

このような政府と民党との相互接近によって，自由党・進歩党の野党的な性格は希薄化したものの，民党の政治への発言力は増大し，やがて日本初の政党内閣の成立に至る。まず第2次松方内閣が日清戦争後の財政膨張への対応策として地租増徴を方針とすると，進歩党は内閣との提携を断絶して内閣は総辞職

に追い込まれ，代わって1898（明治31）年に成立した第3次伊藤内閣が軍備拡張を主目的とした地租増徴案を議会に提出すると，これに反対の立場を表明した自由・進歩両党は合同して憲政党を結成した。ここに衆議院における絶対多数の単一政党が出現し，政府や藩閥勢力に大きな衝撃を与えた。伊藤内閣は議会運営の見通しを失って退陣し，元老らも政局運営の自信を失い，代わって日本で初めての政党内閣である第1次大隈内閣（隈板内閣）が成立した。

　この内閣は憲政党の領袖の大隈と板垣退助とが首相と内相に就任し，陸海軍の大臣を除く全ての閣僚を憲政党出身者で占められるというように，初めて薩長出身の元老以外による内閣が結成された画期的なものであり，日清戦争後の政党勢力進出の極点を示すものといえた。しかし，ほどなく旧自由・進歩両党間に対立が生じ，また閣外勢力からも激しい攻撃を受けたことによって内閣はわずか4カ月で総辞職し，憲政党からは旧進歩党の勢力が分派して憲政本党を結成した。代わって成立した第2次山県有朋内閣は，議会対策として憲政党の支持を得ながら地租増徴案を成立させた。しかし内閣はまた，政党勢力の拡張を防止するため，1900（明治33）年に軍部大臣現役武官制を定めて，現役の大将・中将以外の陸海軍大臣への就任を不可とした。さらに同年には治安警察法を制定公布して，政党活動の規制を緩和する一方で労働組合や小作人組合の結成を禁止するなど，労働運動を強く規制した。

　憲政党は，このような山県内閣による政党勢力への一連の対抗措置に対する批判的な姿勢を明確にして，伊藤博文に接近した。山県有朋は一貫して，政党に対する対抗姿勢を堅持しており，軍部の力を背景として官僚や枢密院，貴族院に勢力を拡張していたが，他方で伊藤博文は，自らが政党を再編成して強大な政府与党を組織することを意図していた。

　ここに憲政党が伊藤に接近して解党し，1900（明治33）年に伊藤を総裁とする立憲政友会が結成された。同年に山県内閣が総辞職すると，伊藤は陸海軍・外務の各大臣以外を政友会員で構成する第4次内閣を組織したが，山県系勢力を中心とする貴族院の反対にあって翌年総辞職し，代わって山県の影響下にある桂太郎を首班とする内閣（第1次桂太郎内閣）が成立した。

第3章　日本近代史

3　日露戦争後の国内政治──政党の台頭

　桂内閣は日露戦争終結後の1906（明治39）年に，伊藤に代わって立憲政友会で総裁となっていた**西園寺公望**に政権を譲ったが，1907（明治40）年の**恐慌**によって政策が行き詰まった西園寺内閣が翌々年に総辞職すると再び桂が内閣を組織し，これ以降1913（大正2）年まで桂と西園寺が交互に内閣を組織する，いわゆる桂園時代が続いた。伊藤や山県が政界の一線から引退し，桂太郎を中心とする官僚・貴族院の勢力と，伊藤に代わって政友会で総裁となった西園寺公望を中心とする衆議院とが均衡し，政界を二分した時代であった。

　また山県系の藩閥勢力を背景とする桂内閣は1910（明治43）年の**大逆事件**を機に無政府主義者や**社会主義**者への苛烈な弾圧を行ったが，衆議院最大の勢力として政治的比重を増した立憲政友会に対しては，かつての提携方式ではなく，政権授受による妥協を余儀なくされることがしばしばであった。一方，立憲政友会は，軍拡や鉄道や港湾の拡充を推進する積極政策を標榜して地方有力者の支持を得て勢力を伸張し，その過程で党内の実権は**原 敬**が握るようになった。

　桂園時代の政治構造は，大正初年の民衆運動の高揚によって変容した。第2次西園寺内閣が1912（大正元）年に2個師団増設問題をめぐる上原勇作陸軍大臣の辞任によって総辞職すると，軍部大臣現役武官制による倒閣に対して国民的反発が生じた。この当時，内大臣と侍従長とを兼任していた桂太郎が第3次内閣を組織すると，立憲国民党（旧憲政本党）の**犬養 毅**と立憲政友会の**尾崎行雄**を中心として，閥族打破・憲政擁護をスローガンに掲げた全国的な運動が激化した（**第一次護憲運動**），孤立した桂内閣は1913（大正2）年に組閣50日あまりで総辞職した（大正政変）。これによって桂園時代は終焉を迎え，また桂の死後に組織された立憲同志会（のち**憲政会**）が体制政党として政友会に対抗する存在になったことによって，2大政党を中心とする**政党政治**の時代を迎えた。

　大正政変後の内閣組織は，当初は藩閥内の非主流派の長老を首班として，内閣閣僚を政党員によって組織する構成がとられた。まず薩摩出身の海軍大将**山本権兵衛**が立憲政友会を与党として内閣を組織した。山本内閣は軍部大臣現役武官制を改正して予備役・後備役の将官にまで資格を広げることによって政府

43

に対する軍部の容喙や抵抗を牽制するとともに，文官任用令の改正などによって藩閥の特権的な地位の解消に努めたが，1914（大正3）年のシーメンス事件によって退陣した。代わって大隈重信が元老や陸軍の意向を受けて第2次内閣を組織し，加藤高明を総裁とする立憲同志会などが与党として政友会に対抗した。翌15（大正4）年の総選挙では立憲同志会らの与党が立憲政友会に圧勝したが，大隈内閣はその前年勃発した**第一次世界大戦**（→第11章）に参戦を決定し，日本軍がドイツ領南洋群島と山東省租借地を占領した。またこの間に，政府が中華民国の袁世凱政府に**二十一カ条の要求**を強要し，最後通牒を発してその大部分を受諾させたことは中国民衆の憤激をまねいた。

4　政党内閣の成立とワシントン体制の受容

　1916（大正5）年に第2次大隈内閣が総辞職すると，山県有朋の直系で長州出身の陸軍軍人寺内正毅が超然内閣を組織した。野党の立憲同志会などを中心として加藤高明を総裁とする憲政会が結成されてこれに対抗すると，寺内内閣は翌17（大正6）年に衆議院を解散し，同年の総選挙の結果，立憲政友会が衆議院の第一党となった。

　第一次世界大戦中は，戦争景気による都市人口の増大や，世界的な民主主義運動などの影響によって労働運動などの民衆運動が高揚し，寺内内閣はその対応に追われた。そして1918（大正7）年に富山県で起こった米騒動が全国各地に波及したことによって，寺内内閣は総辞職した。

　またこの頃には，国民の間で政治の民主化を求める動きが，これまでにないほど高まっていた。例えば，憲法学者美濃部達吉は1912（大正元）年に『憲法講話』を著して天皇機関説とともに政党内閣論を提唱していたが，1916（大正5）年には**吉野作造**が**民本主義**を提唱し，主権在君を認めた上での民主主義の主張，**普通選挙**制に基づく政党内閣の必要性などを説き，大衆運動としての普選運動の展開に大きな影響を及ぼした（→本章Ⅱ**5**）。

　米騒動をはじめとする藩閥・官僚勢力への国民的反発と民本主義の高まりによって，山県らの元老も，**政党内閣**の必要性を認識するに至り，1918（大正7）

年には衆議院の第一党である立憲政友会の総裁原敬を首相とする内閣が成立した。原敬は衆議院議員（すなわち国民が選挙で選出した政治家）として初めて総理大臣になった人物であり，また原内閣は陸海軍と外務の3人の大臣を除く，全ての閣僚が政友会員からなる，最初の本格的政党内閣であった。

　成立した原内閣は与党の立憲政友会が長年掲げた積極政策を，大戦景気を背景として進めようとしたが，1920（大正9）年の恐慌による政策の行き詰まりと汚職事件の多発によって政権の維持が困難になった。原首相が1921（大正10）年に東京駅頭で暗殺されると，原の後継として政友会総裁となった高橋是清が内閣を組織したが短期間で総辞職し，代わって加藤友三郎，山本権兵衛（2度目），清浦奎吾をそれぞれ首班とする非政党内閣が1924（大正13）年まで続いたが，第二次憲政擁護運動を経て昭和初期には政党内閣の時代が出現する。

> **Keyword 2** **大正デモクラシー**　　一般的に，大正政変以降に時代の趨勢となった政党政治確立の動きを指すが，第一次護憲運動から男子普通選挙制の成立までを指す立場や，政治的概念に限定せずに，経済や学問，教育や文芸などの文化諸分野において生じた「国家的価値に対する非国家的価値の自立化」を指す解釈もある。要するに時代の雰囲気を表現した言葉であり，学問的な定義は困難である。かつて明治の文明開化の時期には，個人の理性の自立や人格の尊厳の実現をめざす啓蒙思想が広まったが，この大正デモクラシー期にも多くの啓蒙書が出版され，国民への思想の普及啓発に役立った。

　原内閣は，この当時全国的な運動となった普通選挙や社会政策の実施に積極的に応えることはなかったが，第一次世界大戦後にヨーロッパに代わって国際政治の主役となったアメリカ主導の国際秩序に積極的に対応した。すなわち1921（大正10）年にアメリカは海軍軍備の縮小と太平洋・極東問題を討議する国際会議（ワシントン会議）の開催を各国に対して提唱したが，原内閣は海軍大将加藤友三郎を全権とする代表団を会議に派遣し，中国領土と主権の尊重，中国における各国の経済上の機会均等などを内容とする九カ国条約や，米英仏伊日の5カ国による海軍軍縮条約（ワシントン海軍軍備制限条約）を締結した。また中国では1919（大正8）年に山東半島の返還を求める国民運動（五・四運動）

によって政府が**ヴェルサイユ条約**（→第11章Ⅰ **1**，第12章Ⅰ **2**）の調印を拒否したこと，同年には朝鮮でも民族自決の国際世論の影響下に全国的な独立運動（**三・一独立運動**）が展開されたことを背景として，ワシントン会議中に日中間で，山東半島の旧ドイツ権益を中国へ返還する条約が締結された。

　これら諸条約によって太平洋・極東地域における列国間の協調を目的とする国際秩序（**ワシントン体制**）が形成され，立憲政友会の高橋是清内閣はこれを積極的に受容することにより協調外交の路線を確立し，これに続いた非政党内閣の加藤友三郎・山本権兵衛（第2次）の両内閣もこの外交路線を踏襲した。

5　社会運動の勃興と普通選挙の実現

　日本における社会運動の歴史は，日清戦争前後の産業革命期に遡ることができる。この時期は工場労働者による賃金や待遇の改善を要求する**ストライキ**（→第9章Ⅱ **2**）が頻発し，1897（明治30）年にはアメリカの労働運動の影響をうけた**片山潜**らによる労働組合の期成会が結成された。また社会主義の立場から労働者の生活を擁護する運動として，**安部磯雄**，**幸徳秋水**，片山らによって1898（明治31）年に組織された社会主義研究会が，1901（明治34）年には日本最初の社会主義政党である**社会民主党**に発展した。また日露戦争前後には幸徳らが平民社を組織して戦争反対を提唱した。これらの動きを背景として社会主義運動は政治運動に発展したが，政府はこれに対して，1900（明治33）年に制定された**治安警察法**によって社会民主党の解散を命じ，片山潜らの議会政策派と幸徳秋水らの直接行動派の2つの路線からなる**日本社会党**が1906（明治39）年に結成されると，翌年に解散を命じた。さらに1910（明治43）年の**大逆事件**を機に，第一次世界大戦期に至るまで，社会主義運動に対する容赦ない弾圧が行われた。

　社会主義運動は，第一次世界大戦期における産業の発展に伴う労働者の急増に端を発した労働運動の高揚を契機として，大戦中の連合国による民主主義の提唱やロシア革命などを背景に，再び高まりをみせた。この時期に吉野作造によって1918（大正7）年に組織された黎明会による全国的な啓蒙運動，また吉

第3章　日本近代史

野らの影響を受けた学生らによって結成された東大新人会による労働運動・農民運動への関与は後に，数多くの**無産政党**運動を生み出す背景となった。

6　政党内閣制の定着と政党政治の確立

　1924（大正13）年の山本内閣の総辞職後は，**貴族院**の勢力を主体として枢密院議長の清浦奎吾が内閣を組織した。これに対して憲政会・立憲政友会・**革新倶楽部**の３党（**護憲三派**）は，非政党内閣・超然内閣の出現に反対し，政党内閣の確立を期して憲政擁護運動を展開した（**第二次護憲運動**）。政府は，清浦内閣に同調して政友会を脱党した者が組織した政友本党を与党として議会を解散し総選挙を行ったが，護憲三派は政友本党に圧勝して清浦内閣を総辞職させ，衆議院第一党の憲政会の総裁であった加藤高明による護憲三派の連立内閣が組織された。加藤内閣は1925（大正14）年に，いわゆる普通選挙法を成立させ，25歳以上の男子は衆議院議員の選挙権をもつことになり，有権者数は人口比にしてそれまでの5.5％から，一躍20.8％に増加した。男子普選の実現で有権者人口が一挙に４倍に拡大したことによって，国民の意思を反映しうる機関としての衆議院と，それを基盤とする政党の発言権も確実に強まることになった。同年の日ソ国交の樹立や無政府主義や共産主義運動の拡大を背景として，同時に**治安維持法**（→第５章Ⅰ **2**）も成立し，「国体の変革」や「私有財産制度の否認」を目的とする結社の組織・参加は処罰の対象となることが定められたものの，政党内閣制の定着と政党政治の確立はここに初めて実現したのである。

　この年には立憲政友会に陸軍の長老**田中義一**が総裁に就任して護憲三派が分裂し，憲政会の単独内閣として第２次加藤内閣が成立したが，ほどなく加藤が病死して，1926（大正15）年に憲政会の総裁に就任した若槻礼次郎が内閣を組織した。若槻内閣が翌27（昭和２）年に台湾銀行の救済問題で総辞職すると，政友会総裁の田中義一が内閣を組織し，野党となった憲政会と政友本党とが合同して**立憲民政党**が結成された。このように政友会と民政党の総裁が交互に内閣を担当する２大政党時代が，1932（昭和７）年まで続いた（**憲政の常道**）。

　加藤内閣で再び与党となった憲政会はまた，以前の協調外交へ批判的立場を

47

一転させ，対米協調を機軸とする外交路線を採用した。加藤内閣は原・高橋内閣期に外務次官や駐米大使を務め，ワシントン会議の全権代表の一人として日本のワシントン体制受容に関与した幣原喜重郎を外相に据え，協調外交を進めた（幣原外交）。こうして国内における政党政治，対外関係における協調外交は，1931（昭和6）年の満州事変までの内政・外交の基本路線となった。

Ⅲ　政党政治の崩壊

1　恐慌の時代

　大正デモクラシーを背景として着実に発展してきた日本の政党政治は，1930年代になって急速に衰退し，政党内閣制はわずか8年間で終焉した。その最大の原因は，第一次世界大戦後の戦後恐慌以降の日本経済の行き詰まりに対して，政府が有効な対策を講じることができず，かつ国内で政党に対する不信感が高まり，政党の腐敗を糾弾する軍部が台頭したことによる。

　第一次世界大戦後の日本経済は，1920（大正9）年の戦後恐慌や1923（大正12）年の震災恐慌によって企業や銀行が大きな打撃を受け，政府は日本銀行の特別融資によって企業や銀行の救済を図ったが，不況はその後も続き，不良債権の処理も停滞して銀行に対する信用不安は増大する一方であった。1927（昭和2）年には取り付け騒ぎによる銀行の休業が続出した（金融恐慌）が，この事態に対して，当時の若槻内閣は緊急勅令による台湾銀行の救済についての枢密院の了承が得られずに総辞職し，代わって成立した立憲政友会の田中義一内閣はモラトリアムによって金融恐慌を沈静化させたものの，この不況・恐慌下で勃興した社会運動に対しては，三・一五事件をはじめとする弾圧や治安維持法の改正によって対抗した。

　田中内閣は，1927（昭和2）年に日英米の3カ国を対象としてジュネーヴで開催された海軍軍縮会議に参加し，翌28（昭和3）年にはパリで不戦条約に調印するなど，欧米諸国との協調路線は維持したものの，民政党政権時代の幣原喜重郎が進めた協調外交に批判的な姿勢をとり，この当時国権の回復を求める

第3章　日本近代史

ナショナリズムが高揚して国内統一の動きが生じていた中国に対しては，外相を兼務した田中が強硬政策（積極政策）を展開した。まず中国の国内統一を意図した国民革命軍の北伐から親日的な満州軍閥の張作霖を擁護し，かつ日本人居留民を保護するために1927（昭和2）年から翌年にかけて3次にわたる山東出兵を行い，第2次出兵時には済南で国民政府軍と戦闘を行った。また1927（昭和2）年には，中国関係の外交官・軍人などを召集して東方会議を開催し，中国における日本権益の侵害に対しては武力を行使することを内容とする対支政策綱領を決定した。さらにこの翌年には関東軍の一部が，北伐軍に敗北し満州に帰還する途上にあった張作霖の乗車する鉄道車輛を奉天郊外で爆破した（張作霖爆殺事件）が，陸軍部内の犯人の刑事処罰を行いえなかった田中首相は昭和天皇の信任を失い，内閣は翌年総辞職した。

　田中政友会内閣に代わって1929（昭和4）年に成立した民政党の浜口雄幸を首班とする内閣は，外相に再度幣原喜重郎を起用して協調外交を復活した。浜口内閣は1930（昭和5）年に海軍補助艦の制限を行うため開催されたロンドン海軍軍縮会議に全権を派遣し，海軍軍令部長の反対を押し切って軍縮条約に調印した。海軍軍令部や右翼，野党の政友会などはこれを統帥権の干犯として，激しく政府を攻撃し，枢密院でも批准反対論が強かったが，浜口内閣はこれらの攻撃や反対にもかかわらず条約の批准に成功した。

　協調外交路線を堅持しえた浜口内閣はしかし，内政において採用した緊縮財政政策の行き詰まりによって苦境に立った。内閣は民間企業に対して産業合理化の名の下，統制を実施するとともに1930（昭和5）年に金輸出解禁を実施したが，その前年に発生した世界恐慌によって輸出は伸びずにかえって正貨が大量に流出し，国内不況はさらに深刻化した。このような経済政策への反発が高まる中で，浜口首相は右翼のテロに遭って重傷を負い，翌年死去した。

2　軍部の台頭

　浜口が遭難した後に民政党総裁となった若槻礼次郎を首班として1931（昭和6）年4月に成立した第2次若槻内閣は浜口内閣の政策路線を継承したが，中

49

国における排日運動の高まりを前にして陸軍は危機感を深めた。中でも関東軍は武力によって満州を日本の勢力下に置くことを意図して，9月18日に奉天郊外の柳条湖で南満州鉄道の線路を爆破し（**柳条湖事件**），それを中国軍のしわざとして軍事行動を起こした（**満州事変**）。

　政府の不拡大方針にもかかわらず，関東軍は戦闘を続行して戦線を拡大し，翌32（昭和7）年には満州全域を占領した。関東軍は清朝最後の皇帝溥儀を執政として，この年の3月に**満州国**の建国を宣言させたが，この過程で第2次若槻内閣は閣内不統一により辞職し，1931（昭和6）年12月に政友会総裁の**犬養毅**が内閣を組織した。

　犬養内閣は成立後即座に金輸出を再禁止して積極政策を展開し，恐慌に苦しんでいた国民の期待を集めたが，満州事変をきっかけに急速に台頭した青年将校や**国粋主義**的な右翼による急進的な国家改造運動を抑制する手段はもたなかった。この運動は，**元老**や重臣，財閥や政党などを日本の行き詰まりの元凶として排撃し，政界からこれらを除去して軍部中心の強力内閣を組織することで，内政・外交の大転換を意図していた。1931（昭和6）年の三月事件や十月事件などのクーデタ未遂事件，翌32年の血盟団のテロ活動，そして5月15日に海軍青年将校団が犬養首相を射殺した**五・一五事件**は，いずれもこの運動を背景として生じた事件であり，これ以降，日本は**軍国主義**の時代を迎えた。

　この五・一五事件は戦前日本の政党内閣制の終焉をもたらしたという点で，日本政治史上の画期となった。世界恐慌を契機として（→第9章Ⅲ **1**），各国とも政府による経済への積極的な介入を必要とするとともに，景気回復のための軍備拡張の時代を迎えつつあったが，日本では満州事変前後から陸海軍の政治力が増大し，かつ経済分野において有効な策を打ち出しえなかった政党内閣では以後の政局を担うことはできないとの認識が広まり，元老の**西園寺公望**も強力な挙国一致内閣の必要を認識して，次期首班に予備役海軍大将斎藤実を推薦した。こうして成立した斎藤内閣，その後に成立した予備役海軍大将岡田啓介を首班として成立した内閣はいずれも穏健派軍人を首相とする挙国一致内閣であった。

斎藤内閣は1932（昭和7）年9月に，**日満議定書**を締結することによって
「満州国」を承認するとともに，満州での権益の維持や日本軍の駐屯を認めさ
せた。これによって日本は実質的に「満州国」を支配するようになったが，**国
際連盟**は翌年2月の臨時総会で，イギリスのリットンを団長とする**リットン調
査団**の報告に基づいて満州国が日本の傀儡国家であると認定した。このとき日
本の満州国承認の撤回と日本軍の撤退を求める勧告案が可決され，翌月に日本
政府は正式に国際連盟からの脱退を通告した。またこの時期に，ワシントン・
ロンドン両海軍軍縮条約体制からの離脱も決定するなど，日本の国際的な孤立
が急速に進行した。

続く岡田内閣は，1935（昭和10）年に発生した**天皇機関説事件**に際して国体
明徴声明を発することで政党内閣制の理論的支柱たる天皇機関説を公的に否
認し，**美濃部達吉**は著書発禁となり**貴族院議員**の総辞職を余儀なくされた。そ
して，1936（昭和11）年に**二・二六事件**が発生して以後は，国家改造運動の抑
制は全く不可能となった。総辞職した岡田内閣に代わって成立した広田弘毅内
閣以降は，閣僚の人選や軍備，国内政策や外交など，政府の施策全般において，
軍部が介入することになり，**軍部大臣現役武官制**も復活した。

また満州事変以降の日本国内では**ナショナリズム**が高揚し，**無産政党**の分野
で国家社会主義への転向が急速に進んだ。1932（昭和7）年には，赤松克麿を
中心に日本国家社会党が結成され，残る無産政党の運動家は**社会大衆党**を結成
したが，この党も国家社会主義化した。さらに1933（昭和8）年に日本共産党
の最高指導者たちが獄中から「転向」を表明したことは，以後**社会主義**者が大
量に転向する契機となった。これらの社会主義者は当時のイタリアやドイツで
政権を掌握した**ムソリーニ**や**ヒトラー**が標榜した**ファシズム**や**ナチズム**，さ
らにソ連における**スターリニズム**の影響を受けて日本の国家改造を意図し，軍
部や右翼と提携した言動を示した。

二・二六事件以降に組閣された内閣は軍拡による国際収支の悪化や軍部の政
治介入によっていずれも短命に終わり，1937（昭和12）年6月には，国内の各
層や軍部などそれぞれの勢力から現状打破の期待を集めた**近衛文麿**が内閣を組

織したが，成立直後の7月に盧溝橋事件が起こって日中戦争が勃発し，近衛は不拡大方針を標榜したにもかかわらず現地軍の戦線拡大や強硬派の主張を抑えられず「国民政府を対手とせず」と声明し，戦争の短期終結の見通しは失われた。翌38（昭和13）年に近衛内閣は国家総動員法を制定したが，これは政府が勅令によって戦争目的のために人的・物的資源を統制運用できることを定めた授権法であり，従来議会がもっていた立法権・予算審議権は大きく制約されるとともに衆議院に基盤をもっていた政党の影響力も急速に衰退した。

3　政党政治の解消と戦争の時代

　1939（昭和14）年9月のドイツ軍によるポーランド侵攻によって第二次世界大戦が勃発し，翌40（昭和15）年6月にドイツ軍がパリを占領してフランスを降伏させる快進撃をみせると，ドイツと同盟して南方に進出し，日中戦争の泥沼化状況を転換するという構想が，陸軍を中心として急速に現実化した。議会の内部や政界上層部の一部に反対の動きがみられたものの，同盟締結の動きに抗しえず，また同年6月に近衛が，ナチスや共産党などをモデルとした強力な指導政党を中心として，一国一党体制による革新的な政治をめざす新体制運動を推進することを表明すると，全ての政党は解党してこれへの参加を表明し，戦前の政党政治は完全に解消することになった。1940（昭和15）年7月の第2次近衛内閣成立後，新体制運動は10月に大政翼賛会の結成として帰結したが，翼賛会は強力政党の樹立という当初の意図に反して政治性をもたない単なる公事結社にすぎないことになり，太平洋戦争（アジア・太平洋戦争）中には国民を戦争に動員する上意下達機関と化した。また同年9月に日独伊三国同盟が締結されたことにより，英米との関係はきわめて険悪化した。翌41（昭和16）年7月には第3次近衛内閣の下，南部仏印への進駐を行ってアメリカから資産凍結と石油禁輸の措置を受けた日本では，軍部を中心に対米英戦争の構想が急速に現実化させるに至った。近衛に代わって同年9月に内閣を組織した現役の陸軍大将東条英機は対英米強硬論を主張していたが，組閣にあたって昭和天皇の意向を受けて開戦回避策を検討したものの，結局内閣は開戦が避けられない

と判断した。ほぼ同時期にアメリカも対日戦争を決意し，11月にいわゆるハル・ノートによって満州事変以前の状態への復帰を日本に要求したために交渉は打ち切られ，日本は12月8日にハワイの真珠湾を奇襲攻撃するとともに対米英宣戦布告を行って，3年8カ月に及ぶ太平洋戦争が開始された。

　開戦当初の戦局は日本軍に有利に展開したが，1942（昭和17）年の<u>ミッドウェー海戦</u>・ガダルカナル島をめぐる攻防を転機として戦局は逆転し，米軍の反攻によって1944（昭和19）年にはサイパン島が陥落し，米軍の爆撃機による本土空襲が開始された。翌45（昭和20）年4月に米軍が沖縄本島に上陸して戦われた<u>沖縄戦</u>では多数の民間人が戦闘に巻き込まれて犠牲となった。

　日本では前年のサイパン失陥を機に東条内閣が総辞職し，小磯国昭・米内光政の連立内閣が成立したが，4月には予備役海軍大将の<u>鈴木貫太郎</u>を首班とする内閣が成立した。軍部が本土決戦を呼号する中で，鈴木内閣はソ連を仲介とする和平工作を進めようと試みたが，米英ソの3国はすでにこの年の2月，<u>ヤルタ会談</u>においてソ連の対日参戦に関する密約を交わしていた。そして7月には3国の首脳トルーマン・チャーチル（のちアトリー）・スターリンによる首脳会談（ポツダム会談）が行われたが，アメリカはこの会談中にイギリスと中国とはかって，日本軍隊の<u>無条件降伏</u>を勧告するとともに戦後処理の方針を定めた内容の<u>ポツダム宣言</u>を3国の名で発表した。日本政府が軍部の強硬派におされてポツダム宣言を黙殺する旨を声明すると，アメリカは8月6日広島に，ついで9日長崎に<u>原子爆弾</u>を投下した。また8月8日にソ連が対日宣戦を布告して満州・朝鮮に侵入し，満蒙開拓移民をはじめ多くの日本人が犠牲になった。生き残った人々も本土への引揚げにおいて厳しい苦難に遭い，多くの中国残留孤児や残留婦人を生む結果となった。

　ここに及んで政府はポツダム宣言の受諾を決定し，8月15日正午の天皇によるラジオ放送で日本軍は戦闘を停止して，太平洋戦争は日本の降伏で終結した（→第12章Ⅰ**3**，Ⅱ）。

【設　問】

1　大正・昭和初期の政党内閣について述べた文として正しいものを，次の①〜④のうちから一つ選べ。（2012年度・センター追試「日本史Ｂ」）

　　①　浜口雄幸内閣は片岡直温を蔵相にして，金輸出解禁（金解禁）を断行した。

　　②　原敬内閣は普通選挙制の導入に消極的で，選挙権の納税資格を引き上げた。

　　③　田中義一内閣は，三・一五事件とよばれる共産党員らの一斉検挙を行った。

　　④　犬養毅内閣は「満州国」を早期承認するため，日満議定書を取り交わした。

2　1921（大正10）年から開催されたワシントン会議の結果として成立したワシントン体制に対して，いわゆる「二大政党時代」における憲政会（立憲民政党）と立憲政友会はどのような姿勢を示したか。第一次世界大戦以降における憲政会と政友会それぞれの内閣が，対外政策にあたって示した態度とその変化にも言及しながら説明せよ。（2014年前期・成蹊大学法学部「日本政治史Ⅰ」）

■ さらなる学習のために

筒井清忠編『昭和史講義——最新研究で見る戦争への道』（筑摩書房，2015）

シリーズ『日本の近代』全16巻（中央公論新社，2012-2014）

武田清子『戦後デモクラシーの源流』（岩波書店，1995）

鳥海靖『日本近代史——国際社会の中の近代日本』（放送大学教育振興会，1992）

中村隆英『昭和史Ⅰ』（東洋経済新報社，1993）

三谷太一郎『近代日本の戦争と政治』（岩波書店，1997）

【畑野　勇】

第4章　日本戦後史

日本国憲法の理念と国際関係の現実の狭間で

【概　念　図】

　第二次世界大戦後，日本は，戦後改革を経て民主化された。しかし，東西冷戦という冷徹な国際政治に早々に巻き込まれ，この中で翻弄されてきた。日本は今，近代立憲主義を守り通せるかの分岐点にある。

【関連年表】

1945年	終戦，五大改革指令，持株会社解体に関する覚書（財閥解体），神道指令，衆議院議員選挙法改正（女性参政権），労働組合法公布，第一次農地改革	1960年	日米安全保障条約改定，浅沼稲次郎刺殺事件，国民所得倍増計画決定
1946年	天皇の人間宣言，公職追放，第二次農地改革，日本国憲法公布	1964年	東京オリンピック開催
		1967年	公害対策基本法制定
1947年	民法（「家」制度廃止）・刑法改正，教育基本法・労働基準法・労働関係調整法・独占禁止法・地方自治法制定，政令201号公布	1972年	沖縄返還，日中国交正常化
		1973年	第一次石油危機
		1976年	ロッキード事件
		1980年	ハプニング解散　　　→Ⅱ参照
		1987年	国鉄民営化
1948年	教育委員会設置，なれ合い解散，極東国際軍事裁判判決，刑事訴訟法制定	1988年	リクルート事件
		1989年	昭和天皇死去，消費税導入，参院選で自民党大敗，ベルリンの壁の崩壊
1951年	サンフランシスコ講和会議，日米安全保障条約締結　→Ⅰ参照	1992年	PKO協力法
		1993年	政治改革解散，行政手続法制定
1952年	破壊活動防止法制定，地方自治法改正（特別区長任命制），抜き打ち解散	1995年	阪神・淡路大震災
		1997年	山一證券など破綻，省庁再編決定
		1999年	国旗国歌法・周辺事態安全確保法・情報公開法制定，憲法調査会設置決定
1953年	「バカヤロー」解散		
1954年	警察法改正，自衛隊設置		
1955年	社会党再統一・保守合同（55年体制：~1993）	2005年	郵政解散
		2011年	東日本大震災
1956年	教育委員会法改正（任命制に），日ソ共同宣言，国連加盟	2015年	安保諸法制定・改正
		2020年	新型コロナ禍　　　　→Ⅲ参照

55

Ⅰ　戦後の日本——ファシズムの崩壊と米ソ冷戦構造の確立

1　占領体制と戦後改革

　1945（昭和20）年，日本の**ポツダム宣言受諾**（8月14日）と**ミズーリ号上の降伏文書調印**（9月2日）により**第二次世界大戦**，もしくは**満州事変以来の十五年戦争**が終結した。連合国による日本占領政策の最高決定機関として**極東委員会**がワシントンに置かれ，この下に，**マッカーサー**を最高司令官とする**連合国最高司令官総司令部（GHQ）**が設置され，日本の**間接統治**が行われた。

> ＃　ナチス政権崩壊後のドイツが米英仏ソの直接統治であったのとは異なる。GHQ の諮問機関として，米英中ソの代表からなる**対日理事会**が東京に設置された。GHQ が指令や勧告を日本政府に出し，日本政府はこれに基づく**緊急勅令（ポツダム勅令）**などを出す形で統治を進めた。プレス・コードにより，GHQ 批判禁止と新聞の**検閲**も行われた。南樺太・千島（ソ連。放棄および未返還），南西諸島・小笠原諸島（アメリカ。後に返還）では直接軍政が敷かれた。「占領軍の占領目的に有害な行為」をした者を裁く軍事裁判所の設置は，間接統治の例外である。

　GHQ は1945年12月に，国家神道の廃絶を意味する**神道指令**を発した（→第5章Ⅰ**2**）。翌年1月の**昭和天皇**による**天皇の人間宣言**もあり，国粋主義の幻想は潰えた。そして，**東京裁判**（極東国際軍事裁判）では，**東条英機**ら戦前の指導者，軍人など A 級戦犯に**死刑7名**を含む全員有罪の判決が下った（1948年11月。また，捕虜虐待などの罪で984名が B・C 級戦犯として死刑になった）。1946年1月から，戦争協力者，軍人，国家主義者ら21万人が**公職追放**となった。

　マッカーサーは1945年10月に，**幣原喜重郎**首相（内閣総理大臣）に**五大改革指令**（婦人の解放，労働組合の結成奨励，教育制度の自由主義的改革，圧政的諸制度の撤廃，経済の民主化）を命じた。まず，同年12月には改正**衆議院議員選挙法**の公布により，**女性参政権**が現実となった（翌年4月の**総選挙**で，女性衆議院議員39名が誕生）。1947年には**戸主制廃止**などの**民法改正**（明治民法の親族・**相続**編の全面改正）がなされ，**家族法**でも**男女同権**が明文化された（→第5章Ⅱ**2**）。同年に

は刑法の姦通罪規定も廃止され，**教育基本法**で男女共学も一般化した（同法では教育の機会均等や義務教育9年制が謳われた）。**学校教育法**で新制中学校が誕生したほか，翌1948年には都道府県や市町村に，学校設置，人事，教科書採択の権限を有する，公選制の独立**行政委員会**である**教育委員会**が誕生した。

> ＃　文部省は1945年9月に，戦時下の教科書の中の戦意昂揚，戦後の現実と特に遊離した部分の墨塗りを指示した（墨塗り教科書）。GHQは10月〜12月に教育に関する「4つの指令」を出し，翌年，最後の国定教科書『くにのあゆみ』が編纂された。

　1945年12月に**労働組合法**が制定され（1949年全面改正），翌年には**労働関係調整法**，1947年には**労働基準法**も制定され，**労働三法**が出揃った（→第9章Ⅱ）。労働組合の全国組織として，1946年には**産別**（全日本産業別労働組合会議）が，これに対抗する形で**総同盟**（日本労働組合総同盟）が誕生し，1950年には**総評**（日本労働組合総評議会）も誕生した。1945年には**財閥解体**が命じられ，三井合名会社（→第8章），三菱合資会社などの持株会社が**独占禁止法**（1947年）で禁じられ，**過度経済力集中排除法**により巨大企業11社を分割（実際には325社の分割を予定していたが，日本製鐵を八幡製鉄と富士製鉄に分割するなどにとどまった。両社は1970年に再合併して新日本製鉄，その後，新日鉄住金を経て日本製鉄となった），**財閥家族**の財界追放もなされた。

> ＃　独占禁止法は，1997年の持株会社の解禁など，骨抜きの歴史をたどる。

　小作農を**自作農**に転換すべく**農地改革**も開始されたが，1945年11月の第一次農地改革は不徹底とみなされ，1946年10月の第二次農地改革では，**不在地主**の貸付農地全部，在村地主（庄内の本間家などが有名）の1町歩（北海道は4町歩）超の農地は強制買上げとなり，**自作農創設特別措置法**により小作地の83％が解放され，**大日本帝国憲法**体制を支えた**寄生地主**制も解体された。

> ＃　1922年設立の日本農民組合の指導により，小作料減免などを地主に求める**小作争議**は激しかった。小作地買収などは農地委員会が行った。多数誕生した自作農のため，農業協同組合（現・**JA**（**農業協同組合**））法が制定された。

2 日本国憲法の制定

GHQ は1945年10月，幣原首相に憲法研究を示唆した。松本烝治国務相を委員長（委員に美濃部達吉ら）とする**憲法問題調査会**は，翌年2月8日に**松本案**（憲法改正要綱）を GHQ に提出したが，大日本帝国憲法の微修正にとどまる内容であったため，GHQ は受取りを拒否し，代わりに13日，**マッカーサー草案**（GHQ 草案）を政府に手渡した。**国民主権**原理を採用し，**天皇を象徴**とし，国民に**基本的人権**（→第5章Ⅰ）を保障し，また，**戦争の放棄**を掲げたその内容に，**吉田茂**外相ら政府側は愕然とした。

GHQ は1945年10月に東久邇宮稔彦**内閣**の副総理格であった**近衛文麿**にも明治憲法の改正を示唆していた。近衛も内大臣御用掛として<u>佐々木惣一</u>らと研究を重ね，11月に**昭和天皇**に改正案を奉答したが，近衛の戦犯指名，自殺のため，実を結ばなかった。また，GHQ は，各国憲法以外に，森戸辰男，鈴木安蔵，高野岩三郎らによる**憲法研究会**の憲法草案要綱を参考に草案を練ったといわれている。

Column 7　**憲法案の幅**　　高野岩三郎は，**大統領制**をとる独自の「日本共和国憲法私案要綱」を発表した。各政党も新憲法案を発表したが，日本社会党案ですら天皇制維持を前提としており，突出していた（保守政党の案はほぼ明治憲法通りであった）。行政府（執行府）の長を公選する大統領制は，**立憲君主制**のミニマムな形態である象徴天皇制とは相容れない（首相公選制には無理がある）。日本共産党案はソヴィエトを彷彿させる**会議制**（行政府は議会に従属する）を採用していた。結局，多くの案は見慣れた**内閣制度**を民主化した**議院内閣制**を採用し，新憲法もアメリカ主導にもかかわらずそうなったのである。なお，フランス**第五共和政**では，内閣は議会と大統領の両方の信任で維持される（**半大統領制**）。

日本政府は，しかしこれが昭和天皇を極東委員会や連合国の世論（戦犯指名）から守る唯一の途であるとして，マッカーサー草案を大筋で受け入れ，4月17日に憲法改正草案（政府案）として発表した（一院制は二院制に改められた）。第1次吉田茂内閣は<u>金森徳次郎</u>国務相を中心に答弁をしつつ，**帝国議会**での審議は進み（小委員会で，**憲法9条2項**に「前項の目的を達するため」という**芦田修正**が加えられるなどした），大日本帝国憲法の改正手続を守りつつも，新憲法は11月3日に**日本国憲法**として公布され，翌年5月3日に施行された（この過程を**宮澤俊**

義は八月革命説として説明した。徹底した平和主義から平和憲法とも呼ばれる）。

　こうして，日本国憲法の基本原理は国民主権，基本的人権の尊重，戦争の放棄の３本柱となった（→第５章）が，権力分立原理も重要である。中でも司法権の独立は重要であり，司法権内部での裁判官の独立は肝要である。権力分立は，国家機関相互の三権分立とも呼ばれるが，国に対する地方政府の自律（地方自治）も重要である。新憲法を受けて，1947年には地方自治法も制定された。

> ＃　1947年の刑法改正では，不敬罪などの皇室に対する罪，間諜罪などの利敵行為の罪，安寧秩序に対する罪などが廃止される一方，公務員の職権濫用罪や暴行罪，脅迫罪などの法定刑が引き上げられた。治安維持法は1945年10月に廃止された。この時期は1948年制定の新刑事訴訟法の精神が反映されず，後に死刑囚が再審で無罪となる免田事件（発生1948年12月），財田川事件（1950年２月），島田事件（1954年３月），松山事件（1955年10月）などの冤罪事件が発生した（→第10章）。再審決定の背景には，白鳥決定（最決昭50・５・20刑集29巻５号177頁）の影響がある。映画『真昼の暗黒』で有名な八海事件（1951年１月）も長期裁判になった。

　1946年には生活保護法（1950年全面改正），1947年に失業保険法，児童福祉法などが制定され，憲法の生存権保障の実質化が図られ始めた（→第９章）。

> ＃　ただし，朝日訴訟（最大判昭42・５・24民集21巻５号1043頁→第９章Ⅲ **2**）にみられるように，社会保障の水準は低かった。1961年に国民皆保険・国民皆年金が実施された。

3　戦後政治

　終戦により議会政治も蠢きだした。非合法化されていた日本共産党が徳田球一らによって再建され，それ以外の無産政党（革新）勢力は，片山哲書記長の下，日本社会党に結集した。大政翼賛会結成で解散していた保守政党も，鳩山一郎を総裁に立憲政友会系の人々を結集した日本自由党（1946年に鳩山の公職追放で，総裁に吉田茂）と，町田忠治を総裁に憲政会・立憲民政党系の人々が結集した日本進歩党（1947年に日本民主党に改称し，総裁に幣原喜重郎）が結成された。イデオロギー的な保革対立の背景には，イギリス前首相のチャーチルの「鉄のカーテン」演説（1946年３月）に象徴される東西冷戦があった（→第11章Ⅱ）。

日本国憲法施行直前の総選挙（1947年4月）で予想外に日本社会党が第一党となり，**日本民主党**，国民協同党（三木武夫書記長）と連立して，片山内閣を組織した。しかし，炭鉱国家管理問題などで**社会主義**的政策を進められなかったことで，社会党左派の攻撃を受けて9カ月で退陣し，これを継いだ民主党総裁の芦田均を首班とする内閣も昭和電工事件により総辞職し，中道政治は挫折した。GHQも，**二・一ゼネスト計画**に中止命令を出したり（1947年1月），国家公務員の**ストライキ**を禁じる**政令201号**をポツダム政令として出させたり（1948年7月。同年11月に国家公務員法改正）したように，日本の民主化よりも日本を「反共の砦」とすることを優先し始めたのである。

> ＃　背景には，中国での国共内戦が，**毛沢東**ら中国共産党優位に進んでいたことがある。**蔣介石**の国民党は台湾に逃れ，1949年10月に**中華人民共和国**が建国される。朝鮮半島も**北緯38度線**を境に分断されており（→第12章Ⅱ❶），1948年にはその以北はソ連主導で，**金日成**を首相とする朝鮮民主主義人民共和国（北朝鮮）が建国されていた。また，1949年夏には，国鉄をめぐる3つの怪事件（下山事件，三鷹事件，松川事件）が起こったが，国鉄労組員の犯行かGHQの謀略か，真相は謎のままである。

　1948年10月，民主自由党（日本自由党から改称）単独の第2次吉田内閣が組織され，与野党合意の**内閣不信任決議**を受けての衆議院解散（なれ合い解散）後の翌年1月の総選挙で同党が圧勝すると，保守長期政権が始まった。

> ＃　終戦直後の**傾斜生産方式**を経て，超均衡予算，単一為替レート（1ドル＝360円）の設定など**ドッジ・ライン**を軸とする**経済安定九原則**をGHQは第3次吉田内閣に指示した。また，所得税中心・地方税独立などを含む**シャウプ勧告**も出された。

　1950年6月には北朝鮮と，アメリカ主導の**李承晩**大統領の大韓民国（韓国）の間に**朝鮮戦争**（〜1953年6月→第12章Ⅱ❶）が勃発し，マッカーサーの要請により日本では**警察予備隊**が設置された（1952年，保安隊）。日本経済は（朝鮮）**特需**に沸いた。同年10月から公職追放解除が始まり，逆にこの頃からレッド・パージ（広範囲な共産主義者の追放）が始まり，1952年には**破壊活動防止法**が制定され，民主化路線は後退した。1954年の警察法改正で**自治体警察**が廃止され，

1956年3月の教育委員会法改正で教育委員が任命制となるなどした（逆コース）。

> \# 1953年開始のテレビ放送では，大柄なアメリカ人レスラーを負かすプロレスの力道山が絶大な人気を集めたが，皮肉にも彼は現在の北朝鮮生まれであった。

Ⅱ　高度成長期の日本——冷戦の継続と多極化

1　独立回復と政治の季節

　1951（昭和26）年9月，**吉田茂**首相（**内閣総理大臣**）は西側**資本主義**諸国を中心に48カ国と**サンフランシスコ平和（講和）会議**で**サンフランシスコ平和（講和）条約**を調印し，日本は独立を回復した（翌年4月に発効）。ソ連や中国を含む全連合国と平和条約を締結すべきとする南原繁らの全面講和論は抑えられた（これをめぐり，**日本社会党**は左派と右派に分裂）。同時に**日米安全保障条約**が締結され，翌年2月には日米行政協定が結ばれ，アメリカ軍が日本に駐留し続けることとなった（→第12章Ⅱ）。1954年には**日米相互防衛援助協定**（MSA協定）を締結，**保安隊**を改組して**自衛隊**が発足した。日本は東西冷戦の中，西側陣営に組み込まれた。

> \# 1950年代には，米軍基地に反対する激しい闘争が各地で生じた（内灘事件，**砂川事件**など）。アメリカ施政下にあった沖縄では，人権蹂躙事件が相次ぐ中，次第に祖国復帰運動が盛り上がった。1971年の**沖縄返還協定**により翌年に沖縄は日本に復帰したが，米軍基地の沖縄集中は続いている。1969年の日米共同声明の，**佐藤栄作**首相とニクソン大統領による「核抜き，本土並み」の合意の履行は疑わしい。

　1952年8月の**衆議院の解散**（抜き打ち解散。憲法7条を根拠としたため，苫米地事件＝最大判昭35・6・8民集14巻7号1206頁を呼ぶ）後の総選挙では**自由党**（民主自由党が改称）が勝利した。しかし翌年3月，吉田首相の国会内の発言を受けた内閣不信任決議が，自由党民同派・広川派（直後に離党）の欠席もあって可決され，衆議院はまた解散した（「バカヤロー」解散）。総選挙後の第5次吉田内閣は少数与党となった。吉田の求心力も衰え，造船疑獄事件もあって，1954年

61

12月には総辞職して，日本民主党（苫米地義三や重光葵の日本民主党→国民民主党→改進党と，自由党を離党した三木武吉らの**日本自由党**が合併）総裁の**鳩山一郎**を首班とする内閣に代わった（自由党総裁も緒方竹虎に代わった）。1955年に**社会党再統一**がなされると，これに対抗して，自由党と日本民主党は合併（**保守合同**）して**自由民主党**（自民党）となった。

> **Keyword 3　55年体制**　保守合同以降，衆議院の過半数を占めて政権を独占した自民党は，経済成長を優先する吉田派などと，憲法改正などを標榜する鳩山派などの寄り合い所帯の中で疑似政権交代を続けた。そして，再統一した社会党はその約半分の議席にとどまり，万年野党第一党となった（主要な**内閣提出法案**への反対が精一杯となった）。この構図は1964年の升味準之輔の命名以来，**55年体制**と呼ばれた。1 $^{1}/_{2}$ 政党制とも呼ばれる。両党は冷戦の国内版の如くイデオロギー的には鋭く対立したが，国会対策委員会などを舞台に取引が常態化していたとも指摘される。1993年に終焉した（翌年の自社連立で完全に終了）。

　鳩山内閣は，1956年10月に**日ソ共同宣言**に調印し，両国間の戦争終結を確定させた後，12月には**国際連合**加盟も成し遂げた。他方，国防会議や憲法調査会を立ち上げるなど，復古色も強かった（憲法改正の実現のため，衆議院に**小選挙区制**を導入しようとしたが，「ハトマンダー」との批判を浴び，断念した）。

　1956年12月に石橋湛山が首相となったが，病に倒れ，わずか2カ月でその地位を**岸信介**に譲った。**東条英機**内閣の商工相でA級戦犯でもあった岸は，**公職追放**解除で政界に復帰し，保守・反動的な官僚政治家の代表といわれた。

　＃　1958年10月，B・C級戦犯として処刑される日本人二等兵の悲劇を描いたテレビドラマ『私は貝になりたい』が共感を呼んだことには理由がある。

　岸は1958年には警察官職務執行法（警職法）の改正を図り，教員勤務評定の全面実施を行い，第一次防衛力整備計画を発表して自衛隊を増強した。1960年には，日米両国の双務的な防衛義務，在日米軍の行動に関する事前協議制，期限10年の自動延長などを含む，日米安全保障条約の改定（新日米安全保障条約の締結）を行った（日米行政協定は**日米地位協定**となり，正式の**条約**となった）。これ

には激しい反対運動が起こり（**安保闘争**），**条約承認**の衆議院での**強行採決**で運動は最高潮となり，30日後の自然成立と引き換えに岸は退陣した（同年には，「総資本対総労働の対決」といわれた三井三池炭鉱争議が終結した）。

1960年10月，総選挙の演説中の社会党委員長の浅沼稲次郎が右翼少年に暗殺された。それ以前の1月に社会党内部で安保改定に賛成する西尾末広らが，民主社会党（1969年，民社党に改称）を結成した。1962年の社会党の江田三郎の「江田ビジョン」に対し，翌年に自民党の石田博英は論文「保守政党のビジョン」を発表し，産業構造の変化などから，このままでは自民党は政権から転落すると訴えた。だが，1964年の公明党結成，1960年代の日本共産党の議席増などの多党化が始まった中で，江田の進めた社公民路線は社会党左派の反発を受ける。江田は1977年，離党直後に急死した。

2 高度成長と経済の季節

1953年に日本の鉱工業生産力はほぼ戦前の最高水準にまで回復し，1956年度の経済白書は「もはや戦後ではない」と記した。その後，技術革新と設備投資が急激に進み，年率10％以上の経済成長率が長く続き，神武景気や岩戸景気などと呼ばれる大型の好景気が次々とやってきた。これを**高度経済成長**という。産業構造は，**ペティ・クラークの法則**に則り，第一次産業（農林漁業）から第二次産業（鉱工業）や第三次産業（サービス業）へのシフト（**産業構造の高度化**）が起きた。**農業基本法**の制定（1961年）によっても**主業農家**は減り，**食料自給率**も低下した（1970年からの減反政策はこれに拍車をかけた）。首都圏や京阪神などへの人口移動が生じた（それでも選挙区割りを是正しなかったことで，後に**議員定数不均衡違憲判決**が続出する。最大判昭51・4・14民集30巻3号223頁など）。

1960年に**池田勇人**が首相となると，（国民）**所得倍増計画**を策定し，高度成長を継続させた。1963年には**GATT11条国**（国際収支上の理由で輸入制限ができない）となり，翌年には**IMF8条国**（国際収支を理由に為替管理を行えない）となり，その後，1968年に**国民総生産**（GNP）が世界2位となって，名実ともに経済大国となった。吉田茂以来の軽武装・経済優先の成果といえよう。

1965年には**日韓基本条約**が締結され，日本は韓国を朝鮮半島唯一の合法政府とした。

経済成長の象徴として，1964年10月には東海道**新幹線**が開業し，**東京オリンピック**が開催された。これを花道に，病身の池田は佐藤栄作（岸の実弟）に首相の座を譲った。佐藤は，実力者の大野伴睦，河野一郎の急死もあり，7年8カ月もの長期政権を担い，沖縄返還を実現して1972年7月に退陣した。

1965年は，高度成長を第1次と第2次に区切る不況の年であった。3月に山陽特殊鋼**株式会社**が戦後最大の負債を抱えて倒産し，**会社更生法**の適用を申請した。下請けの保護，従業員の退職金の保護，監査制度強化などを図る法改正がなされた。

3　高度成長の終焉と社会変動

佐藤は，岸の流れを汲む**福田赳夫**への禅譲を考えていたが，佐藤派を割って**派閥**を立ち上げた**田中角栄**が総裁選挙で勝利し，組閣した。**日中国交正常化**を成し遂げ，日本列島改造論を旗印にした田中は，1973年の**第四次中東戦争**の際のアラブ石油輸出国機構（OAPEC）による石油戦略で生じた**石油危機**（→第11章Ⅱ**2**）と狂乱物価・**不況**と，自身の金脈問題への追及のため，退陣を余儀なくされた。次の**三木武夫**内閣の下で**ロッキード事件**が明るみになり，1976年末の総選挙で自民党は過半数割れに陥った（自民党を離党した河野洋平代表の新自由クラブが躍進した）。福田が後継の首相となり，**日中平和友好条約**を締結するなどしたが，1978年に初めて党員投票が行われた総裁選で**大平正芳**に敗れ，退陣した（この時期に自民党総裁の座を争った4人の派閥の領袖を，よく三角大福と呼ぶ）。

【Keyword 4】**ロッキード事件**　アメリカのロッキード社（軍用機に強かった）の旅客機受注をめぐる日本の戦後最大の疑獄事件。1976年には田中角栄ら**収賄**側の政治家と全日空社長などの**贈賄**側が逮捕された。丸紅ルート判決（最大判平7・2・22刑集49巻2号1頁）は首相の指揮監督権限を広く認めた。「記憶にございません」などの流行語を生んだ国会の**証人喚問**のあり方から，一時，**議院証言法**改正（証人喚問中の撮影等禁止）が生じた。余波で，ニセ電話事件も発生した。

【Column 8】**自民党の派閥**　自民党に集結した約8つの政治家集団は，政策・思想と人脈から「八個師団」と呼ばれていたが，総裁＝首相の座をめぐる争いの中で次第に5大派閥に収斂した。1925年以来（1946年を除く）の**中選挙区制**は，

冷戦下では保守政治家同士の争いを生み，このことが最大定数に匹敵する５つの派閥を生んだといえる（官僚出身が多くハト派的な吉田→池田→大平→**宮澤喜一**→岸田文雄派（**宏池会**）は保守本流と呼ばれる。麻生太郎派，谷垣禎一派はこの支流である。タカ派的な岸→福田→森→細田博之派（**清和会**）は20世紀末頃から最大派閥になった。党人派でハト派の多かった旧三木派も麻生太郎派（志公会）に吸収され，タカ派的な河野一郎→**中曽根康弘**→二階俊博派（志帥会）も増進し，総じて右傾化が顕著になった。自民党長期政権は，JA（農業協同組合）や経団連，日本医師会，日本遺族会，特定郵便局長会などの圧力団体の力をバックに，特定の分野に強い<u>族議員</u>を生んで，官僚主導の政治を政治主導に変えた反面，利権・腐敗の体質も帯びた。その象徴が，佐藤派を継いだ<u>田中派</u>や，<u>竹下派</u>→小渕→橋本→竹下亘派（平成研究会）で，長く最大派閥であった）。1993年以降は選挙制度も変わり，総裁に刃向かうような気概は消え，大派閥の会長（領袖）ではない首相が頻出し（国民的人気を背景に長期政権を築いた**小泉純一郎**など），派閥の意味も消えてきた。

　大都市部に流入した若い世代は長い自民党政治に飽き足らず，福祉の充実を求める声が重なり，多くの**革新自治体**が誕生した（1967年には**美濃部亮吉**が東京都知事に当選）。高度成長は，**四大公害訴訟**（**熊本水俣病訴訟**，**新潟水俣病訴訟**，**四日市ぜんそく訴訟**，**富山イタイイタイ病訴訟**→第７章Ⅲ **4**）に代表される**公害**問題を発生させた。政府も1967年に**公害対策基本法**を制定（1970年には**環境庁**を設置）するなどの策を講じたが，革新自治体の多くは，**市民運動**もあって，政府より規制が広く厳しい**公害防止条例**を制定して対応した。特に支持政党のない**無党派層**も増えだし，野党の多党化と併せて，保革伯仲の時代となった。

　「巨人・大鵬・卵焼き」という流行語があった。大横綱の大鵬の引退は1971年５月，プロ野球の巨人軍の９連覇の最終年は1973年である。『東京キッド』（1950年）や『悲しい酒』（1966年）などで国民的歌手だった美空ひばりが，暴力団との関係を問われてNHK紅白歌合戦出場辞退に追い込まれたのも1973年である。1968年に大学紛争が始まったが，一部の過激派が一連の連合赤軍事件を起こすのが1971〜1972年である。時代は曲がり角に来ていた。

　1979年総選挙で自民党は過半数回復を果たせず，大平派・田中の主流派と福田派らの反主流派の間のいわゆる四十日抗争に発展した。翌年に内閣不信任案が反主流派の欠席で可決されると，大平内閣は衆議院を解散した（<u>ハプニン</u>

グ解散）。直後に大平が急死し，弔い合戦の様相を呈した初の衆参同日選挙に
自民党は圧勝して，鈴木善幸内閣が発足した。1979年統一地方選挙でも，過剰
な福祉のため赤字に転落したことなどを原因に，革新自治体の退潮は明らか
（東京都知事に鈴木俊一が当選）となり，保守回帰が顕著になった。

Ⅲ　バブル経済崩壊後の日本——社会主義の凋落と「文明の衝突」

1　低成長時代と55年体制の終焉

　低成長時代に入り，そして1975（昭和50）年の**赤字国債**（特例国債）発行以来，
国家財政も逼迫してきた。鈴木善幸内閣は「増税なき財政再建」を掲げ，**第二
次臨時行政調査会**（臨調）を設置した。**大きな政府**（福祉国家→第９章Ⅲ **1**）の
見直しという路線は，次の**中曽根康弘**内閣にも引き継がれ，1986年の２度目の
衆参同日選挙での**自由民主党**圧勝を背景に，**電電・専売・国鉄民営化**がなされ
た。中曽根は財政安定のために大型間接税（売上税）の導入を目論んだが失敗
し，続く**竹下登**内閣が1989（平成元）年に**消費税**を発足させた。

> ＃　**総評**主導（つまり官公労組合主導）の**春闘**（→第９章Ⅱ **1**）方式も下火になり，**労働組
> 合の全国組織**も，1987年の全民労連の結成（同時に同盟は解散）を経て，1989年には**連
> 合**（日本労働組合総連合会）が結成された。これに反発する全労連，全労協も誕生した。

　この頃，地価・株価の異常高騰である**バブル経済**も絶頂を迎え，また，産業
構造の中心も通信・情報・金融などのサービス産業に移っていた（**経済のソフ
ト化・サービス化**）が，そのような中で1988年に発覚した**リクルート事件**は，政
官界やNTT（電電公社を民営化）幹部を巻き込む疑獄事件となった。1989年の
参議院通常選挙は，これらの問題や消費税導入，農政問題，竹下を継いだ宇野
宗佑首相の女性問題もあって自民党は歴史的惨敗を喫し，土井たか子委員長の
日本社会党が躍進した（以来，自民党は参議院の過半数を長く制せなかった）。**衆議
院**の指名が優先するとの憲法の規定により誕生した海部俊樹内閣，それに続く
宮澤喜一内閣は**政治改革**を進めようとしたが，自民党内の抵抗で挫折した。

第4章　日本戦後史

＃　1989年にはベルリンの壁の崩壊など，東欧の社会主義体制が壊滅し，東西冷戦が終結
した（1991年末にソ連も崩壊した→第12章Ⅲ）。1991年の湾岸戦争を契機に，日本も国
際貢献を求められるようになり，翌年，宮澤内閣は国連平和維持活動協力法（PKO協力
法）を制定し，内乱後のカンボジアに自衛隊を派遣した。その後，1999年には周辺事態
安全確保法が，2001年の同時多発テロ事件をきっかけにテロ対策特別措置法が，2003年
にはイラク復興支援特別措置法が制定され，また，国際貢献を理由とする憲法改正論も，
タカ派優勢となった自民党内に強まり（1999年に憲法調査会設置，国旗国歌法制定），ハ
ト派の宮澤の苦渋の決断は踏みにじられた形となった（→第12章Ⅲ）。

　自民党最大派閥の竹下派は，小渕恵三派と，小沢一郎らの羽田孜派に分裂
した。1993年の宮澤内閣不信任決議は羽田派の賛成（直後に離党，新生党結成）
で可決され，衆議院は解散された（政治改革解散）。総選挙の結果，日本新党の
細川護煕を首班とする8会派の連立政権が誕生し，自民党は下野することで55
年体制はほぼ終焉した（土井が女性初の衆議院議長となった）。

2　バブル経済崩壊後と連立政権の時代

　細川内閣は，衆議院に小選挙区比例代表並立制を導入する公職選挙法改正，
選挙区画定審議会設置法の制定，政治資金規正法の改正，政党助成法の制定と
いう政治改革関連4法を成立させた。しかし，8会派もの間の調整が難しく，
細川自身も佐川急便事件への関与が追及され，細川政権は8カ月で終わった。
続く羽田内閣も，衆議院統一会派「改新」からの社会党・新党さきがけ（武村
正義代表）排除事件を躓き石に，わずか2カ月で総辞職した。
　この混乱に乗じて自民党（河野洋平総裁）は，社会党委員長の村山富市を首
班に担ぎ出し，社会党と新党さきがけとの連立政権を組んで，与党に復帰した。
村山は，それまでの社会党の自衛隊違憲論から転換するなど，苦慮したが，
1995年の阪神・淡路大震災（兵庫県南部地震）やオウム真理教による地下鉄サリ
ン事件などに対応し，戦後50年のいわゆる村山談話を出す一方，消費税増税も
決めた。続く橋本龍太郎内閣は，継続して住専問題など不良債権処理にあたり
（1997年に北海道拓殖銀行と山一證券が破綻），行財政改革に取り組み，省庁再編を
実現したが，1998年参議院選挙の敗北で退陣した。

67

♯　野党の新生党，公明党，民社党，日本新党は解党し，小沢一郎を中心に，1994年に新進党を結成した（初代党首は海部俊樹）。しかし，結束が乱れ，1997年末には6党に分裂した。他方，1996年に新党さきがけの鳩山由紀夫と菅直人らを中心に，社会党離党組などとともに，民主党が結成された。次第に旧新進党の多くの会派がここに吸収され，自民党の対抗勢力となった。2003年9月には小沢の自由党も吸収した（政界再編）。社会党は，村山首相退陣直後に党名を社会民主党にし，党首に土井が戻ったが往時の勢いはなく，第2次橋本内閣から連立を離脱して野党に回った。なお，1995年には東京都で青島幸男，大阪府で横山ノック（ともにタレントで，市川房枝で有名な二院クラブ所属の元参議院議員）が知事に当選し，無党派知事と呼ばれた。

Column 9　法典の口語化　　日本国憲法制定と同時に全面改正・制定を必要とされた刑事訴訟法や労働法など以外の基本法典は長く文語体カタカナ書きであった。しかし，戦後40年も経つと，読むのに難渋するものとなってきた。そこで，1995年に，刑法の口語体ひらがな書き化（併せて，尊属殺人罪違憲判決＝最大判昭48・4・4刑集27巻3号265頁以来放置されてきた，尊属殺・尊属傷害致死の重罰規定が削除された）がまずなされた（→第10章。1974年に法制審議会が示した改正刑法草案は，国家主義的であるなどの批判を受け，日の目をみなかった）。1996年には新民事訴訟法が制定（1998年施行）され，口語（現代語）化された。民法の財産法部分は，2005年に現代語化された（→第6・7章。なお，1996年に法制審議会が示した選択的夫婦別姓制などを含む民法改正要綱は，法制化されていない→第5章）。商法も同年に総則，商行為法の一部が現代語化された上，会社法が現代語化されて独立の法典となった（→第8章）。国際私法（どの国の法を適用するかのルール）の基本法典である法例は2006年，法の適用に関する通則法となり，保険法も2008年に商法から独立して，現代語化された。商法の海商法部分も2018年に現代語化された。手形法，小切手法などは文語体のままである。

　次に首相となった小渕恵三は，元首相の宮澤を蔵相に迎え，赤字国債の大量発行で経済再生を唱える一方，1999年に自由党，公明党を連立与党に取り込んだが，2000年4月の自由党の連立離脱直後に倒れた。森喜朗が急遽，首相となったが，その選出の密室性や「神の国」発言などから人気は出なかった。

Column 10　法化社会　　義理と人情の浪花節的な古き良き日本は，弱者が泣き寝入りする不公平さ・理不尽さもあわせもつ。隣人訴訟（津地判昭58・2・25判時1083号125頁）の際の人々の反応は，人々の法意識の遅れを端的に示していた。だが，国内外の交流が盛んになると，暗黙の協同体のルールや，政治家の口添えで

事が解決する社会は行き詰まろう。官僚主導の経済政策（**護送船団方式**）を支えた**行政指導**は，1993年の**行政手続法**でその力を削がれた（1999年に情報公開法制定，2001年施行）。これはまた，**私的自治**や**自己決定権**の尊重に通じ，問題は事後に，明快なルールにより司法の場で解決されることを導く。1999年設置の**司法制度改革**審議会による法曹人口増などの提言により，法科大学院が2004年に開校し，新司法試験が2006年から実施されたほか，国民の司法参加として2009年から裁判員制度が導入された（→第10章Ⅲ **4**）。

3　構造改革後の日本はどこへ行く

2001年の自民党総裁選では，**小泉純一郎**がブームを巻き起こし，首相となった。小泉は，派閥均衡人事を排し，経済・財政制度の改革（**構造改革**）を進めた。以前からの持論である**郵政民営化**に力を入れ，自民党内「抵抗勢力」の反対で同法案が参議院で否決されると，**衆議院の解散**（郵政解散）を行い，総選挙の圧勝（首都圏の若年**ニート**などの支持に支えられた）でこれを成し遂げた。だが，バブル経済崩壊後の**失われた十年**を経て，2008年のリーマン・ショックもあって**産業の空洞化**が進行し，日本経済の立て直しは難題であった。

2006年，**安倍晋三**（岸信介の孫）が首相となり，**教育基本法改正**（「公共の精神」や「伝統と文化を尊重」などの文言の挿入），教職員免許法の改正，**自衛隊法改正**（防衛庁の省への昇格，国際平和協力活動（PKO）の本来任務化）や**国民投票法**（憲法改正手続法）の制定など戦前回帰的な政策を推進したが，他方で構造改革によって生じた**格差社会**問題などへの対応は鈍く，相次ぐ閣僚や政府税調会長のスキャンダルもあって，2007年参院選敗北後しばらくして政権を投げ出した。代わった福田康夫（**福田赳夫の子**）内閣，麻生太郎（**吉田茂の孫**）内閣も短命で終わり，2009年衆院総選挙の結果，鳩山由紀夫（**鳩山一郎の孫**），菅直人，野田佳彦による民主党政権に代わった。しかし，沖縄の普天間基地問題や2011年の**東日本大震災**（東北地方太平洋沖地震）への対応から支持を失い，2012年末の総選挙で再び自民党安倍（2020年から菅義偉）政権に戻り，2015年の安保諸法の制定・改正や，その後の森友学園・加計学園・「桜を見る会」・日本学術会議任命拒否問題などにみられる戦前回帰的で非立憲的な政策と政権運営が続いた。

＃　民主党はその後，民進党を経て，立憲民主党や国民民主党などに分裂した（2020年に大半は立憲民主党に合流）。2000年施行の**地方分権一括法**では，**機関委任事務**が廃止された。また，1999年に始まった「平成の大合併」（市町村数減）の経済効果は大きいとされる。しかし，炭鉱で栄えた北海道夕張市が**財政再建団体**となるなど，東京などの大都市と，**限界集落**も広がる地方の格差も広がった。『あゝ上野駅』（1964年。井沢八郎）と『俺ら東京さ行ぐだ』（1984年。吉幾三）の間には，東京と地方の心理的関係の激変がみられる。『上を向いて歩こう』（1961年。坂本九）と登り坂を登ってきた日本はどこへ行くのだろうか。『夜空ノムコウ』（1998年。SMAP）には何が待つのだろうか。2019年，元号は令和となった。

【設　問】

1　下線部ⓕ［「裾模様を着た婦人の代議士」］に関連して，戦後初の総選挙に関して述べた次の文a〜dについて，正しい組合せを，下の①〜④のうちから一つ選べ。（2015年・センター本試「日本史B」）

　　a　選挙前に選挙権が，満20歳以上の男女へと拡大された。
　　b　日本自由党が第一党になり，石橋湛山内閣が成立した。
　　c　戦争中に議員だった者の多くが公職追放になり，立候補できなかった。
　　d　この選挙後の衆議院と参議院で，日本国憲法案が審議された。
　　①　a・c　②　a・d　③　b・c　④　b・d

2　議会と執行府・行政権との関係を各国別に説明した上で，日本ではどのような仕組みを採るべきか，論ぜよ。また，戦後日本史の中で，議院内閣制であるが故に生じた事件・事象を取り上げ，その特質を論じなさい。（2011年度秋学期・横浜国立大学法科大学院「比較憲法」・改）

■ さらなる学習のために

河野康子『戦後と高度成長の終焉――日本の歴史24』（講談社，2002）
石川真澄＝山口二郎『戦後政治史〔第3版〕』（岩波書店，2010）
岡田浩＝松田忠憲編『現代日本の政治』（ミネルヴァ書房，2009）
飯尾潤＝苅部直＝牧原出『政治を生きる』（中央公論新社，2012）
君塚正臣編『法学部生のための選択科目ガイドブック』（ミネルヴァ書房，2011）

【君塚正臣】

第5章　個人と家族

２つの転換～戦前から戦後・戦後から現在～

【 概 念 図 】

結婚を当事者同士で決めるのは当然だと思うかもしれない。しかし，家族の問題を個人が自由に決められない時代があった。今日でも，私たちは家族の問題を本当に自由に決めることができているのだろうか。

個人	家族

■戦　前

全体主義→個人の自由の侵害	「家」制度　←明治民法
思想統制・国家神道・学問の自由の侵害・集会条例・女性差別 など	家督の男子優先的な単独相続 　戸主制　　　　　　　　　　　　　　など

■戦　後

個人主義：個人の尊重（憲法13条）	＊「家」制度の廃止（憲法24条）
基本的人権の保障（憲法11条）	個人の尊厳と両性の本質的平等に基づ
＊精神的自由	く家族制度
思想の自由（憲法19条）	↓　民法改正
信教の自由（憲法20条）	＊核家族　←現行民法
表現の自由（憲法21条）	法律上の婚姻をした男女（夫婦）
学問の自由（憲法23条）	＋その未成年の子ども
＊平等（憲法14条）	

■現　在

＊憲法24条「両性の本質的平等」→　現行家族制度の修正の余地

　　　　　　　　　　　　　　　　　…女性のみの再婚禁止期間・夫婦同氏など

＊自己決定権　　　　　　　　　→　家族の再定位

　家族を形成する自由　　　　　　　　…「個人の尊厳」をより重視した憲法24条

　リプロダクティヴ・ライツ／ヘルス　　の再解釈

　　など

I　基本的人権

1　個人の尊重

　日本国憲法は，11条で「国民は，すべての**基本的人権**の享有を妨げられない。この**憲法**が国民に保障する基本的人権は，侵すことのできない永久の権利として，現在及び将来の国民に与へられる」と規定し，基本的人権が法律や憲法改正によっても侵してはならない**永久不可侵の権利**として保障されることを明らかにしている。この**基本的人権の尊重**の基礎にあるのが，**個人の尊重**という考え方であり，日本国憲法13条の「すべて国民は，個人として尊重される」という規定は，この考え方を表明するものである。個人の尊重とは，一方で，社会全体の利益を個人よりも優先する**全体主義**を否定し，他方で，他人を犠牲にしてでも自己の利益を追求しようとする利己主義を否定した上で，社会における価値の根源として何よりも個人を尊重しようとする考え方である。

> ＃　近年，**家族**の崩壊現象などが指摘されるようになったことに伴い，個人を保護するものとしての共同体への関心が高まっている。ただし，個人の尊重を基礎とする基本的人権の理論を支える**個人主義**は，共同体の多数派が抱く考えに同調しない個人をも尊重することを前提としている。

> **Column 11**　**個人主義**　　文学において近代的自我の確立をめざした**夏目漱石**は，個人主義を「他の存在を尊敬すると同時に自分の存在を尊敬する」ことと定義した上で，次のように述べている。「個人主義は人を目標として向背を決する前に，まず理非を明らめて，去就を定めるのだから，ある場合にはたった一人ぼっちになって，淋しい心持がするのです」（夏目漱石「私の個人主義」『漱石 傑作講演集』（ランダムハウス講談社，2007）303頁，305頁）。

　基本的人権が永久不可侵の権利として保障されるからといって，基本的人権がおよそ一切制約を受けないということではない。各個人に基本的人権を等しく保障するためには，人権相互を調整したり社会の存立を確保したりするために**国家権力による制約**を課すことが合理的である場合がある。日本国憲法13条

が「生命，自由及び幸福追求に対する国民の権利については，公共の福祉に反しない限り，立法その他の国政の上で，最大の尊重を必要とする」と規定しているのは，このことを表している。ここで公共の福祉とは，基本的人権が他の人権や重要な公共の利益と衝突する場合にそれらを調整する原理であり，調整に伴って生じる人権の制約は最小限度に抑えられる必要がある。

2 戦前の経験と基本的人権の保障

　日本国憲法では，**自由権**，**社会権**，**参政権**などが保障されているが，中でも**精神的自由**の保障は，**第二次世界大戦**前（→第3章Ⅲ **3**）の日本でしばしば個人の内心までも統制されることがあったことへの反省に立っている。

　まず，最も基本的な精神的自由である**思想良心の自由**は，心の中でどのような思想や**価値観**をもとうと自由であり，国家は特定の思想などを強制したり差別したりしてはならないということを意味している。戦前の日本では，**教育勅語**や**治安維持法**などによって思想統制が行われ，思想良心の自由が侵害されることが少なくなかった。そこで，日本国憲法は，精神的自由に関する諸規定の冒頭の19条で，思想良心の自由を保障しているのである。

　続く20条では**信教の自由**を保障する。信教の自由とは，内心において**宗教**を信仰したり宗教的儀式や布教を行ったりする自由である。中世の宗教上の圧迫が精神的自由確立の背景となったことから，信教の自由は諸外国の憲法でも広く保障されており，**大日本帝国憲法**（明治憲法→第3章Ⅰ **3**）も臣民の権利として保障していた。しかし，実際には信教の自由は十分には実現されなかった。

　＃　日本には，自然現象の中に**八百万神**を見出す信仰と外来宗教の**仏教**とが深く融合した**神仏習合**の伝統が古くからあったが，明治政府は，当初，**天皇**を中心とした国家体制を構築するために，仏教伝来以前の神道を理想とし，仏教勢力を排除しようとしたり，**五榜の掲示**を掲げて**キリスト教**を禁じようとしたりした。これらの政策は仏教側の抵抗や諸外国からの厳しい抗議に遭い失敗したが，信教の自由を保障した明治憲法制定後も，「神社は宗教にあらず」として，神道が事実上の国教として優遇された。

Column 12　明治憲法の下での仏教　仏教勢力排除を試みた明治政府に対し，

仏教側は，神道中心の国家体制を容認した上で，キリスト教の進出を防ぐという独自の役割を強調して，その承認を求めた。例えば，一向一揆の戦闘的な組織力がおそれられ，江戸時代には一部禁止されていた浄土真宗は，1889年に明治憲法が信教の自由を保障したことを受けて解禁されたが，その後，国家神道の普及に貢献する宗教であることを他の宗派との間で争うようになった。他方，仏教の廃滅という危機意識をもつ農民による，明治政府反対の一揆も多発した。

　戦後も国家神道を存続させようとする勢力があったので，**連合国軍最高司令官総司令部**（GHQ）は**神道指令**を発し（→第4章I **1**），神道を支援したり国家主義的な**イデオロギー**の宣伝に利用したりすることを禁じ，宗教を国家から分離（**政教分離**）して信教の自由を確立することを要請した。このような経緯を踏まえて，日本国憲法は個人の信教の自由とともに政教分離を明確に規定している。

　さらに，日本国憲法は21条で**表現の自由**，23条で**学問の自由**を保障している。表現の自由は内心の思想や信仰等を外へ発信する自由であり，この権利があるからこそ，意見や考えを自由に表現し議論することにより，自己を確立し（自己実現），政治や社会のあり方を決定すること（自己統治）ができる。表現の制約方法としての**検閲**は絶対的に禁止されており，また，**通信の秘密**も保障されている。日本国憲法は，個人としての言論・出版の自由にとどまらず，集団として思想や信仰等を表明する**集会結社の自由**も保障する。学問の自由には学問研究およびその成果の発表と教授の自由があり，これらの自由をより厚く保護するため，学問研究機関の中枢である大学の自治も保障されている。

　表現の自由や学問の自由もまた，戦前は十分には保障されなかった。諸外国には学問の自由の保障を明文で定める憲法は多くはないが，それにもかかわらず日本国憲法がこれを明文で保障しているのも，戦前に学問の自由が侵害される事件が少なくなかったことを踏まえている。

　# 　例えば，1933年には，自由主義的な**刑法**学説を紹介した京都大学の滝川幸辰が，自身の教科書を発禁処分にされ，教授会の同意なしに休職を命じられたことから，同大学法学部の教授たちが大学の自治の侵害であるとして辞表を提出し抗議した。また，1935年

の**天皇機関説事件**では，東大教授で貴族院議員でもあった**美濃部達吉**が唱えた天皇機関説が「国体」に反する異説とされ，美濃部はその後全ての公職から追放され，その著書が発禁処分にされた。

戦前は，集会結社に対する取り締まりも厳しかった。1880年には政治集会と政治結社を取り締まることを目的とした**集会条例**が制定され，1887年には国の治安を妨害する活動を取り締まる目的で秘密結社や集会を禁止することができることなどが定められた**保安条例**が制定された。さらに1925年には，「国体」の変革と私有財産制度の否認を目的とする結社を組織したり参加したりすることを禁止する治安維持法が制定され，**社会主義**者や無政府主義者だけでなく戦争に疑問を唱える知識人や一般市民の言論までも厳しく取り締まられた。

　#　戦後の日本でも，**破壊活動防止法**が集会結社の自由に違反するという議論がある。この法律は，文面上は，公共の安全を確保するために暴力主義的破壊活動を行う団体を規制することを目的とし，団体の主張それ自体を禁止するものではない。しかし，団体の解散など，団体に対するきわめて強力な規制手段が認められており，それが団体の主張を禁止するために利用されるおそれがないとはいえない。

3 平　　等

個人の尊重という考え方は，人は皆生まれながらに**平等**（法の下の平等）であるという考え方を基礎にしている。日本国憲法も14条で法の下の平等を定め，特に，人種，性別，**社会的身分**や**門地**（華族や士族といった家系や家柄などのこと）等の生まれにより決定される条件を理由とする差別や，信条を理由とする差別を明確に禁止している。しかし，日本国憲法の下でも差別は根深い。民族差別や**障害者差別**，被差別部落への差別，ハンセン病元患者に対する社会的な**偏見**などさまざまな問題が残されている。**女性差別**もその一つである。

　#　女性差別は戦前の日本でも最も甚だしい差別の一つであり，**女性参政権**が認められないなど，法制度上も女性は差別されることが多かった。これに対し，**大正デモクラシー**の時期には，**平塚らいてう**や**市川房枝**等が新婦人協会を結成し女性参政権を要求するといった**女性（婦人）解放運動**を行った。

日本国憲法の下では女性参政権が保障され，少なくとも法制度上は，性別による不当な差別を受けることなく，平等で自律した生活を営む権利を女性も獲得し，**男女平等**が実現した。しかし，稼ぐのは男性で女性は家庭で家事と育児に専念すべきであるといった，性別による役割分担の意識が社会には根強く，社会的・文化的につくられた性差としてのジェンダーによる差別は依然として残っているとされる。このような中で，1979年に国連で**女性（女子）差別撤廃条約**が採択され（→第 11 章Ⅲ **1**），日本でもこの条約を批准したことから，さまざまな法律の制定や改正が行われた。1999年には，男女が対等な立場で自らの意思で社会や家庭での活動に参加する社会をめざして**男女共同参画社会基本法**が制定され，社会の制度や慣行上固定してきた性別役割分担の見直しによるジェンダー平等の実現がめざされている。

> ＃　女性の社会進出に伴い，性差別的な意味をもつ言動によって仕事上の不利益を与えたり職場環境を悪化させたりする**セクシュアル・ハラスメント**が社会問題として認識されるようになった。1997年に改正された**男女雇用機会均等法**では，セクシュアル・ハラスメント防止について事業主に配慮義務を負わせている。

Ⅱ　家　　　族

　第二次世界大戦前は，**基本的人権**や**平等**の保障は十分ではなく，人は皆等しく尊重されるのではなく，社会や国家に貢献することで評価された。このような**全体主義**的な国家体制を支える役割を果たしたのが**家族制度**であった。

1　戦前の家族制度

　戦前，**大日本帝国憲法**には家族に関する規定はなく，**民法典論争**を経て1898年に制定された**明治民法**によって家族制度が規定されていた。

> ＃　日本には体系的な民法典がなかったため，明治政府は，欧米諸国のような近代国家を目指し，フランスの法学者ボアソナードらを中心に近代的な民法典の起草を進め，1890年に「旧民法」が成立した。旧民法の人事編の起草過程では，当事者の合意で成立する

第5章　個人と家族

婚姻を中心とした家族制度が構想された時期もあったが，家族道徳などの日本の伝統的な倫理を破壊するものであるとの激しい批判があり，成立した旧民法の人事編では，家の長である戸主が婚姻の許諾権などの特権をもって家を統率し，戸主の特権が**嫡出子**・男子・長子に優先的に**相続**されていくといった，戸主を中心とした「家」制度が採用され，日本の伝統が重視された。だが，このような人事編に対しても批判（「民法出デゝ忠孝亡ブ」）は収まらず，民法典論争に発展し，人事編は施行されることなく，1898年にドイツ民法を手本とした「明治民法」が制定され施行されることになった（→第3章Ⅰ **3**）。

　明治民法の家族制度は，現行民法にはない「戸主」を中心とした，**家父長制**的制度であった。戸主には，婚姻の同意権や，指示に従わない家族や同意なく婚姻した**家族**の離籍権などが認められ，戸主は家長としての支配的な地位を有していた。家の財産も戸主としての地位とともに承継することとされ（家督相続），**家督相続権**は原則として嫡出（法律上の婚姻をした男女から生まれた子ども）の長男が有し，嫡出の男子がいない場合には，嫡出の女子より非嫡出の男子の方が優先され，女性は男性よりも劣位におかれた。また，妻は婚姻によって夫の家に入ることとされ，原則として夫の家の**氏**を名のることになった（**夫婦同氏**）。さらに，妻は無能力とされ，同居・貞操義務が課されたのに対し，夫には妻の財産の管理権が与えられるなど，婚姻関係においても男性が女性に優越していた。

　そして，このような「家」制度は，末端まで国家の支配秩序を確立するために利用された。戸主に強い権限が与えられている「家」は，社会や国家といったより上位の集団の下請けとされ，それらの集団の利益のために，戸主が家族内の個人の自由を制限することもあった。

> **Keyword 5　戸籍**　　戸籍とは，日本人について，親や子といった民事上の身分関係を登録し公証する制度である。徴兵制や税制などの実施に向けて国民の現状を把握するために1871年に制定された戸籍法がその始まりである。これによって，国民は戸主と家族からなる「戸」に登録され，翌年には全国的に戸籍が編成された。明治民法の下での「家」制度は，この戸籍の制度と密接な関係をもって形成され，民法の「家」は戸籍法の「戸」に対応していた。その後，戦後の**民法改正**に伴い戸籍法も改正され，戸籍は，それまでの「家」を単位とするものから，夫婦と，夫婦

と同氏の未婚の子どもを編成の単位とするものへと代わり，**核家族**という新たな家族像を国民の意識に定着させる役目を果たしてきた。

2　現行の家族制度──「家」制度の解体

戦前への反省から，「家」制度を廃止し家族にも**個人主義**を浸透させるために，**日本国憲法**24条は，婚姻が両性の合意のみに基づくもので夫婦が同等の権利を有することを明示し，個人の尊厳と**両性の本質的平等**に基づき家族制度が構築されるべきことを定めた。憲法24条を受けて，戦前の「家」制度の廃止は，**戸主制廃止**などの民法改正を通じた家族制度改革によって実現された。

「現行民法」は，総則，物権，債権，親族，相続の5編から成り，このうち後2編の親族・相続が，夫婦，親子，相続といった家族関係について定め，一般に「家族法」と呼ばれる。現行家族法は，日本国憲法の下での新たな家族像を明示しているわけではないが，個別の規定から，戦前の「家」制度に代わって，夫婦（法律上の婚姻をした男女）とその未成年の<u>子ども</u>からなる「核家族」を家族の典型にしていると想定されている。

> ＃　現行民法2条は，憲法同様に，「この法律は，個人の尊厳と両性の本質的平等を旨として，解釈しなければならない」と謳ってもいる。

（ⅰ）夫　婦　　法律上の正式な結婚のことを婚姻と言い，一組の男女が互いに婚姻する意思をもち婚姻届を出すことによって婚姻が成立する。現行家族法も，一定の年齢に達していない者や**再婚禁止期間**を経過していない者は婚姻できないといった，婚姻が認められるための要件を課しているが，戸主や親の同意は要件とされておらず，両性の合意のみで婚姻が成立することとなった点が，戦前の制度と大きく異なる点である。

婚姻した男女（夫婦）は，互いに，法律婚以外の男女関係には認められない法的な権利や義務を負う。例えば，夫婦同氏もその一つであり，民法750条は婚姻の法的効果として「夫又は妻の氏を称する」こと（夫婦同氏）を規定している。夫婦の財産関係を規律する**夫婦財産制**についても，妻の財産に対する夫

の管理権に象徴される，夫婦が不平等であった戦前の制度が改められ，夫婦が協議して夫婦の財産関係を自由に決める夫婦財産契約が認められている。夫婦財産契約が結ばれない場合は法定財産制が用意されており，夫の財産は夫に，妻の財産は妻に帰属し，帰属不明の財産は共有となる。このように，財産関係においても，夫婦は相互に独立するものとされ，**男女平等**の実現が図られた。

（ⅱ）　親　子　　夫婦関係と並んで現行家族法を構成するのが親子関係である。親子関係においても，父母の間の平等が実現されている。

　法律上の親子関係には，血縁があると推定される一定の事実関係がある場合に当然に認められる親子関係（**実子**）と，養子縁組という人為的な行為によって成立する親子関係（**養子**）とがある。実子はさらに，婚姻関係にある夫婦の子（嫡出子）と婚姻関係にない男女の子（非嫡出子）とにわかれ，養子は養親の嫡出子としての身分を取得する。このうち，嫡出の**未成年者**は父母の共同親権に服しており，親権者は，共同で子どもの監護を行い，完全な**行為能力**の認められていない子どもの財産を管理する権限をもち，同時に，子どもの利益を守る義務を負っている。非嫡出子や父母が**離婚**した子どもについては，父母の一方が親権者となる。

> **Keyword 6**　**家事審判**　　離婚の際に親権者を父母のどちらにするか争いがある場合や，**遺産分割**について争いがある場合などには，家庭裁判所に家事審判を申立てることができる。家事審判は，関係者のプライバシー保護の観点から非公開で行われるなど，民事訴訟とは異なる手続で審理が進められ，具体的な手続は家事事件手続法に定められている。なお，かつて家事審判の手続について定めていた**家事審判法**は，特定の定めのないかぎり非訟事件手続法を準用するとしていたが，非訟事件手続法は明治に制定された法律で，当事者の手続保障が十分でなかったため2011年に改正され，これとあわせて，家事審判法も一新され家事事件手続法に名称が改められた。

　このように，明治民法の下では父権が強大であった**親権**についても父の優位は否定され，また，親権に服する者も未成年者に限定されている。なお，親権者である父母が共に死亡してしまった場合など，親権者のいなくなった未成年者に対しては**後見**の制度が用意されている。後見人は子どもの監護や財産管理

を行い，後見人が不正な行為を行った場合などには，<u>被後見人</u>は後見人を解任することができる。

＃　歴史的には，子どもは親の権力に従うものと考えられがちであったが，今日では子どもの利益を守ることが重視されるようになり，1989年に国連で採択された**子どもの権利条約**（→第11章Ⅲ**1**）では，子どもの権利主体性が確認されている。近年は，**ライフサイクル（人生の周期）**における各々の**発達課題**に応じて成長する子ども自身の権利を援助することが，子どもの利益を守ることであると考えられるようになってきた。現行家族法でも，2011年の法改正によって，「子の利益のために」親権が行使されなければならないということが明記された。

Column 13　ライフサイクル　　精神分析学者のE. H. エリクソンは，ライフサイクルを8つの発達段階に分類した。かつては**通過儀礼**を経ることにより次の発達段階に移行すると捉えられることが多かったが，現在では青年期が大人への準備期間と捉えられるようになった。エリクソンは，従来心理学では精神的危機の時期と捉えられていた青年期を，**アイデンティティ（自我同一性）**のさまざまな構成要素を統合し自己を確立するための**モラトリアム（猶予期間）**と位置づけている。

（ⅲ）　相　続　　相続についても，「家」の承継を目的とした戦前の家督相続が廃止され，遺産が相続される「被相続人」の個人財産の承継を目的とする遺産相続へと一本化された。

　相続には，被相続人が自分の意思で自らの財産を処分する**遺言**と，民法の定める遺産の承継方法に従って行われる法定相続とがある。原則として，遺言が法定相続に優先するが，一定の範囲内の遺族には，遺産の一定割合を**遺留分**として取り戻す権利が認められており，その限りで，本来自由なはずの遺言にも制限が課されている。

Column 14　遺言の方式　　遺言の効力が発生するのは被相続人の死亡の時点であり，その時点では被相続人の意思を確認することができないことから，遺言の方式は民法で厳格に定められている。遺言の一般的な方式は，①自筆証書遺言，②公正証書遺言，③秘密証書遺言の3つである。①は，被相続人が全文，日付，氏名を自書し押印する方式である。②は公証人が関与して作成される。③は，①と②の欠点が折衷された方式と評価されており，ほとんど利用されていない。

第5章　個人と家族

　法定相続は遺言のない場合に行われるが，現実には被相続人が遺言を作成していない場合が多く，ほとんどの相続が法定相続である。法定相続の相続人には，「配偶者」と「血族相続人」とがいる。明治民法では配偶者は直系卑属に次ぐ第2順位の相続人にすぎなかったが，現在は配偶者は常に相続人となり，配偶者と血族相続人とから相続人は構成される。血族相続人は，被相続人の子が第1順位，被相続人の直系尊属が第2順位，被相続人の兄弟姉妹が第3順位と序列づけられており，先順位の血族相続人がいるときは後順位の者が相続人となることはない。これら血族相続人と配偶者との組み合わせに応じて，相続分は決まる。具体的には，相続人が配偶者と第1順位の場合は1：1，配偶者と第2順位の場合は2：1，配偶者と第3順位の場合は3：1の割合となる。

> **Keyword 7　血族**　血族とは，血縁関係にある者を指すが，養子など法の擬制によるものも血族である。血族の中でも，子や孫のように一方が他方の子孫にあたるような関係を「直系血族」，兄弟や甥姪のように共通の始祖から分かれた関係を「傍系血族」という。また，父母や祖父母などの自己の前の世代を「尊属」，子や孫のように自己の後の世代を「卑属」と呼ぶ。なお，「親族」とは，一定範囲の血族と配偶者，および一定範囲の配偶者の血族（姻族）の総称である。

　配偶者相続人は1人しかいないが，血族相続人は，例えば兄弟姉妹が複数いる場合のように，同順位に複数の者がいることがある。血族相続人が複数いる場合には，それらの者の相続分は性別や年齢に関係なく均等である。かつて嫡出子の2分の1とされていた非嫡出子の法定相続分（旧民法900条4号但書）についても，2013年に改められ，現在は嫡出子と非嫡出子の法定相続分も平等になっている。

　　＃　非嫡出子の法定相続分を嫡出子の2分の1とする取扱いについては，非嫡出子に対する社会的差別を助長するとの批判があった。子どもの権利委員会も，子どもの権利条約に違反するとして，日本政府に差別を撤廃するよう改善勧告を出していたが，最高裁は，法律婚の保護という観点から憲法に反しないと判断していた（最大決平7・7・5民集49巻7号1789頁）。しかし，2013年に，最高裁は，家族形態の多様化や国民意識の変化を指摘し，旧民法900条を違憲と判断するに至った（**非嫡出子相続分差別事件**＝最大決平25・9・4民集67巻6号1320頁）。これを受けて同年に民法900条は改正された。

> **Column 15** **非嫡出子に対する差別**　　非嫡出子に対する取扱いには，法定相
> 続分以外にも，平等に反するとして取扱いが改められたものがある。例えば，国籍
> 法はかつて，外国人母から生まれ出生後に日本人父に認知された非嫡出子には，父
> 母が婚姻しなければ日本国籍を認めていなかった。最高裁はこれを違憲と判断し
> （国籍法違憲判決＝最大判平20・6・4民集62巻6号1367頁），現在では，外国人母
> から生まれ出生後に日本人父に認知された非嫡出子にも，父母の婚姻に関係なく日
> 本国籍が認められるように，国籍法が改正されている。また，「非嫡出子」という
> 言葉それ自体にも差別的な意味が含まれているとして，「婚外子」といった表現が
> 代わりに用いられる場合もある。

Ⅲ　現代の家族問題

1　現行の家族制度の修正の余地

　現在の家族制度の中にも，憲法24条からみて合理性が疑われるものがある。

　例えば，夫婦同氏である。氏は，戦後の民法改正により，「家の呼称」から
「個人の呼称」へと変化し，民法750条は婚姻の際の氏の決定を夫婦間の選択に
委ねている。しかし，現状では，夫婦が同じ氏を名乗ることによって家族とし
ての一体感が増すと受けとめる人も少なくなく，また，大多数の夫婦は夫の氏
を選択している。そこで，女性の社会進出に伴い，氏の変更による実生活上の
不便が意識されるようになったこともあって，夫婦同氏が社会問題化し，この
規定が実質的平等に反するという議論，希望する夫婦だけには別姓を認めるべ
きだとする議論（選択的夫婦別姓論）がみられるようになってきた。このような
中，最高裁は，民法750条について，妻となる女性が事実上の不利益を受ける
場合が多いであろうと認めつつ，規定それ自体は男女間の不平等を定めたもの
ではなく，また，通称使用によって不利益は一定程度緩和され得るとして，合
憲であると判断した（最判平27・12・16民集69巻8号2586頁）。

> 　\#　近年は，夫婦同氏への不満から，夫婦別姓を実現するために，夫婦協働生活の実質を
> 　　もちながらも婚姻届を出さずに事実婚が選択される場合もある。先の最高裁判決の少数
> 　　意見には，このような状況で選択的夫婦別姓を認めないことに合理性はないとするもの

第 5 章　個人と家族

もあった。なお，法律婚の成立要件に欠け法律婚を選択できない男女関係を**内縁**，要件を満たしてもあえて法律婚を選択しない場合を事実婚と呼んで区別することもある。

　女性だけに定められた 6 カ月間の**再婚禁止期間**（民法733条）についても，その合理性が疑われてきた。かつて，最高裁は，その立法目的を子の父をめぐる紛争の防止にあるとして，合理性を認めていた（最判平 7・12・5 判時1563号81頁）。民法772条によって，**婚姻**後200日経って生まれた子はその夫の子として，同時に，離婚後300日以内に生まれた子は前婚の夫の子として嫡出推定されるため，再婚禁止期間を設けなければ子の父が重複して推定されるおそれがあるからである。しかし，嫡出推定の重複を避けるためであれば，再婚禁止期間は100日で足り，2015年に最高裁も，医療や科学技術の発達により100日を超える幅をもたせる必要はなくなったとし，再婚禁止期間のうち100日を超える部分を違憲と判断した（最判平27・12・16民集69巻 8 号2427頁）。ほかに，民法731条が婚姻年齢に男女で差を設けていることも，平等原則違反だとの批判があった（なお，2018年制定の法律により，2022年 4 月 1 日から，女性の婚姻年齢が16歳から，男性と同じ18歳へと変更された）。

　これらの問題は，現行民法が定める家族制度には憲法24条の**両性の本質的平等**の要請に照らして修正の余地がある，という視点から主に提起されている。したがって，これらの問題で修正すべき対象は，現行民法の基礎にあると想定される**核家族**という家族像それ自体では必ずしもない。これに対し，今日ではさらに，シングル・マザーや同性婚など家族のあり方の多様化に伴い，民法が定める家族制度の外にある事実婚や**非嫡出子**の人権などが叫ばれるようになり，民法が核家族という家族像を基礎にすることに対して見直しを求める声もある。

> **Column 16　国際結婚の増加**　　国際化の進展により，国際結婚も1980年代後半から急増している。これに伴い，海外で国際結婚が破綻した日本人の母による日本への子の連れ去りや外国人による外国への子の連れ去りが問題になっている。このような問題を解決するため，1980年に「国際的な子の奪取の民事上の側面に関する条約（**ハーグ条約**）」がつくられ，日本も2014年にこの条約を批准した。2016年 1 月の時点で世界93カ国がこの条約を締結している。

2 家族形成に関わる自己決定権

　現行の家族制度が核家族を中心として制度設計されていることへの疑問が提起されるとき，その有力な根拠としてしばしば援用されるのが，家族形成に関わる自己決定権である。

　＃　自己決定権は一般に日本国憲法13条によって保障されているとされ，その内容は多岐にわたる。避妊の自由，中絶の自由といったリプロダクティヴ・ヘルス／ライツや，同性愛の自由や家族を形成する自由なども，その内容の一つである。婚姻の継続や離婚に関する自己決定権は憲法24条で保障されているとする説もある。

> **Column 17**　**日本国憲法24条の性格**　　日本国憲法が保障する基本的人権の体系に24条をどのように位置づけるかは難問である。従来，24条の意義については，戦前の「家」制度の解体という点が重視されてきた。他方で，24条の性格については，平等を保障するものとして扱われることが多いものの，自由権と捉える説や社会権と捉える説，法的権利とはみなさない説など，諸説あった。24条の文言からすると，その平等保護的性格は否定できないが，近年は，24条が「個人の尊厳」に言及している点をより重視する説もでてきている。例えば，24条を，憲法13条と14条の家族生活における具体化と捉える説や，人的結合の自由と捉える説などがある。

　例えば，法律婚が男女間にしか認められていないことに対しても，同性間で婚姻する自由を根拠に疑問が出されている。さらに，子どものいる家族といない家族のどちらを形成するかの選択も，自己決定権として主張される。もはや，家族に子どもがいることは自明ではなくなっており，リプロダクティヴ・ヘルス／ライツの中でも，避妊や中絶の自由といった「子どもをもたない自由」は，日本ではかなり広く認められつつある。それにとどまらず，今日では，代理母問題など，人工生殖によって「子どもをもつ自由」も問題になっている。

　もちろん，現行の家族制度の下で，家族形成に関わる自己決定権がまったく認められていないというわけではない。例えば，夫婦同氏を避けるために個人が事実婚を選択することは，法律上は何ら禁止されてはいない。家族形成について個人が国家から自由に自己決定する領域は，現行の家族制度の下でもすでに確保されてはいるのである。ただし，家族形成に関わる自己決定権が，法律

第5章　個人と家族

婚以外の家族にも法律上の保護を求めるものであるとすれば，そのような自己決定権は，確かに，法律婚の自由と同等の保護を受けているとはいえない。

　他方で，現行の家族制度が家族に与える保護については，そもそも法律婚に対しても十分ではないという指摘もある。家族の問題については，自己決定の主体であると同時に保護の客体でもある子どもの利益や，ジェンダーに基づく社会的差別の残る女性の利益を考慮する必要がある。これを当事者同士の自由な決定に委ね，弱い立場に置かれた者に自己決定権を形式的に保障したとしても，必ずしも**個人の尊重**に結びつくとは限らないからである。家族制度について定めた現行民法の規定には，離婚届の提出だけで裁判所の関与なしに離婚が成立する協議離婚の制度のように，家族の問題を当事者の決定のみに委ねる部分が多いが，弱い立場の者に実質的に自己決定できる環境を今以上に保障するために，家族形成に関わる自己決定権が一定程度制限されることには，やむをえない面もある。家族形成に関わる自己決定権の保障の限界をどこに設定するかということは，現代の家族問題の核心であるともいえよう。

　＃　例えば，**合計特殊出生率**が1.57を示した1989年以降，**少子高齢化**対策として，安心して子どもを産んで育てる環境を保障する必要があるということが意識されるようになっているが，これに対しても，国のために子どもを産ませることを女性に強制する政策になることへの懸念が表明されている。また，代理母の問題について検討する際にも，代理母や胎児の利益を考慮することを忘れてはならない。

> **〔Keyword 8〕　合計特殊出生率**　　合計特殊出生率とは，1人の女性が一生の間に産む子どもの数を推計したものを指す。具体的には，15歳から49歳までの女性の年齢別出生率を合計して算出し，合計特殊出生率が2.08を下回ると人口が将来減少に転じるおそれがあるとされる。日本では，1975年に2.00を下回ってから低下傾向が続いていたが，2005年の1.26を底に緩やかに上昇していた。しかし，2014年の合計特殊出生率は1.42となり，前年を0.01ポイント下回り，9年ぶりの低下となった。

　家族は，市民が育つ最も基本的な集団であることから，常に国家の高い関心が向けられてきた。他方で，家族は，孤立した個人が**個人主義**を貫こうとするとき，それを支えうる最も基本的な集団でもある。これらのことを踏まえて，

85

国家と「個人」の間にある「家族」を再定位していかなければならない。

【設　問】

1　下線部ⓐ［平等］に関連して，次のＡ〜Ｃのうち，最高裁判所が不合理な差別であるとして違憲や違法の判断を下したことがあるものとして正しいものを，下の①〜⑦のうちから一つ選べ。（2012年・センター追試「政治・経済」）

　Ａ　結婚していない日本人父と外国人母との間に生まれた子について，認知のほかに父母の結婚を届出による日本国籍の取得の要件とする国籍法の規定

　Ｂ　尊属殺人について普通殺人の場合よりも著しく重い刑を定める刑法の規定

　Ｃ　女性であることのみを理由として，男性よりも低い年齢を定年とする企業の就業規則

　①　Ａ　　　②　Ｂ　　　③　Ｃ　　　④　ＡとＢ
　⑤　ＢとＣ　　　⑥　ＡとＣ　　　⑦　ＡとＢとＣ

2　「女性について6ケ月の再婚禁止期間を定める民法733条は憲法14条1項に違反する」との主張に対する最高裁の判断について論じなさい。（2015年度秋学期・東北学院大学法学部専門科目「憲法Ⅳ」）

■ さらなる学習のために

君塚正臣編『ベーシックテキスト憲法〔第3版〕』（法律文化社，2017）

宍戸常寿編『18歳から考える人権〔第2版〕』（法律文化社，2020）

松川正毅『民法 親族・相続〔第6版〕』（有斐閣，2019）

大村敦志『家族と法 比較家族法への招待（放送大学叢書）』（左右社，2014）

【佐々木くみ】

第6章　契約と自己責任（私的自治1）
民法の基本原則と意思表示

【概　念　図】

■法における民法　→Ⅰ参照
- ・成文法（文書の形で制定された法規範）：憲法，法律（民法），命令，条例
  不文法（文書の形をとらない法規範）：慣習法，判例法，条理
- ・公法（個人と国家の関係を規律する）と私法（個人と個人の関係を規律する。民法）
- ・特別法は一般法に優先する
  - →「民法は私法の一般法」

■民法の基本原理—近代民法の原則　→Ⅱ参照
- ・権利能力平等の原則：人は等しく権利義務の主体となりうる資格を有する
- ・所有権絶対の原則：いかなる者も個人の所有権を干渉しえない
  - →現在では，社会的な拘束（公共の福祉や法令による制限）を負うものとされる
- ・私的自治の原則：個人は，自己の私法関係をその意思によって自由に規律することができる→契約自由の原則
- ・過失責任主義：自己の行為によって他人に損害を与えた場合，故意・過失があれば，その責任を負わなければならない

■私的自治—契約と意思表示　→Ⅲ参照
- ・意思表示の合致→契約の成立→債権・債務の発生
- ・契約の有効性
  - ：契約内容の適法性（強行法規に反しない），社会的妥当性（公序良俗に反しない）
  - ：意思能力と行為能力，意思の不存在と瑕疵ある意思表示
- ・私的自治の補充と拡張—代理

■契約と所有権（物権）の交錯　→Ⅳ参照
- ・売買契約の結果，所有権（物権）が移転するという関係

87

I　法における民法

　法とは，社会規範の一種である。法には強制力があり，**道徳**など他の社会規範との違いはそれに反した場合，法的な制裁や不利益を伴うかどうかである。

> ＃　例えば，デートの約束を破っても，道徳的に非難されるだけである。しかし，婚約を不当に破棄したとなると，道徳的な非難だけでなく，**債務不履行**になって，**損害賠償**（慰謝料）を支払う義務を負うこともある（婚姻の強制まではされない）。そして，損害賠償義務を履行しないと，財産が差押えられ，**強制執行**を受けるかもしれない。

1　成文法と不文法

　文書の形で制定された法規範を**成文法**（制定法）と呼び，文書の形をとらない法規範を**不文法**という。日本は成文法が優先する。成文法として，**憲法，法律，命令**（政令，省令など），**規則**（議院規則，最高裁判所規則など），条例（地方公共団体が制定）が挙げられる。法律とは，**国会**による所定の手続を経て成立するものである（民法，会社法，民事訴訟法など）。

　不文法には，**慣習法，判例法**，条理（物事の筋道）がある（→第1章Ⅱ**2**）。慣習法とは，社会で発生した慣習のうち，法にまで高められたものをいう。

> ＃　どのような場合に，慣習が慣習法として認められるか。**法の適用に関する通則法（旧法例）**3条によれば，**公序良俗**に反しない慣習は，法令の規定により認められたもの（**入会権**など）または法令に規定されていない事項に関するもの（譲渡担保など）については，法律と同一の効力を有すると規定している。

Column 18　**慣習と法律の関係**　　塩釜在住のXは，新潟に営業所のあるY会社から肥料用の大豆粕を購入する**売買**契約を締結し，「塩釜レール入」で引渡すべきものとされた。「塩釜レール入」とは，売主がまず大豆粕を塩釜駅に送付する義務を負い，代金は後払いという商慣習である。その商慣習と，代金支払いと大豆粕の引渡しの同時履行（民法533条）という民法の規定（**任意法規**）のどちらが優先するのかが争われた。大審院は，当事者がその慣習の存在を知りながら，特に反対

第6章　契約と自己責任（私的自治1）

の意思を表示しなかったときは，その慣習による意思があったと推定されると判示した（慣習優先）。積極的にその慣習によるという意思表示までは要求されないということである（民法92条）。（「塩釜レール入」事件＝大判大10・6・2民録27輯1038頁）。

　最高裁判所が法的紛争を解決するために言い渡した法的ルールを判例というが，判例法とは，その判例が蓄積されて形成された法をいう。判例は，後の裁判に事実上法規範のように機能する。

　法は階層構造になっていて，高い順に，憲法，法律（慣習法，判例法，条理），命令（各種規則），条例となる。上位の法は下位の法に優先するので，例えば，憲法と法律で矛盾，抵触する規定があれば，憲法が優先し，法律は無効となる。

2　私法の一般法──民法

　民法は，個人と個人の間の財産関係，家族関係に関するルールを定める法律である。民法は，私法の一般法といわれる。

　法は，公法と私法に分類される。公法とは，個人と国家（又は地方公共団体）との関係を規律する法であるのに対し（憲法，行政法，刑法，刑事訴訟法など），私法とは，個人と個人の関係を規律する法である（民法，会社法など）。

　また一般法に対するのは特別法である。一般法とは適用領域が限定されていない法律，特別法とは適用領域が限定されている法律のことをいう。特別法は一般法に優先して適用されるのが原則である。例えば，民法は個人の取引に適用されるが，商法（→第8章）は，一方または双方が商人の場合の商取引に対して適用される。この場合，民法は一般法で，商法は特別法の立場にある。この区別は相対的である（例えば，手形取引を規律する手形法は商法の特別法である）。

　#　民法の特別法としては，他に，賃貸借契約に対する借地借家法，消費貸借契約に対する利息制限法，消費者と事業者との関係に適用される消費者契約法などがある（特別法の展開については→第7章Ⅰ）。また，前に作られた制定法と，後に作られた制定法の間で矛盾が生じるときは，通常は，後法の中でどちらが優先するか規定があるのでそれによる。その規定のないときは，後法は前法に優先する。一般法と特別法，前法と後法は，同格の法律で矛盾が生じる場合の優先順位を決める解釈技術である。

89

Ⅱ　民法の基本原理——近代民法の原則

　自由，平等，友愛（博愛）をスローガンに掲げた**フランス革命**（→第2章Ⅳ**4**）を経て制定された**ナポレオン法典**（1804年）（→第1章Ⅱ**2**）が日本の民法のルーツとされる。

> **Column 19**　**日本民法の歴史**　　フランスのパリ大学からボアソナード博士を招聘し，彼に財産法の部分を起草させ，家族法部分を加えて，ナポレオン法典（フランス民法典）の影響を受けた民法典が完成した（旧民法）。この民法典は，1890年に公布され，1893年施行の予定だったが，法典論争が起こり，施行延期となった。そこで日本人の3委員（梅謙次郎，富井政章，穂積陳重）が中心となり，ドイツ民法典の草案（1887年）や諸外国の立法を参考にして改めて起草された。そして，財産法部分（前3編）は1896年，家族法部分（後2編）は1898年に公布され，ともに，1898（明治31）年7月16日に施行された。家族法部分は**第二次世界大戦**後改正されたが，現在の民法典はこれが元になっている。2004年に現代語化がなされた。

> **Column 20**　**民法（債権関係）改正法**　　民法の一部を改正する法律（平成29年法律第44号）が，2017年5月26日に成立した（6月2日公布）。主に債権関係（契約）の規定の見直しがなされており民法財産編の約120年ぶりの大改正である。2020年4月1日より施行。

　近代民法の原則として，<u>権利能力</u>平等の原則，<u>所有権</u>絶対の原則，<u>私的自治</u>の原則，<u>過失責任主義</u>が挙げられる。

1　権利能力平等の原則

　権利能力平等の原則とは，全ての人は等しく**権利**（法律上保護すべき利益）・義務の主体となりうる資格（権利能力）を有するというもので，人（自然人）であれば，誰でも出生時から死亡時まで権利能力が認められる（民法3条1項）。権利を有したり（例えば，財産をもつことができる），義務を負ったり（例えば，借金をすることができる），裁判の原告になったり，被告になったりもできる。例

第6章　契約と自己責任（私的自治1）

えば，自分が死んだら飼い猫に財産を遺したいと考えても，猫は権利の主体
（人）でなく，客体（<u>物</u>として権利の対象）でしかないので，財産を所有すること
はできない（ただし，他人に財産を託して，猫の面倒を見てもらうことはできる）。民
法上，人には，人間である自然人だけではなく**法人**（会社など）も含まれる。
法人も目的の範囲内で権利能力を有する（民法34条）。

2　所有権絶対の原則

<u>所有権</u>とは，**物権**の一つであり，<u>物</u>の全面的な支配権と定義される。そして
所有権絶対の原則とは，他人（国家）が個人の所有権を干渉しえないというこ
とである。これは，近代**市民階級**が，封建的な支配から脱して，自由な経済的
活動を行うための前提であり，思想的に，所有権は，**実定法**（制定法，**慣習法**な
ど人間の行為によって作り出され，一定の時代と社会において実効性をもっている法）
よりも先に存在する**自然権**として神聖不可侵な権利だとされた。

日本国憲法でも**経済的自由権**（職業選択の自由，居住・移転の自由，財産権）が
認められている。このうち，29条1項は財産権を保障している。これは個人の
具体的な財産権の保障とともに，**私有財産制**（生産手段の私有）を制度的保障と
して規定しているとされる。もっとも，2項で，財産権の内容が，**公共の福祉**
によって制約されるとしている。民法1条1項も，私権は，公共の福祉に適合
すべきことを規定し，民法206条も所有権を法令の制限内において認めている
にすぎない。現代では，財産権が社会的な拘束を負ったものであることが明示
されている。

> ＃　財産権の内容として，**不動産**や**動産**といった<u>物</u>（有体物）だけではなく，近年は，無
> 体物を対象とする**知的財産権**（特許権，著作権など）の重要性が高まっている。2005年
> に知的財産に関する事件を専門的に取り扱う**知的財産高等裁判所**が設置された。

3　私的自治の原則と過失責任主義

個人は，自己の私法関係をその意思によって自由に規律することができると
する原則を<u>私的自治</u>の原則という。そして自由な意思決定の結果に拘束され，

91

自分の行為に責任を負う。近代民法は，個人の自由な行動や取引を最大限保障する一方で，自由な活動の結果，自分が被った損害は，自分で負担しなければならない（**自己責任の原則**）。そして自己の行為によって他人に損害を与えた場合，**故意・過失**があれば，その責任を負わなければならない（過失責任主義→第7章Ⅲ**2** 裏を返せば，「過失なければ責任なし」ということでもある）。

私的自治の原則からは，**法律行為**自由の原則（**契約自由の原則**）が導かれる。

> \# 法律行為とは，当事者がした**意思表示**の内容どおりの法律効果を発生させる法律要件である。意思表示を不可欠の要素とするもので，意思表示の態様に応じて，単独行為（遺言や取消しなど1個の意思表示からなる），**契約**，合同行為（会社設立行為のように多数人が同一目的に向けて関与するもの）の3種に分類される。以下では，法律行為の代表として契約について説明する（法律行為≒契約）。

契約を締結するのもしないのも自由であるが（契約自由の原則には，締結の自由の他，相手方選択，方式，内容決定の自由もある，民法521条，522条2項），自由な意思決定（意思表示）によって契約を締結した以上は，契約に拘束される。契約は守らなければならず，守らなかった場合（**債務不履行**の場合）は，強制的に契約を実現させられたり（強制履行），損害賠償，契約の解除という形で債務不履行責任を負わされたりすることになる。

Ⅲ　私的自治——契約と意思表示

1　契約の成立——意思表示の合致

契約は，当事者の**意思表示**の合致によって成立する。申込みの意思表示と承諾の意思表示が内容のうえで合致していることが必要である（民法522条1項）。例えば，Aが「あなたの土地を1000万円で買いたい」と申込み，それを受けてBが「それでは私の土地を1000万円で売りましょう」と承諾すると，**売買**契約が成立する（民法555条）。売買契約が成立すると，**債権**（債務）が発生する。債権とは，ある人が他の人に対し，一定の行為を要求しうる**権利**をいう。この例では，Aが買主，Bが売主であり，AがBに対し，土地の明渡しを請

第6章　契約と自己責任（私的自治1）

求する債権と，<u>登記移転請求権</u>を有し（BはAに対し，土地を明け渡すべき債務と
登記移転債務を負う），BがAに対し，売買代金1000万円を請求する債権を有す
る（AはBに代金債務を負う）。

#　民法典には，13種の**典型契約**が規定されている（**贈与**，**売買**，交換，**消費貸借**，**使用貸借**，**賃貸借**，雇用，**請負**，委任，寄託，組合，終身定期金，和解）。また，**売買**契約のように契約の当事者がそれぞれ対価関係にある債務を負っている契約を**双務契約**という。対価関係とは，代金を支払ってくれるから，代わりに登記を移転する，代金を支払ってくれなければ，登記は移転しないというような関係にあることをいう。双務契約では，同時に債務を履行させることが公平にかなうので，買主Aが代金を用意して提供してくれるまでは，売主Bも登記の移転を拒絶できるという抗弁権（**同時履行の抗弁権**，民法533条）が認められている。
　　双務契約の対概念である**片務契約**には，贈与契約などがある。

契約の債務の内容である給付を実現することを履行という。例えば，Aが
代金を支払ったら，債務は消滅する。この債務の消滅をもたらす給付を<u>弁済</u>と
もいう。9月1日に代金を支払うと契約したら，9月1日が弁済の<u>期限</u>となる。

#　Aの弁済は，1000万円の金銭を支払うことだが，Bが承諾すれば，他の給付（高級外車で支払う）で債務を消滅させることもできる。これを<u>代物弁済</u>という。

> **Keyword 9**　**相殺**　　AがBに対して100万円の債権をもっており，BもAに対して30万円の債権をもっている（両債権とも弁済期にある）とき，Bは差額を決済して70万円だけをAに支払えばよい。これを<u>相殺</u>と呼ぶ（民法505条以下）。

2 契約の有効性——その1・契約内容の適法性と社会的妥当性

契約するのは自由であるといっても，成立した契約が有効であるためには，
公序良俗に反しないこと，**強行法規**（強行規定）に反しないことが必要である。

公序良俗とは，「公の秩序又は善良の風俗」（民法90条）のことで，社会的妥
当性のことをいう。例えば，殺人を依頼する契約を認めるわけにはいかない。
殺人契約は，公序良俗に反する契約として無効となる。

強行法規とは，法令中の公の秩序に関する規定であり，強行法規に反する規
定は<u>無効</u>とされる。契約の内容には適法性が必要である。

＃　**任意法規**（任意規定）とは，法令中の公の秩序に関しない規定であり，任意規定に異なる規定は有効とされる。民法中（特に債権関係の規定）には当事者の意思解釈を補うために，任意規定が多い。例えば，民法614条は，家賃の支払いを毎月末（後払い）と規定しているが，それと異なる特約も有効である。

〔**Keyword 10**〕　**一般条項**　　一般条項とは，抽象的な規定で，裁判官に裁量の幅を与えているものである。公序良俗の他に，民法1条2項の信義誠実の原則（信義則）や3項の権利濫用の禁止も判例でよく使われる。

3　契約の有効性──その2・意思表示

（ⅰ）　意思能力と行為能力　　契約の成立には意思表示が不可欠であるが，**私的自治**の原則の前提として，自分のした意思表示の意味を理解していなければならない。そのような自己の行為の性質を判断できる精神能力のことを**意思能力**といい，契約の当事者が意思表示をしたときに意思能力を有しなかったときは，その契約は**無効**となる。幼児や泥酔者，重度の精神障害者などは意思能力がないとされる。意思能力の有無は，その都度判断される。そのため意思能力の欠如を事後的に証明するのが難しいこともある。

　行為能力とは，単独で有効に契約（法律行為）をなしうる地位または資格をいう。民法は，契約の内容を理解する能力がなく，その契約を締結することが自分にとって必要で有益かを判断する能力のない人を一定の類型に分けて，行為能力を制限することによって，保護を図っている。具体的には，成年**被後見人**，被保佐人，被補助人（以上，成年後見制度），**未成年者**の4類型がある。これらの制限行為能力者が単独でした契約は，一定の要件のもと，**取消し**（契約が取り消されると，契約は遡って無効となる）の対象となる。

　（ⅱ）　意思の不存在と瑕疵ある意思表示　　意思表示は，一定の効果の発生を欲して，その旨を外部に表示する行為である。伝統的な理解によれば，動機（お金が必要だ）を経て，**効果意思**（この土地を売ろう）を確定させ，表示意思（この土地を売ろうと言おう）を経て，**表示行為**（「この土地を売ります」と実際に言う）を行う。意思表示は効果意思，表示意思，表示行為からなり，動機は含まれな

第6章　契約と自己責任（私的自治1）

い。この意思表示の過程が正常であって，はじめて契約に効力を認めることに
なる。それゆえ，表示行為に対応する効果意思が存在しない場合（**意思の不存
在**という。「この土地を売ります」と表示行為があるが，内心はそう思っていない場合）
と，表示行為に対応する効果意思はあるが，意思の形成過程に問題がある場合
（**瑕疵ある意思表示**という。この土地を売ろうと思って「この土地を売ります」と表示
しているが，だまされるなどした結果であり，この土地を売ろうと決意した過程に問題
がある場合），そのまま契約を有効とするわけにはいかない。前者の意思の不存
在には，心裡留保（民法93条），虚偽表示（民法94条）があり，一定の要件のも
と，意思表示が**無効**となる。後者の瑕疵ある意思表示には，**錯誤**（民法95条），
詐欺，**強迫**（民法96条）があり，瑕疵ある意思表示は，取消しの対象となって
いる。

4　私的自治の補充と拡張——代理

　これまで，契約は自分でするものという前提で話をしてきたが，そうでない
場合もある。例えば，父親が死んで2歳の子どもCが1億円の相続財産を取
得したとしよう。権利能力はあるので財産を得ることはできるが，意思能力も
行為能力もないので，財産管理を行うことができない。この場合，母DがC
の代わりに意思表示をして，意思表示の効果を直接Cに生じさせる制度を**代
理**といい，Dを**代理人**，Cを本人という。母Dは未成年者Cの法定代理人で
ある（私的自治を補充する）。不動産の取引の専門家に土地の売却を任せるなど
のように任意の代理人を選任することもできる（私的自治の拡張といわれる）。

　代理が有効であるためには，代理人に代理権があることと，代理人が本人の
ためにすることを示して意思表示をすること（C代理人Dと名乗ること，顕名と
いう）が必要である。代理権をもたない者が代理人として意思表示をすること
を**無権代理**といい，本人に効果が帰属することはない（無権代理人が責任を負
う）。しかし，本人と無権代理人との間に一定の関係がある場合には，**表見代
理**として，本人に効果を帰属させ，本人に責任をとらせる場合もある。

95

Ⅳ　契約と所有権（物権）の交錯

1　物権の種類

　<u>物権</u>は<u>物</u>に対する直接，排他的な支配権である。原則として，世の中の誰に対しても，自分の物権を主張できる（絶対性）。物権は第三者への影響が大きいので，法律によって物権の範囲を限定している（民法175条。物権法定主義。ただし，譲渡担保など慣習法上の物権も判例で認められている）。民法に規定があるのは，<u>占有権</u>，<u>所有権</u>，4つの用益物権（地上権，<u>永小作権</u>，地役権，<u>入会権</u>），4つの担保物権（留置権，先取特権，質権，抵当権）の10個である。また，同じ内容の物権は一つの物の上に一つしか成立しない（一物一権主義。共有は例外）。

　所有権は，物に対する完全な支配権である。法令の制限内ではあるが，自己の所有物を自由に使用・収益・処分ができる。例えば，土地の所有権があれば，自分で使っても，貸して地代をとろうと売却しようと自由である。

　物権の客体は，<u>物</u>であり，物とは有体物をいう（民法85条）。物には<u>不動産</u>（土地と建物などの土地の定着物）と<u>動産</u>（不動産以外の物）がある。

> ＃　建物を売った場合に，その中の畳も一緒に売られたことになるのか。建物と畳は別個の物であるが，経済的にみて，畳は建物の効用を助けている。民法は，<u>従物</u>は<u>主物</u>の処分に従う（民法87条2項）として，建物（主物）が売却されると，別段の意思表示がない限り，畳も一緒に売却されることにした。絵画が主物なら，額縁は従物，刀が主物なら，刀の鞘は従物，本が主物なら，本のカバーは従物である。

> ＃　<u>元物</u>と<u>果実</u>という区別もある。果実のうち，りんごや牛乳などを天然果実といい，家賃や地代のことを法定果実という。果実を産出するりんごの樹や牛，家屋，土地などを元物という。

2　物権の効力

　物権は，物に対する直接の支配権であるから，その円満な支配状態が侵害されたり，侵害のおそれがある場合には，その侵害の除去または予防を請求できる。これを<u>物権的請求権</u>といい，目的物の占有が奪われている場合には<u>目的物</u>

第 6 章　契約と自己責任（私的自治 1）

返還請求権，目的物に対する支配が妨害されている場合には**妨害排除請求権**，目的物の支配に対する妨害のおそれがある場合には**妨害予防請求権**がそれぞれ認められる。物権的請求権は，物権侵害が違法であれば当然に発生するので，侵害者の**故意・過失**は必要とされない。例えば，自分の土地に勝手に建物を建てられたら，侵害者に対して，所有権に基づく目的物返還請求権を行使して，建物の収去と土地の明渡しを求めることができる。

Column 21　**宇奈月温泉事件**　　Ｘは急斜面で利用価値のない土地の一部（2坪）に宇奈月温泉の引湯管が通っているのに気づいて，その土地を買い受け，温泉を営む鉄道会社Ｙに不法占拠を理由に管の撤去をするか，周辺の土地と合わせて2万円（この時代には高額）で買いとるように迫った。Ｙが拒んだため，Ｘは所有権に基づく妨害排除を求めた。大審院は，**権利濫用**を理由に，Ｘの請求を認めなかった（**宇奈月温泉事件**＝大判昭10・10・5大民集14巻1965頁）。**所有権**（の本質にかかわる妨害排除請求権）の行使が権利濫用法理（現在は，民法1条3項）によって制限された（所有権はあるけれども，行使できない）。

Keyword 11　**時効**　　一定の事実状態が一定**期間**継続した場合に，権利の取得や消滅という効果を認める制度を**時効**という。権利取得の効果を認めるのが取得時効，権利消滅の効果を認めるのが消滅時効である。例えば，土地の売買契約が無効だった場合でも，10年間または20年間，一定の態様で土地を占有し続けた場合には，その所有権を取得できる（民法162条）。

3　契約と所有権の交錯

　土地の売買契約が成立すると，**債権**（債務）が発生するが，売買契約の最終目的は，**物権**（土地の所有権）を売主から買主へ移転させることである。**物権変動**とは，物権の発生，消滅，変更（物権の主体からみると，物権の得喪および変更）をいう。所有権の移転は物権変動の一つの形態である。すなわち，売買契約が成立すると，債権が発生すると同時に，物権変動も生じている。（全ての契約がそういう関係にあるのではなく，雇用や組合のように債権しか生じない契約もある）。所有権は，意思表示のみで移転するとされ（民法176条），形式は必要とされない。また，土地など不動産の所有権移転を完了させるには**登記**が必要であ

97

る。登記は，対抗要件とされていて（民法177条），所有権が買主に移転したことを売主以外の第三者に主張するために必要とされている。

【設　問】

1　下線部ⓓ［知的財産権］に関連して，日本における財産権の保障についての記述として誤っているものを，次の①〜④のうちから一つ選べ。（2014年・センター追試「政治・経済」）

①　海賊版の映像や音楽については，個人で使用するためのダウンロードが刑事罰の対象とされている。

②　知的財産に関する事件については，これを専門的に取り扱う知的財産高等裁判所が設置されている。

③　憲法は，国民に認められる財産権の内容が，公共の福祉に適合するように法律で定められることを規定している。

④　憲法は，すべての国民が最低限度の財産を所有できるよう，国がそのために必要な施策を行うことを規定している。

2　日本民法の歴史を説明しなさい。（2013年度春学期・明治学院大学法学部「民事法入門」・改）

■ さらなる学習のために

潮見佳男ほか『18歳からはじめる民法〔第4版〕』（法律文化社，2019）

道垣内弘人『リーガルベイシス民法入門〔第3版〕』（日本経済新聞出版社，2019）

大村敦志『新基本民法Ⅰ　総則編〔第2版〕』（有斐閣，2019）

【伊室亜希子】

第7章　保護と救済（私的自治2）

消費者問題と公害問題を中心に

【概念図】

■ 契約と消費者問題　→Ⅰ参照
　　民法の前提：抽象的な人，対等な人が契約締結（契約自由の原則）
　　経済力や情報力に差のある当事者（例：事業者対消費者）
　　　　→契約当事者の実質的平等を図るために特別法で保護
　　・売買契約→消費者契約法，特定商取引法（クーリング・オフ制度）
　　・消費貸借契約→利息制限法，貸金業法，出資法（グレーゾーン金利の廃止）
　　・売買契約＋信用供与→割賦販売法（抗弁の接続）
■ 担保と消費者問題：昔からある問題で，民法で規律　→Ⅱ参照
　　人的担保→保証（催告の抗弁権，検索の抗弁権），連帯保証
　　物的担保→担保物権（抵当権）
　　　典型担保（留置権，先取特権，質権，抵当権）と非典型担保
■ 不法行為と消費者問題・公害問題　→Ⅲ参照
　　不法行為の要件4つ：①故意・過失②違法性③因果関係④責任能力
　　　　→損害賠償請求権
　　①原則：過失責任主義
　　　例外：無過失責任主義（製造物責任法）
　　　　　　根拠：危険責任の法理，報償責任の法理
　　②権利侵害から違法性へ（雲右衛門事件→大学湯事件）
　　③因果関係の挙証責任の緩和（公害問題）
■ 権利の実現＝司法上の救済　→Ⅳ参照
　　日本国憲法32条　裁判を受ける権利
　　　民事訴訟：権利の存否を判定する公的制度…民事訴訟法
　　　強制執行：強制的に権利を実現させる公的制度…民事執行法
　　裁判外の紛争解決制度（ADR）

99

I　契約と消費者問題

1　消費者問題の展開

　わが国では，第二次世界大戦後の1950年代頃から，消費者問題が顕在化した。戦後まもなくは経済混乱の時代であり，主婦を中心とした生活防衛的な性格の消費者運動が展開された。1948年，主婦連（主婦連合会）が，不良マッチ追放運動をきっかけに設立された。また，同年に消費生活協同組合法が施行された。1955年には森永ヒ素ミルク事件，1962年にはサリドマイド薬害事件，1968年にはカネミ油症事件といった食品公害，薬害が相次いで起こり，大きな社会問題となった。大衆消費社会を迎えたわが国では，高度経済成長に伴い（→第4章 II **2**），1960年代の半ばには，さまざまな消費者問題が発生するようになり，消費者運動が盛んとなった（消費者主権がスローガンとして用いられた）。

　消費者問題への対応として，1968年に消費者保護基本法が制定され，危害の防止，計量・規格の適正化，苦情処理体制の整備など，消費者保護のための基本施策が定められた。1970年には，消費者への情報提供や商品テストを行い，苦情相談に対応する国民生活センターが発足した。国民生活センターは全国の自治体の消費生活センターのネットワークの中心としての役割を果たしている。だが，その後の法令の多くは個別業種ごとの規制（業法による規制）であり，多様な消費者問題が発生している状況に十分対応できなかった。

　そして，2000年に消費者契約に関する包括的な民事ルールとして消費者契約法が成立した（2006年には消費者団体訴訟制度も導入された）。2004年には消費者保護基本法が改正され，消費者基本法となった。この法律では，消費者政策の理念として保護ではなく，権利の尊重と自立の支援が基本理念として示された。2009年には，消費者行政の一元化のために，消費者庁が発足し，第三者機関として，消費者委員会が設置された。消費者庁が国民生活センターを所管する。

　＃　アメリカでは，1962年にケネディ大統領が特別教書で消費者の4つの権利を提唱した。

安全を求める権利，知らされる権利，選択できる権利，意見を反映できる権利の4つである。2004年の消費者基本法では消費者の8つの権利が明記された。

2 契約自由の原則とその修正

われわれは，自由に相手を選び（相手方選択の自由），思い通りの内容で（内容の自由），どんな方式でも（方式の自由），契約を締結することができる。またそもそも契約を締結しなくてもよい（締結の自由）。契約関係は，契約当事者の自由な意思によって決定されるのであって，国家は干渉してはならない。また契約当事者の意思を尊重することがいちばん合理的で適切な契約への近道である（契約自由の原則は私的自治（→第6章）の一つの表現である）。

民法では契約当事者として，抽象的な人，対等な当事者が予定されていて，さらに，その地位の互換性（ある人があるときは買主になったり，売主になったり，お金を貸したり，借りたりすることがあるということ）を前提としている。契約自由の原則は，対等な立場にある契約当事者において妥当するものである。

しかし，現実に目を向けると，契約当事者の情報力や経済力といった力の差は歴然である。例えば，事業者と消費者の間の売買契約では，契約当事者間に経済力，商品の情報収集力に差があり（情報の非対称性），また供給する側（売主・事業者）と購入して消費する側（買主・消費者）としての地位が固定されて，互換性がない。このような場合には弱い立場にある契約当事者（消費者）は一方的に不利な契約を締結させられるおそれがある。そのため，契約当事者の実質的平等を回復するため種々の特別法が制定されている（消費者と事業者との間で締結される契約に対する消費者契約法，労働契約に対する労働法，賃貸借契約に対する借地借家法，消費貸借契約に対する利息制限法など→第6章Ⅰ2）。

取引の大量化現象は，契約の画一化をもたらし，保険契約，水道・電気・ガスの供給契約など多くの契約では，契約の一方当事者が他方の定める契約条件をそのまま承諾するか，契約しないかの自由しかない。このような契約を付合契約といい，そこにあらかじめ定められた条項を約款という。消費者契約法には約款規制の規定がある。民法では，定型約款に関する規定が置かれている（民法548条の2〜548条の4）。

3 売買契約と消費者問題

　消費者が店に出向いて商品を購入する場合は，自分で自由に商品を選んでいる。あるいはある程度は，購入する意図をもって店員の対応を受けている。しかし，**訪問販売**などでは，思いもよらないときに販売員が現れるため，消費者は冷静に考えることができず，不意打ちを食らうおそれがある。熟慮する暇もなく，販売員のいうことを鵜呑みにして買ったり，場合によっては長居したりするセールスマンに困惑して買ってしまったりすることもある。

　そこで，特定商取引に関する**法律**（**特定商取引法**。訪問販売法が2001年に特定商取引法に改正された）では，一定期間内（通常は，契約書面受領日から8日間）に申込みの撤回または契約を解除できるという権利を消費者に与え保護している。これが**クーリング・オフ制度**である（宅建業法，保険業法，**割賦販売法**などにも規定がある）。これによって買主に冷静になって考え直す機会を与えている。これは，**強行法規**（→第6章Ⅱ**2**）であり，特約では排除できない。

> ＃　特定商取引法で規制されている取引類型は，訪問販売（キャッチセールスなど），通信販売，電話勧誘販売，連鎖販売取引（**マルチ商法**），特定継続的役務提供（エステティックサロン，語学教室など7つの役務），業務提供誘引販売取引，訪問購入である。しかし，**悪徳商法**はこれらの規制をすり抜けて次々と発生している。

　クーリング・オフ期間がすぎても，事業者の勧誘方法等によっては，契約の取消しができたり，無効であったりする場合がある。例えば，**消費者契約法**は，事業者の不適切な勧誘行為で契約を締結した場合の契約の取消しと消費者に一方的に不利な契約条項（不当条項）の無効を規定している。

> ＃　賃貸借契約と消費者問題：建物の**賃貸借**契約の更新に際して，**更新料**を支払う特約を締結する場合がある。この更新料条項が，消費者法契約法10条に反して無効かが争われたが，判例は，特段の事情がない限り，信義則に反して消費者の利益を一方的に害するものには当たらないとし，更新料条項を有効とした（最判平23・7・15民集65巻5号2269頁）。更新料が高額に過ぎるなど特段の事情にあたる場合は無効となる余地がある。

第7章　保護と救済（私的自治2）

4　金銭消費貸借契約と消費者問題

　消費生活を営むために，借金をする場合がある。生活費のためにやむなく，あるいは，ブランド品が欲しいからと理由はさまざまだが，その際，預金業務を行わずに，資金の貸出業務のみを行っているノンバンクと呼ばれる**消費者金融**（サラ金）などから高金利で借金することがある。より金利の安い銀行から借りないのは，ノンバンクの方が審査が簡単で手軽に借りられるからである。その手軽さから，**多重債務**に陥ったり，**自己破産**をしたりする消費者もいる。

　借金をすることは金銭**消費貸借**契約（民法587条）という。契約自由の原則からいえば，利息（利子）も当事者の合意で自由に決定されるべきことになるが，弱い立場にある借主を保護するために，利息に関する特別法が制定されている。まず**利息制限法**により，借りた金額に応じて15％から20％の上限金利が定められている（元本10万円未満→年2割，10万円以上100万円未満→年1割8分，100万円以上→年1割5分）。その上限金利を超える利息部分の契約は無効である（利息制限法1条）。

　さらに消費者金融などの貸金業者に対する規制として，**出資法**（出資の受入れ，預り金及び金利等の取締りに関する法律）と**貸金業法**がある。出資法は，貸金業者が業として行う金銭消費貸借契約において，同法の定める上限金利を超える利息の契約あるいはその受領に対して，刑事罰を課す。その結果，刑事罰は課されないが，利息制限法の制限を超えて，民事法上は無効という領域（**グレーゾーン金利**）が生じた（上限金利は，109.5％から段階的に引下げられ，1999年には29.2％になった）。貸金業法は，貸金業に登録制を導入して行政の規制を及ぼすとともに，悪質な取立てを規制することを目的として制定された。だが，その見返りとして43条で利息制限法の制限を超える利息を任意に支払ったときは，一定の要件が備わっていれば，超過部分の支払いは有効な利息債務の弁済とみなされると規定された（**みなし弁済制度**）。多重債務問題の解決のため，2006年に貸金業法等は改正され，グレーゾーン金利が廃止され（出資法の上限金利が20％となった），みなし弁済制度も廃止された。個人の借入れ総額が年収等の3分の1までに制限される総量規制の仕組みも導入された。

103

Column 22　債務奴隷　ローマ時代には**債務奴隷**の制度があり，**債権者**は，借金が返せなかった**債務者**を殺すも売るも働かせるも，自由であった。紀元前4世紀以後は殺害と売却は禁止されたが，外国では債務奴隷という名の**奴隷制**がなお残っている国もある。日本では**日本国憲法**18条で「何人も，いかなる奴隷的拘束も受けない」と規定されており，民法上も，奴隷契約は公序良俗に反し，無効である（借金のカタとして娘を売る芸娼妓契約の前借金無効判決＝最判昭30・10・7民集9巻11号1616頁）。もっとも，わが国の多重債務者の状況は，借金から抜け出せない債務奴隷のようだと比喩的に表現されることがある。しかし，わが国には破産法上の免責制度がある。破産手続終了後残債務について弁済の責任を免れるという免責を得れば，それまでに背負った債務から解放され，借金のない新たなスタートを切ることができる。

Keyword 12　割賦販売　商品の売買契約と信用供与が結びついた形が，割賦販売である。割賦販売法で規制しているのは，割賦販売，ローン提携販売，信用購入あっせん等の諸類型である。**クレジットカード**を提示すると商品が買えるのは，信販会社が商品の代金を販売店（加盟店）に立替払いし，後から代金を請求する形で消費者に「信用」を与えているからである（このうち信販会社に代金を2カ月を超えて支払う取引形態が信用購入あっせんにあたる）。クレジットカードを用いるものを包括信用購入あっせんという。商品の売買契約と信販会社の立替払い契約が別々になされているが，商品に瑕疵（欠陥）があったり，売買契約が解除されたりなど，消費者が販売店に対して支払いを拒否できる事由をもって信販会社からの支払い請求を拒否できる<u>抗弁の接続</u>が認められている。

II　担保と消費者問題

1　保証契約

　自分が借金をするならともかく，借金の<u>保証人</u>になってくれと頼まれることがあるかもしれない。<u>保証契約</u>は債権者（貸主）と保証人との間の契約であり（書面でしなければ効力を生じない），保証債務とは，主たる**債務者**（借主）が**債権者**（貸主）に債務の履行をしない（借金を返さない）場合に，これに代わってその履行をする（借金を返す）保証人の義務をいう。保証契約とは主たる債務者

と保証人との契約ではないことに注意が必要である（主たる債務者に頼まれて保証人になったとすれば，それは保証委託契約である）。通常の保証契約の場合には，主たる債務者が弁済しないときに支払えばよいので，保証人は債権者から弁済を請求されたときは，まず債務者へ請求してほしいと要求でき（**催告の抗弁権**，民法452条），さらに，債権者が保証人の財産を差押えようとするときは，まず主たる債務者に差押えることができる財産があるから，そちらを差押えるようにいうことができる（**検索の抗弁権**，同453条）。しかし，**連帯保証人**にはこの2つの抗弁権がなく，債権者から請求されたら，借金を代わりに払うしかない。保証は保証人の資力をあてにするので，**人的担保**といわれる。

2　マイホームの購入と抵当権

　マイホーム（**不動産**）を購入する場合，高額のため，通常は金融機関から住宅ローンといった融資を受けて購入する。この場合，金融機関としてはタダではお金を貸してくれない。利息をとるだけはなく，その不動産を**担保**（借金のカタ）にして融資をするのが通常である。金融機関は金銭消費貸借契約に基づく貸金債権（**被担保債権**）を担保するために，不動産に**抵当権**（民法369条）を設定してもらい，抵当権者となる（この場合，借主である債務者を抵当権設定者という。お金を借りる人と担保を差し出す人が別でも構わない。第三者が担保を差し出したときはその人は**物上保証人**と呼ばれる）。抵当権とは，債務者または第三者（物上保証人）が，債務の担保に供した不動産や一定の権利などの目的物を担保提供者の使用収益に任せておきながら，**債務不履行**の場合にその目的物の価額から優先弁済を受けることを内容とする担保物権と定義される。この例に即していうと，金融機関は，抵当権の付いた不動産をそのまま債務者であるマイホーム購入者に好きなように使用させておいて，もし住宅ローンの支払が滞れば，その不動産を差押さえて，**競売**にかけ，融資した金銭を優先的に回収できるのである。返済を滞らせると，借金のカタにマイホームが人手に渡ってしまうということになれば，借主は必死に住宅ローンを返済しようとするであろう。長期にわたる住宅ローンを完済して，債務が消滅すれば，抵当権も用がなくなるの

で，出番のないまま（実行されることなく）消滅する。

抵当権の特徴としては，抵当不動産の占有を抵当権者に移すことはせず，抵当権設定者に不動産の占有を取得させる点が挙げられる（**非占有担保**）。

抵当権者は，抵当目的物を預かっていなくてどうやって抵当権を公示するか。抵当権の場合は，不動産登記に抵当権の**登記**をしてあるので，占有を取得しなくてよいのである。よって抵当権が設定できるのは登記，登録制度のある物（不動産や自動車といった動産の一部）や権利（地上権，永小作権）に限られる。

マイホームの購入資金の融資という一回きりの契約の場合は，普通の抵当権を使うが，継続的取引から生じて，発生しては消滅する多数の債権を一括して担保するためには**根抵当権**（ねていとうけん）というものもある。

借金を担保するために保証人をつけた場合は，その人の資力によるので，保証人に財産がなければどうしようもないが，抵当権のような**担保物権**は，不動産という物をあてにしているため，その分借金の回収は，確実である（**物的担保**）。

> ＃　民法に規定のある担保物権は，典型担保物権と呼ばれ，抵当権のほか，**質権**，**留置権**，**先取特権**（さきどりとっけん）がある。抵当権と質権は当事者の設定契約によって成立する約定担保物権であるが，留置権と先取特権は法律の規定に従って当然に成立する法定担保物権である。民法に規定がないが，判例，特別法によって認められる担保物権を**非典型担保**という。所有権留保，譲渡担保，仮登記担保がその例である。

バブル経済崩壊により，金融機関は多額の**不良債権**を抱え，倒産や貸し渋りが問題となった。この時期，不動産価格が大幅に下落し，抵当不動産を競売（売却）しての債権回収が困難になった。また，不良債権処理の過程で，抵当権の執行妨害も問題となった。そこで，2003年に担保・執行制度が改正された（例えば，抵当権の実行方法として，担保不動産収益執行の手続が導入され，長期的に賃料から債権回収ができるようになった。また**法定地上権**が成立しない場合の一括競売の制度も改正された）。また，企業の資金調達の方法も，企業が保有する資産のもつ信用力や収益をもとに資金調達を行う手法（資産の流動化）に関連する法律が整備された。

第7章　保護と救済（私的自治2）

マイホームの購入は不動産売買であるが，契約締結の際，**手付**が買主から売主に交付
されることがある。民法557条では手付は解約手付の性質を有するとしている。

　また売買目的物（マイホーム）に重大な欠陥があった場合など，売買目的物が予定さ
れた性質を備えていないときは，売主が担保責任を負う。現行民法では，売主の担保責
任は，従来の権利の瑕疵，物の瑕疵を理由とする責任（**瑕疵担保責任**）から，物・権利
の契約不適合を理由とする責任となり，買主には，追完請求権（修補請求権を含む），代
金減額請求権，損害賠償，解除が認められる（民法562条〜565条）。担保責任では**特定物**
（不動産など当事者が物の個性に着目して取引した物）と**不特定物**で区別をしない。売主
が契約の内容に適合した物・権利を供与する義務を負うことを前提に，担保責任が債務
不履行責任（契約責任）に統合されることになり，この考え方は売買以外の契約類型
（請負など）にも及ぶ。住宅品質確保促進法（2000年施行）では，新築住宅に関して，瑕
疵担保責任の期間を引渡し時から10年間とし，買主に不利な特約を無効としている。

　不動産売買では仲介業者に依頼することも多い。これは民法では（準）**委任**契約にあ
たる。宅地建物取引業法で，さらに書面の交付義務や説明義務が課される。

Ⅲ　不法行為と消費者問題・公害問題

1　不法行為

　ある行為によって他人に生じた損害を賠償する責任が生じる場合に，その行
為を**不法行為**という。**交通事故**から，薬害，**公害**，**名誉**毀損，プライバシーの
侵害に至るまで，不法行為は広範囲にわたって重要な役割を果たしている。

有害食品のため，1955年には**森永ヒ素ミルク事件**，1968年には**カネミ油症事件**が発生
し，薬害事件としては，**サリドマイド薬害事件**，スモン事件，近年では**薬害エイズ**の問
題が発生した。

> **Column 23**　**公害問題の展開**　　公害問題は，戦前には，**足尾銅山鉱毒事件**や
> **別子銅山煙害事件**などが発生した。戦後は**高度経済成長**に伴い，各地で深刻な公害
> 健康被害が生じ，1960年代に入ると，公害訴訟（**熊本水俣病訴訟**，**新潟水俣病訴訟**，
> **四日市ぜんそく訴訟**，**富山イタイイタイ病訴訟**の四大公害訴訟が有名である）が提
> 起されるようになった。そこで，公害問題への対応として，1967年に**公害対策基本
> 法**が制定され，1970年代には，急速に公害対策が進展した。1970年の公害国会では，
> 公害対策関連の14法が成立し（経済調和条項の削除），1971年には**環境庁**が設置さ
> れた（2001年に環境省）。公害発生源の規制は，一般的に濃度規制によるが，汚染

107

の高い地域には，**総量規制方式**が導入された（大気汚染防止法，水質汚濁防止法等）。1993年には，環境負荷の少ない持続的発展が可能な社会の構築をかかげ，公害対策基本法に代わり，**環境基本法**が制定された。近年では，**アスベスト**（石綿）のような汚染が長期間にわたるストック型の公害も問題となっている。

Column 24 **債権の発生原因**　契約が成立すると債権が発生するが，不法行為によっても損害賠償請求権という債権が発生する。他に，**不当利得**（民法703条，704条）と**事務管理**（民法697条）によっても債権が発生する。したがって，契約，事務管理，不当利得，不法行為は債権の発生原因であるという。

　不法行為による損害賠償制度の機能は，主に被害者の救済（損害の回復）と将来の損害の抑止にあるといわれる。

> \#　加害者に資力がなければ，被害者の救済（**損害賠償**）をすることができない。被害者に確実に損害賠償を得させる方法としては，保険制度が重要である。例えば，自動車損害賠償責任（自賠責）保険は，自動車の保有者に加入を強制する**強制保険**であり，保険に加入しないと車検が受けられないことになっている。さらに，多くの自動車の保有者は，実際の賠償額が強制保険の保険金を上回る場合にその超過分の支払を目的とする任意加入の賠償責任保険（**任意保険**）にも加入しており，被害者の救済に役立っている。その他，被害者になる可能性のある者が加入する保険もある（**損害保険**，**生命保険**など）。

　例えば，Bが自転車の運転を誤り，Aをはねて怪我をさせたとする。この場合，BA間には契約関係がないので，AはBに対して**債務不履行**責任を問えないが，民法709条の不法行為の規定によってBに対して損害賠償を請求できる。

　709条によると，不法行為の成立要件は，①加害者に**故意・過失**があること，②権利侵害または法的保護利益の侵害があること（加害者の行為が違法であること），③加害行為と被害者の損害の間に**因果関係**があること，そして④加害者に**責任能力**（その行為の結果，何らかの法律上の責任が生ずることを知ることができる判断能力のこと。これもない者には結果回避義務を課すことができない，つまりは過失責任を問う前提が欠けている）があること（民法712条，713条）である。

第7章 保護と救済（私的自治2）

2 故意・過失

　故意とは自分の行為が他人に損害を与えることを認識しながら，あえてそのような行為を行うことである。過失とは，法律上要求される注意義務を怠ることである。結果を予見することが可能な場合に，その結果を回避することが可能であり，回避すべきであるのに回避すべき義務を怠ったときに過失がある。民法上，故意・過失がなければ，加害者はその行為によって誰かに被害を与えたとしても，損害賠償義務を負わない（**過失責任主義**）。過失責任主義は，個人の自由な意思を尊重するという意味において，<u>私的自治</u>の原則に適合する。

　しかし，科学技術の進歩や産業の発達によって，自動車など他人に重大な損害を与える危険性のある物が大量に生産されるようになったり，工場が有害な排出物により広範囲に損害を与えたりする可能性が出てきた。そして多数の被害者を生み出した反面，過失の立証を困難にし，過失責任主義では被害者が救済されない場面がでてきた。そこで，**無過失責任制**（故意・過失がなくても，損害を発生させた以上は責任を負う）を認める立法がなされるようになった。無過失責任の根拠は，**危険責任の法理**（危険をつくり出す者はそれから生じた損害を賠償しなければならない）と**報償責任の法理**（利益を上げる過程で他人に損害を与えた者はその利益の中から損害を賠償しなければならない）である。

> ＃　民法は709条に過失責任主義に基づく不法行為の一般的規定を置き，714条以下に過失の**挙証責任**を転換し（本来は，被害者側で故意・過失を立証しなければならないが，それを加害者が自分には故意・過失がないと立証しなければならないことにしている。被用者の不法行為について使用者に責任を負わせる715条の**使用者責任**など）または無過失責任を認める特殊の不法行為の規定を置いている（工作物の設置・保存の瑕疵に対する所有者の責任を規定する717条**工作物責任**など）。もっとも使用者責任は無過失責任に近い運用がなされており，被用者の事業執行性は広く解され，行為の外形から判断するという**外形理論**（最判昭40・11・30民集19巻8号2049頁など）がとられている。さらに**共同不法行為**（数人が共同の不法行為によって他人に損害を加えたとき）では，共同不法行為者が**連帯債務**を負うので，その中に無資力者がいても，被害者は，他の加害者から全額の損害賠償を受けることができる（719条）。その意味で責任が加重されている。

　無過失責任を定める特別法には，大気汚染防止法，水質汚濁防止法などがあり，1994年に制定された**製造物責任法（PL）法**もその例である。従来の製造物

109

責任訴訟では（スモン事件，森永ヒ素ミルク事件，カネミ油症事件といった薬害，食品被害によるものなど），民法709条で責任追及をする場合には，被害者側で加害者の過失を立証する必要があった。これに対して，製造物責任法では，製品に欠陥があったことを立証すればよいことになった。

3 違法性

2004年の民法改正により，709条「他人の権利」という文言は「他人の権利又は法律上保護される利益」と変更された。これは，次のような判例の変更，学説を踏まえたものである。

判例はかつて侵害される権利の意味を厳格に解し，法律上「何々権」と名づけられるようなものでなければ損害賠償の対象にならないとした（雲右衛門事件＝大判大3・7・4刑録20巻1360頁）。その後，保護に値する利益であればよいとして，「権利侵害」の要件を広く解するに至った（大学湯事件＝大判大14・11・28大民集4巻670頁）。そして，その後の通説・判例は，民法709条にいう権利侵害は違法性のことをいうのだと解し，行為に違法性があれば不法行為は成立すると考え（「権利侵害から違法性へ」），違法性の有無を判断するには，行為の態様と侵害される利益とを相関的に考察しなければならないと解してきた。

プライバシーの権利とは，私生活をみだりに公開されないという法的保障ないし権利である（「宴のあと」事件＝東京地判昭39・9・28下民集15巻9号2317頁）。プライバシーの侵害について違法性が認められるかどうかは，ある事実を公表されない法的利益とこれを公表する理由とを利益衡量し，前者が後者に優越する場合に不法行為が成立するとされている（最判平6・2・8民集48巻2号149頁）。近年は，プライバシーの権利を自己情報コントロール権と捉える見解が有力である。

名誉については民法710条，723条が言及しており，名誉は不法行為法上保護される。名誉毀損における名誉とは，その者の有している社会的評価であるとされる。ロス疑惑をめぐる数百件の民事訴訟は，名誉毀損の法理論に多くの素材を提供した。

4 因果関係

不法行為の要件として，加害者の故意・過失ある行為と被害者の損害発生との間に因果関係があることが必要とされる。損害が発生し，かつその損害が行

為の結果として発生したこと，「その行為がなければ損害が発生しなかった」という事実的因果関係があることが必要である。しかし，因果関係が必ずしも明瞭ではない場合がある。公害，薬害，食品による被害，医療事故などはその代表である。被害者である原告は，経済的にも情報量においても，不利な立場に立たされ，さらに因果関係の挙証責任は原告にあるので，因果関係があることを立証できなければ，因果関係なしと認定されてしまう。そこで，この種の事件では，因果関係を容易に認める考え方をとった判決もみられる（**イタイイタイ病**事件第1審判決＝富山地判昭46・6・30判時635号17頁，控訴審判決＝名古屋高金沢支判昭47・8・9判時674号25頁，**四日市ぜんそく**訴訟判決＝津地四日市支判昭47・7・24判時672号30頁，**新潟水俣病**訴訟判決＝新潟地判昭46・9・29判時642号96頁など）。

5　不法行為の効果

不法行為の効果は，民法709条によって原則として損害賠償であり，賠償の方法は金銭賠償である（722条1項が417条を準用）。このほか，723条が名誉毀損の場合に，「適当なる処分」を命じることができると規定していて，現実には謝罪広告がなされる。さらに，場合によっては差止が認められる場合もある。

> **Column 25**　**胎児と不法行為**　　民法721条で胎児の損害賠償請求権が認められているが，胎児の間（母親が代理人）に損害賠償請求できるかは争われており，阪神電鉄事件（大判昭7・10・6民集11巻2023頁）では停止条件説に立ち，否定された。

損害賠償の対象となる損害には，財産的損害と精神的損害がある。財産的損害には，傷害の治療費のような現実に積極的に生じたマイナスである積極的損害と，入院して働けなかった分の給料のように不法行為がなければ得られたであろう利益（逸失利益）の消極的損害がある。これに対して精神的損害とは，被害者の感じた苦痛・不快感のように精神上被った不利益をいう。精神的損害に対する賠償（慰謝料）は，裁判官の自由裁量によって決定される。

賠償すべき損害の範囲については，判例は民法416条類推適用説をとるので，債務不履行による損害賠償における議論がここでもあてはまる。

　また被害者に過失が認められる場合には，裁判所は，賠償額を定めるについてこれを斟酌することができ（722条2項），これを過失相殺という。

　不法行為による損害賠償請求権は，被害者が損害および加害者を知った時（主観的起算点）から3年間（生命・身体を害する不法行為の場合は5年間）または不法行為時（客観的起算点）より20年間行使しないとき，時効消滅する（民法724条，724条の2）。

Column 26　**安全配慮義務**　　一定の法律関係にある者が，互いに相手方の身体・生命・財産を害さないように配慮すべき信義則上の義務をいう。労働者保護のために雇用契約において認められるだけではなく診療契約，在学契約，請負契約にまで射程が広がっている。当初，**安全配慮義務**が認められた判例（最判昭50・2・25民集29巻2号143頁）は，自衛隊で事故が起きて隊員が死亡した事案である。不法行為による損害賠償権は消滅**時効**にかかっており，債務不履行による損害賠償請求をし，認められたものであった。現行民法では，生命・身体に対する侵害による損害賠償請求権の消滅時効は，不法行為と同様，債務不履行によるものも主観的起算点から5年間，客観的起算点から20年間となった（民法167条）。安全配慮義務違反の損害賠償では近親者固有の慰謝料請求権が認められず，また期限の定めのない債務であり，履行請求を受けたときに遅滞となる。

Ⅳ　権利の実現＝司法上の救済

　権利を実現し，司法上の救済を受けようと思えば，最終的には訴訟に訴えることになる。**日本国憲法32条**において，**裁判を受ける権利**が保障されている。裁判を受ける権利とは，政治権力から独立した公平な**裁判所**に対して，全ての者が平等に権利・自由の救済を求めることができ，かつそれ以外の機関によって裁判を受けない権利をいうとされる。

　民事裁判において，通常は弁護士を訴訟代理人に選任する（もっとも当事者が訴訟代理人を選任せずに自ら訴訟行為をすることもできる＝**本人訴訟**）。民事訴訟の手

続については，**民事訴訟法**が規定している。例えば，貸金返還請求訴訟を提起し（訴額が140万円を超える場合は**地方裁判所**が管轄となる），**原告**の請求が認容されると，原告勝訴の判決が下される。判決に不服のある当事者は一定期間内に上級の裁判所に**控訴**できる（1審が地方裁判所の場合，控訴審は**高等裁判所**）。さらに，控訴審の判決に不服のある当事者は，**上告**が可能である（控訴審が高等裁判所の場合は上告審は**最高裁判所**。憲法違反など，上告理由は制限されている）。

　そして，原告勝訴の判決が確定すると，それを債務名義（根拠）として，債務者（被告）の財産に**強制執行**がなされる（手続は民事執行法が定める）。

　もちろん，判決が下される前に，当事者が互いに譲歩して，**和解**する方法もある。それによってオール・オア・ナッシングの結論ではなく，柔軟な解決を図ることも可能である。また，裁判所における紛争解決には，一般的に時間と費用がかかるので，少額の紛争解決には必ずしも適していない。わが国でも少額訴訟のほかに，**交通事故**紛争，**消費者**紛争，製造物責任紛争などの分野において，裁判外の紛争解決制度（ADR）が存在する。これらは，公正な第三者が関与することにより紛争の解決を図るものである。2007年から，このような**裁判外紛争解決手続**の利用の促進に関する法律（ADR法）が施行され，ADR機関に関する法務大臣の認証制度が始まった。

【設　問】

1　下線部(f)［消費者保護］に関連し，日本の状況についての記述として誤っているものを，次の①〜④のうちから選べ。（2012年・センター追試「政治・経済」)）

　①　国レベルでは，国民生活センターが，都道府県レベルでは消費生活センターなどが設置され，消費者からの苦情や相談に応じている。

　②　消費者保護基本法を改正して成立した消費者基本法は，消費者を，自立した権利の主体として位置づけている。

　③　欠陥商品について，過失があるときに限って製造業者が消費者に対し損害賠償責任を負うことを定めた製造物責任法（PL法）が制定されている。

　④　訪問販売や割賦販売について，一定期間内であれば違約金や取消料を払うことなく契約を解消できるクーリングオフ制度が定められている。

2 胎児の権利能力について述べなさい。(2014年度秋学期・明治学院大学法
学部「民法総則1」・改)

■ **さらなる学習のために**

坂東俊矢ほか『18歳から考える消費者と法〔第2版〕』(法律文化社, 2014)

米倉明『プレップ民法〔第5版〕』(弘文堂, 2018)

内田貴『民法改正——契約のルールが百年ぶりに変わる』(筑摩書房, 2011)

北村喜宣『環境法〔第5版〕』(有斐閣, 2020)

潮見佳男『基本講義 債権各論II 不法行為法〔第3版〕』(新世社, 2017)

滝沢昌彦ほか『新ハイブリッド民法(4) 債権各論』(法律文化社, 2018)

【伊室亜希子】

第8章　企業と資本主義
企業を取りまく主要な法制度を概観する

【概　念　図】

　経済活動を成り立たせ，それを支える仕組みの中心は企業である。企業の代表として市場経済社会を担うのは株式会社である。本章では，企業活動のルールや株式会社の仕組みについて学ぶ。商法（実質的意義における商法）は企業活動に特有な法規の総体であり，企業法といわれる。しかし，企業法という名前の法律は存在しない。企業法は，商法という名のついた法（商法典：形式的意義における商法）以外の法律，会社法，保険法，手形法のほか，公益を重視し行政的規制が中心となる分野，例えば，独占禁止法や金融商品取引法も含むものと考えてよい。企業の特色は営利性にあるが，社会との調和を保ちながら利潤を追求することが求められる。企業法はこの要請に応えるものであり，企業の健全な発展をサポートすることを目的としている。

■企業活動に関する法　→Ⅰ参照
　企業法の歴史，企業活動の主体，営業活動の自由と制限，企業の役割と会社の種類，企業活動と資金調達，企業経営の強化
　　現行法は，企業活動のために，8つの企業形態を用意している（個人企業，組合，匿名組合，有限事業組合，合名会社，合資会社，合同会社，株式会社）。会社法上の会社は，株式会社と持分会社の2類型に分けられ，持分会社には，合名会社，合資会社，合同会社の3種類がある（会社法2条1号，575条1項）。

■企業活動と取引に関する法　→Ⅱ参照
　企業活動と金融政策，銀行取引と手形・小切手，企業活動の国際化
■企業活動と企業のグループ　→Ⅲ参照
　企業の結び付き，資本による企業の結合，企業の再構築・組織再編

I 企業活動に関する法

1 企業法の歴史

　取引活動は，古代から行われていた。ローマ帝国においては古代資本主義とも呼ばれる経済が発達し，諸外国との交易も盛んであった。しかし，一般法と区別された商法は存在しなかった。それは，ローマ法の一般法が弾力性を有していたこと，**万民法**（ローマ人と外国人間，外国人間の取引の際に適用された）が発達したことによる。万民法は交易の処理に相応しい内容を有しており，古代ヨーロッパにおいて広く使われていた。フェニキアでは，古くからから海事慣習法が形成されていた。中世になると，地中海沿岸都市における**商人**のギルドが自治権を獲得し，裁判権を有する商人の**慣習法**が階級法として確立されたほか，**為替手形**も利用されるようになった（イタリア・ドイツにおける冒険商人の活躍もあり，フッガー家は**合名会社**の起源とされる）。大航海時代を経て，1602年には，世界初の**株式会社**といわれるオランダ**東インド会社**が設立された。1807年には，**フランス革命**思想を体現した**ナポレオン法典**の一つとして**商法典**が成立し，1900年施行のドイツ商法，英米の海商法，**会社法**の充実などとあわせ，近代的な商法が成熟していった。

　日本も，江戸時代頃には各種の商事制度が発達していた。しかし，幕末締結の**不平等条約**改正のため，西欧式の法典と裁判制度を緊急に整備する必要に迫られた。そこで，ドイツ人ロエスレルが旧**商法典**を起草し，1890（明治23）年に公布されたが，一部を除いて施行が延期された。**政府の法典調査会**で修正の後，1899（明治32）年に新商法典が成立，同年に施行され，基本的に今日に至っている。1934（昭和9）年に**手形法**と**小切手法**が独立，1938年に**有限会社法**が制定された。**第二次世界大戦**後の1950年に，商法の株式会社に関する規定はアメリカ法の考え方に沿って抜本的に改正された（経営機構の合理化，株主権の強化）。2005（平成17）年には会社法が商法から独立し，翌年5月から施行された。この会社法の最大の特徴は，当事者自治を大幅に拡大した点にある。

第8章　企業と資本主義

2　企業活動の主体

　商法は企業に関する**法律**であり，市民社会における市民相互関係を規律する法律である**民法**の**特別法**である（わが国は民法と商法の2法を統一していない）。共通部分は**一般法**に従いつつ，商法は企業関係に特有の問題を独自の領域として扱う。**契約**の成立や**時効**，**保証契約**，利息（利子）など同じ事柄でも，民法（市民の法）と商法（企業の法）とでは結果が異なってくる（商法の指導原理は，民法の指導原理である**私的自治**の原則を前提に，取引の安全（動的安全）を重視している）。商法は，行為それ自体が**商行為**となる場合と，行為の主体が商人である場合に適用される。商人は企業，商行為は企業取引と考えればよい。企業とは，営利目的で営業を継続的かつ集団的にする者である。**中小企業**から**大企業**まで，営利目的で経済活動を行う主体の全てを含む。商法はこの企業のことを商人と称している（商法4条1項）。商人としての企業の名称を**商号**という。例えば，株式会社は，その商号中に「株式会社」の文字を含まなければならない（会社法6条）。現存する商人（企業）のほとんどが各種の**会社**であり，会社がその事業としてする行為およびその事業のためにする行為は，全て商行為とされる（会社法5条）。会社の中で代表的な企業形態は株式会社であり，**市場経済**を担う存在である。

3　営業活動の自由と制限

　商人の取引活動を営業という。商法上営業というときに，2つの意味がある。一つは，継続的集団的に同種の営利行為を行うこと（活動としての営業）であり，もう一つは，商人が一定の利益の目的のために有する総括的な財産の組織体（組織としての営業）である。ここでは，商人の営業活動についてみたい。自然人・**法人**（自然人以外で権利能力の主体となりうる）とも，営業の主体になりうる。

Column 27　**権利義務の帰属主体としての法人**　法人は，法律上それ自体が構成員から独立した別の主体である。本来，権利や義務の帰属主体となれるのは自然人であるが，法が特に法人にもこれを認めたのである。**組合**と異なり，法人の名前で，法人自身が第三者と取引をしたり，財産を所有したりすることができる。一

117

定の目的のために，人々が集まって作った法人を<u>社団法人</u>といい，一定の目的のために運用される財産を基礎として作った法人を<u>財団法人</u>という。営利を目的としない社団・財団は全て一般法人といい，一般社団法人と一般財団法人に分けられる。一般法人のうち，公益事業目的を行う法人として行政庁から公益認定を受けると<u>公益法人</u>となる。<u>中間法人</u>は，公益に関せず，かつ，営利を目的としない法人（労働組合・協同組合・業界団体・同窓会など）である。法人の設立には定款の作成や登記など法律に定める一定の手続によることが必要である（一般法人法22条，163条）。<u>特殊法人</u>は特別の法律に基づいて設立された法人で，公益性の高い法人である。日本年金機構や日本放送協会（NHK）などがある。法人は，定款などに定められた目的の範囲で権利を持ち，義務を負う。定款の目的の範囲内の行為であるか否はどのように判断するのか。最高裁は，<u>八幡製鉄政治献金事件</u>において，定款の目的を遂行する上で必要な行為であれば許される（定款に明示された目的に限定されない）としている（最大判昭45・6・24民集24巻6号625頁）。

　日本国憲法22条1項は，**職業選択の自由**を保障しており，ここには<u>営業の自由</u>も含まれる。しかし，自然人・法人に対して営業の自由を無制限に認めると，例えば，独占的企業がその製品に不当な高値を付けるなど，社会生活や我々の日常生活に不都合なことが生ずる恐れがある。その価格が**需要**と**供給**の原理によるものでなくとも，独占的企業は独占状態を維持できるため，大きな利潤を上げることができ，価格が硬直し競争力は低下する。これを防止するため，営業の自由には，営業開始に関する制限と営業方法に関する制限が加えられる。公衆の安全のために食品製造販売業や医療品製造業などを開始する場合には，営業許可や届出が必要であり，さらに，公益的見地から，**銀行・生命保険・損害保険**，電気，ガスなどの事業については監督官庁からの営業許可が必要である。営業の方法は原則として自由だが，その方法が，他の商品や他の営業と混同させたり，不当に他の事業者を差別的に取り扱ったりするような不公正なやり方は許されない。**独占禁止法**や不正競争防止法は，不公正な取引を規制している。

　独占禁止法は，①私的独占，②不当な取引制限，および③不公正な取引方法を禁止して，過度の経済力集中を防止するとともに，事業活動の不当な拘束を排除することによって，公正かつ自由な競争を促進して，一般消費者の利益の

確保と国民経済の健全な発展を図ることを目的としている（独禁法1条）。

①私的独占とは，大企業のような力の強い企業が，販売店に圧力をかけてライバル商品を扱わせない，小売業者に圧力をかけて決まった価格以外の価格では製品の販売をさせないようにする（再販売価格維持）など，一定の取引分野で競争を実質的に制限することである（独禁法2条5号）。②不当な取引制限とは，同業者が相談して販売価格や生産数量を協定するなどして，競争を実質的に制限する，カルテルのことである（独禁法2条6号）。カルテルは消費者に不利益を押し付け，経済の発展を阻害する。そして，③は，独占禁止法が列挙する行為であって，公正な競争を阻害するおそれがあるもののうちから，**公正取引委員会**が具体的な行為を指定している（独禁法2条9項）。再販売価格維持やカルテル維持など，独占禁止法に違反する行為について，公正取引委員会の排除命令等が確定すると，違反企業は被害者に対して無過失の損害賠償責任を負う（独禁法25条2項）。また，**管理価格**は，市場メカニズムを通じてではなく，独占的企業（プライス・リーダー）が人為的に設定し，他はこれに従う価格のことである。管理価格が固定されると，値下げ以外の方法で商品をアピールするようになる。これを**非価格競争**という。商品の価格ではなく，広告，宣伝，品質，アフター・サービス，技術開発などの手段で行われる企業間競争である。

　なお，発明，創作，思想の表現など，知的活動の成果は，無形のものであるが，経済的利益を生み出す。このような利益に対する支配権を**知的財産権**という。法律は，**特許権**，**商標**権，商号，**著作権**などの権利を認めており，これらの権利が侵害されたときは差止請求権や**損害賠償請求権**，刑事罰等を定めている。独占禁止法は，著作権法，特許法，商標法などの「権利の行使と認められる場合」には適用されない（独禁法21条）。逆に，技術の利用に係る制限行為のうち，そもそも権利の行使とはみられない行為には独占禁止法が適用される。
　独占禁止法は公益を重視し，行政的規制が中心となる分野であり，これを**経済法**（経済政策実施の法的手段）として考える場合も多い。経済法も企業関係に特有の法である企業法に含まれると考えてよい。

4　企業の役割と会社の種類
　企業は経済主体の3つ（企業・**家計**・政府）のうちの一つである。企業は家計で消費するものを生産し，生産のための重要な労働を家計から得ている。そして家計は企業から賃金を得るという関係にある。企業は，**公企業**と私企業とに

大別できる。公企業は公共の利益を優先して経営しており，国や地方公共団体が出資している。これに対して，私企業は民間の企業や個人が出資している。このほかに，国や地方公共団体と民間が共同で出資して経営する**公私混合企業**もある。**日本銀行**や関西国際空港株式会社のような特殊会社は，この例である。

　私企業のうち，会社法に基づいて設立された，営利を目的とする人の集まりで，権利義務の主体となりうる社団法人を会社という（会社法3条）。社団法人だけが<u>営利法人</u>となることができる。営利法人は，会社法の要求する手続条件を満たす限り自由に設立できる（準則主義）。会社は，株式会社と持分会社という2つに分けられ，持分会社には，合名会社，**合資会社**，**合同会社**という3つの種類がある（会社法2条1号・575条1項）。会社法は，社員の責任の態様に基づいて上記の4つの種類の会社を認めている。法律用語では法人の構成員である出資者のことを<u>社員</u>と呼び，株式会社では<u>株主</u>がこれに当たる。ここでいう責任とは，会社債務について，社員が，取引の相手方である会社**債権**者に対し，出資の限度で責任を負うのか（**有限責任**），それ以上の範囲で責任を負うのか（**無限責任**）ということである。合名会社は，比較的小規模な事業に適している会社であり，1人以上の出資者で構成され，社員は全員無限責任を負う。合資会社は，2人以上の出資者で構成され，社員は経営にあたる無限責任社員と，出資のみを行う無限責任社員に分かれる。合同会社（LLC）は，2006（平成18）年の会社法で認められた会社である。1人以上の出資者で構成され，各社員は有限責任を負う。会社債権者が頼りにできるのは会社財産に限られ，それを維持するため株式会社に近い制約も受ける（会社法576条・625条以下）。

　株式会社は，**株式**と呼ばれる証書（株券）を発行することによって設立される。株式を発行することによって資金を集め，会社の債務について出資者である株主＝社員は責任を負わない（株主有限責任の原則。会社法104条）。事業が失敗しても自分が保有する株式が無価値になるだけで，危険の最大限が予測できるから，安心して投資できる。持分会社に比べて広い範囲の人から資金を集めることができるため，大規模な事業に向いている。公開会社では多数の株主が存在するが，一般株主は，経営参画よりも，株式の売買や**配当**などにより利益

第8章　企業と資本主義

を得ることを目的としている（無機能資本家たる株主）。そこで，株式会社では，出資者である株主と，複雑な経営活動（業務執行）を行い一般には株主ではない**取締役**とに概念上，分離される。この現象を企業の**所有**（**資本**）と経営の**分離**という。

5　企業活動と資金調達

　株式会社など，企業が事業を行うには，多くの資金が必要となる。資金を必要としているところに資金に余裕のある人などから融通することを金融という。国の経済に不可欠である金融を安定的かつ円滑に機能させるため，資金を借りる人と貸す人の間に立って金融取引の媒介・仲介を行うのが**金融機関**である。日本の金融機関は，日本銀行，民間金融機関，公的金融機関の3つから成っている。金融機関などに対して規制や監督などを行うのが**金融庁**である。

　金融には資金の流れ方によって**直接金融**と**間接金融**の2種類がある。直接金融とは，投資家の資金が直接企業に流れる仕組みをいう。企業が，株式や債券（社債）を発行して投資家に買ってもらい資金を得るやり方である。間接金融とは，預金者から銀行に預けられた資金を銀行の判断で企業に貸し付けて資金を融通することをいう。銀行は預金者に利息（預金金利）を支払わなければならない。通常，銀行は預金者に払う利率よりも高い利子率で企業に貸し付け，その差が銀行の収入となる。**金融市場**において**規制緩和**（ディレギュレーション）がなされたことにより，企業が金融市場で容易に資金を調達できる環境が整い，他の先進諸国と比べて間接金融比率が高かったわが国も，直接金融の比率が伸びた。間接金融，直接金融ともに長短所があるが，**リーマン・ショック**による不況からの立ち直りは，資金集めにかかるコストを抑えられる直接金融中心のアメリカの方が日本や欧州よりも早かったことは興味深い。

Keyword 13 **リーマン・ショック**　2008年9月アメリカの投資銀行リーマン・ブラザーズの破綻で発生した世界的な金融恐慌。サブプライム・ローン（信用力の低い個人や低所得者を対象にした住宅ローン）問題から資産価格の下落が生じて同行は破綻したが，その発行する社債等を保有する金融機関等を介して世界経済

121

に不安が波及し，世界同時不況を引き起こした。当時の日本経済は，1993年から2002年にかけての**失われた十年**を金融再生法などの適用によって，脱した時期であったが，世界同時株安と超円高による影響で大打撃を受けた。

　わが国は，間接金融から直接金融へ移行しつつあるが，これは，**日本型ビッグバン**（金融ビッグバン）と呼ばれる，1996（平成8）年から2001（平成13）年にかけて行われた大規模な金融規制制度改革によるところが大きい（1986年にイギリスで行われた証券制度改革「ビッグバン」を参考にしている）。これまで，日本の金融システムは銀行を使った間接金融による**護送船団方式**がとられていたが，日本型ビッグバンにより，金融機関の業界ごとの垣根は取り払われた。持株会社を通じて，銀行は証券業務，**証券会社**は銀行業務に参入できるようになり，保険業界でも，一社で各種保険を取り扱えるようになった。これらの具体的な施策は，政府が国民の資産を貯蓄から投資へ向けようとするものであるといえる。

　# 　しかし，自分が投資しようとする会社の経営状態が分からなければ投資できない。**自己資本比率**は企業の安定性をはかるための指標であり，会社の総資産のうち，銀行などに返す必要のある資金以外の資本がどれくらいあるのか，その比率を出したものである。**内部留保**は，利益のうち，配当などで流出せずに，企業内部に留保した部分の累計額である。自己資本比率と内部留保は，財務の安定性・健全性を示す指標として経営分析に用いられる。最近は企業の資金繰り状況を重視し，公開企業にはキャッシュフロー計算書の公表を義務づけている。

6　企業経営の強化

　1990年代以降，企業の不祥事が相次ぎ，日本型企業経営を見直す動きが生じた。よく用いられる**コーポレート・ガバナンス**（企業統治）という語は，会社の経営者や従業員による会社の財産の私的流用や粉飾決算によって，会社・その取引先・会社に対する貸し主等に損害を与えること（法令・定款違反）を防止するような措置を，会社が講じるべきことを示す。株式会社は株主のものという原則だが，実際には取引先や主な取引銀行との間で**株式持ち合い**をすることが多く，一般の株主は経営に参加しにくかった。取締役のほとんどが，社内出身者で社長の元部下が多いため，社長に異議を唱えることは難しい。また，取

締役の選任や重要な経営の方針を決定する**株主総会**も形式的なものとなっていた。さらに，会社の会計や業務を監視するため**監査役**が置かれているが，これも社内から就任することが多いため，会社の不正行為をやめさせにくかった。

改革の動きとして，**株主代表訴訟**を提起しやすくしたこと，社外監査役，委員会設置会社の制度の導入などが挙げられる。取締役が法律で禁止されている行為をしたり，職務を怠ったりしたために会社が損害を受けると，会社はその取締役に対して損害を賠償することができる（会社法423条）。しかし，会社のためにこの請求をするのも取締役であり，同僚意識から責任追及が行われない危険があるため，株主が原告になって，会社への損害を求める制度が置かれている（会社法847条1項）。この訴えを株主代表訴訟という。株主代表訴訟の係属件数が増加し，それを契機に株主を意識した経営が行われ，**ディスクロージャー**も進展するなど，全体として企業統治は望ましい方向に向かっている。

企業は利潤を追求するために作られている。しかし，利益の追求を優先する企業の自己判断だけに頼っていたのでは，さまざまな弊害が生じる。そこで，企業に対して，社会的責任を負わせる新しい考え方があらわれた。これは**コンプライアンス（法令遵守）**ともいわれる。公益通報制度はその例である。

II 企業活動と取引に関する法

1 企業活動と金融政策

金融政策は，公定歩合操作（金利政策），公開市場操作（オープン・マーケット・オペレーション），支払準備率操作（預金準備率操作）の3つの代表的な手段がある。これまで，公定歩合操作が金融政策の中心であったが，**金融の自由化**により，公定歩合が市中金利に直接影響を与えることはなくなった。1996年から，金融政策は，通常，公開市場操作などの手段を用いて，短期**金融市場**金利（期間が1年未満のもの）を誘導することにより行われており，わが国の**中央銀行**である**日本銀行**がこれを行う。日本銀行は，物価の安定と信用秩序の維持を2大目的とし，**発券銀行，銀行の銀行，政府の銀行**という3大機能を備えてい

る。公開市場操作には，**売りオペレーション**（中央銀行が手持ちの証券を公開市場で売却する操作）と**買いオペレーション**（金融市場を緩和させるため，中央銀行が公開市場で証券を購入するオペレーション）がある。

　短期金融市場の金利が下がると，**金融機関**は，低い金利で資金を調達できるので，**企業**への貸出においても，金利を引き下げることができる。また，金融市場は互いに連動しているから，金融機関の貸出金利だけでなく，企業が**社債**発行などの形で直接資金調達する際の金利も低下する。そうすると，企業は運転資金や設備資金を調達しやすくなる。こうして，経済活動が活発となり，景気を上方向に作用させる。また，これに伴い，物価に押し上げ圧力が働く。景気を上向かせるために行われる金融政策を金融緩和政策と呼ぶ。逆に，短期金融市場の金利が上昇すると，金融機関は，以前より高い金利で資金調達しなければならず，企業への貸出金利を引き上げるようになる。すると企業は，資金を借りにくくなり，経済が抑制されて，景気の過熱が抑えられることになる。これに伴い，物価に対し下げ圧力が働くことになる。このように，景気の過熱を抑えるために行われる金融政策は，金融引き締め政策と呼ばれる。

2　銀行取引と手形・小切手

　銀行などの金融機関は，預金者からお金を受け入れ，それを企業や個人に貸し付ける。銀行の預金には，**普通預金**，定期預金，通知預金，**当座預金**など，いろいろな種類があり，それぞれ違った目的に利用される。企業の資金決済口座として用いられる当座預金は，お金を預けるというよりは，すぐに使う資金を一時的に置くという意味に近く，銀行を金庫ないし出納係のように使うものと表現される。出し入れが頻繁で金融機関の運用原資とならないから**利子**はつかないが，当座借越を利用できること，**小切手**や**手形**で支払決済を行えるなどの利点から，企業や個人事業主にとって利用しやすいといわれている。手形や小切手は，企業にとって，支払い又は信用の手段として，さらに国際取引における取り立ての手段として利用される。手形には**約束手形**と**為替手形**がある。国際間の取引の代金の受け払いは，為替手形によってなされることが多い。支

払いの手段としては，約束手形と小切手が利用されることが多い。

　約束手形は，振出人が受取人に一定期日後に，一定の支払をすることを約束する**有価証券**である。約束手形には満期日を記載することができるので，債務の弁済期日を満期として記載することにより，期限付き債務の支払いの手段とすることができる（売掛金の場合，支払日が決まっていても，つきあい等の関係で支払延期の申し出を断れない場合がある。手形の場合このような心配はない。手形を振り出す会社は手形の支払期日には支払資金を必ず用意しておく必要がある）。信用の手段としては，主に約束手形が利用される。銀行から借り入れをする場合，手形を担保として差し入れることを手形貸付といい，銀行の与信業務の大きな地位を占めている。もう一つの信用の手段が手形割引である。約束手形に記載されている満期日が来る前に，銀行や手形割引事業者によって金利等を割り引いた金額を換金することをいう。

　　\#　小切手は，振出人が支払人銀行に対して，小切手の持参人または受取人に一定の金額
　　を支払うよう委託する有価証券である。満期日の記載ができず，常に一覧払い（呈示を
　　受けた時点で支払う）とされ，即時払いの手段として利用される。

　取引の決済のための中心的役割を担うのが手形や小切手であるが，最近では金融取引として，ペーパーレスの電子記録**債権**の利用がある。

> [Keyword 14]　**電子記録債権**　　電子債権記録機関が管理する記録原簿に必要事項を登録することにより権利が発生するという，手形でも指名債権でもない新たな種類の債権である。電子記録債権法（2008年12月施行）によって認められた。電子記録上，債権者であるとされている者が無権利者であっても，そのことを知らずに電子記録債権を譲り受けた者や支払いをしてしまった者は保護されるので，安全に金銭債権を取引の対象とすることができる。

3　企業活動の国際化

　今日では，国際化・情報化・サービス経済等の経済環境の変化が早いので，法改正や新法の制定が多く行われている。企業の国際化に伴い，**商法**や会計基準の改正や **WTO**（**世界貿易機関**）などの国際的な取決めが，さかんに行われて

いる。WTOは，GATT（関税及び貿易に関する一般協定）を発展的に継承した国家機関であるとされる。GATTはモノの貿易を対象とするものであったが，WTOはこれに加えてサービス貿易や**知的財産権**の貿易面も扱い，サービス貿易の一分野として金融サービスも対象としている。決定は加盟国を拘束する。WTOには加盟国間の貿易上の紛争を解決するための制度がある。

Column 28　WTO 紛争処理制度　　加盟国の貿易紛争を WTO ルールによって解決するための準司法的制度である。個別の紛争処理における WTO のルールの明確化を通じ，WTO の下での多角的自由貿易体制に安定性と予見可能性をもたらし，WTO 体制の中核である。加盟国が WTO 協定の実施についての申立てを行えば，両当事国は問題解決のため協議に入り解決するため努力する。しかし，一定期間内（通常60日）に当該協議により紛争解決できない場合，申立国はパネル（小委員会）に紛争を付託することができる。申立国が，パネルの設置を全加盟国により構成される紛争解決機関（Dispute Settlement Body: DSB）に対して要請する場合，DSB は，パネルを設置しないことについてコンセンサス（合意）が存在しない限り，パネルの設置の決定を行わなければならない。紛争当事国は，パネルの判断に不満がある場合，上級委員会に申し立てることができる。

多国籍企業は，複数国に子**会社**群があり，世界的規模で企業戦略を展開する。現地**法人**である子会社が，本国にある親会社の指示を受けつつ，それぞれの国に定着して事業活動を行う。現地子会社の企業活動は，雇用，地域開発，通貨などで受入国の経済に影響を及ぼすことになる。開発途上国ではその影響が特に大きい。規模が小さい途上国に巨大な**大企業**が進出した場合，その途上国の政治に影響を与えることもある。このため，WTO の自由貿易原則が多国籍企業の利益に結び付きやすいこと，WTO の交渉プロセスや紛争解決のメカニズムは途上国に不利であるとの指摘もなされている。

Ⅲ　企業活動と企業のグループ

1　企業の結び付き

企業は，企業間取引を安定化・長期化させるため，何らかの形で他の企業と

結び付いていることが多い（企業結合）。企業結合は合併，買収，資本参加，**持株会社**，子会社化，ジョイント・ベンチャー，提携など多様である。結合には，**契約**によるもの，資本によるものがある。異なった産業・業種の買収および合併を通じて巨大化した会社を**コングロマリット**（複合企業）という。

　取引をベースにしたつながりは，契約の形をとる。契約による結合には，業務提携，事業提携，技術提携などがある。**下請け**関係は契約による縦のつながりである。下請企業はおおむね**中小企業**であり，親企業である**大企業**と中小企業との間に**二重構造**と呼ばれる経済格差が生じている。下請，**系列化**の実態をみると，親企業による下請代金の支払遅延や，製品の引取拒否などの抑圧行為を防止し，下請企業の利益を保護する必要がある。下請代金支払遅延防止法はこれに対応するための法であり，その実効性が望まれる。

　企業の結び付きについて，縦・横のつながりと説明されることが多い。一つは，同一の産業部門内で生産工程の同じ段階にある企業が統合することを横のつながり（水平的結合），生産工程の前後にある分野の企業の統合を縦のつながり（垂直的結合）とみる（**独占禁止法**のように経済全体への影響を問題とする場合，この観点を重視する）。もう一つは，結び付いた企業間に支配・従属あるいは指揮命令関係があれば縦のつながり，どの企業も対等の立場なら横のつながりとみる（**会社法**のように株主や**債権者**の利益を考えるときに，この観点が重要である）。先に触れた**カルテル**は，ライバル企業が，価格引き上げや値下げ防止などを協定するものであり，契約による横のつながりである。

2　資本による企業の結合

　企業の結び付きは，契約のほかに**株式**の所有関係がある。資本参加や資本提携がその例である。A社がB社株を相当数もてば，議決権などによってB社の経営に影響力をもつことができる。A社がB社の議決権の過半数を握れば，A社はB社を支配することができる。これと異なり，友好関係にある企業が乗っ取り防止の安定株主作りのため，互いに株式をもち合う場合もある。このような資本参加は，縦のつながりと横のつながりの両側面をもつものといえる。

第二次世界大戦前の日本では，**財閥**が強い力をもっていた。財閥は，**コンツェルン**の形態をとり，同族の閉鎖的な所有・支配のもとに，持株会社を中核として多角的経営を行っていた独占的**巨大企業集団**である。持株会社は，株式を多数所有し，他の会社の支配を主な事業としており，ホールディング・カンパニーと呼ばれる。**三井合名会社**，や三菱合資会社などの財閥本社は，グループ企業の頂点に立ち，集団全体を統括していた。1946（昭和21）年，GHQの指令により持分会社整理委員会が発足し，持株会社・財閥家族の持株処分，**過度経済力集中排除法**による巨大企業の分割，独占禁止法による不正競争の制限等が行われ（**財閥解体**），持株会社は一律に禁止された。

　もっとも，持株会社には経営戦略上の利点もあり，戦前のような財閥復活の危険性がなければこれを利用しようとの考え方も合理的である。経済界の解禁の要望も強く，1997年に**日本型ビッグバン**の影響もあって，独占禁止法が改正され，事業支配力が過度に集中することにならない持株会社の使用が認められた（これにより，コンツェルンも**トラスト**と同様に認められたことになる）。2002年の改正法は，**公正取引委員会**が監視しやすいように，大企業の定期的な報告義務を定めている（独禁法9条5項）。

3　企業の再構築・組織再編

　近時，リストラクチャリング（企業再構築）や企業組織再編において，活発な動きがみられる。**M&A**（企業合併・買収）は，企業買収という手段で対象企業の事業部門や企業そのものを支配することである。その手法としては，TOB（株式の公開買付け）や，LBO（レバレッジ・バイアウト）がリストラクチャリングや国際競争力の強化のために用いられている。

> **Keyword 15**　**TOB（株式の公開買付け）**　　M&Aなどの目的で特定の企業の株式の買い集めについて，その意図を開示した後に全投資家を対象に実施する制度。株主全員に呼びかけて，一定の期間内に提供された株式を一定価格で買い取る方法であり，申込みに対して応募者が少ない場合には買い付けをしないこともできる。そうすれば，資金の節約にもなる。

第 8 章　企業と資本主義

組織再編という語は多義的に用いられるが，会社法は，①組織変更，②合併，③会社分割，④株式交換及び株式移転に関する規制を第 5 編で規定している。他で定める⑤重要な事業の譲渡等についても組織再編の一環である。①組織変更は，法人格の同一性を損なうことなく，**株式会社**から持分会社，持分会社から株式会社，というように会社組織を変更する行為である（会社法 2 条26号）。②合併は 2 以上の会社が契約をして 1 つの会社になるものである（会社法748条）。③会社分割は，株式会社・**合同会社**がその事業に関して有する権利義務の全部または一部を他の会社に包括的に承継させる行為である。⑤事業譲渡は，株式会社が事業を取引行為として他に譲渡する行為である。

　1997年の独占禁止法改正により持株会社が解禁されたことに伴い，商法上も，完全持株会社（既存の会社を子会社としてその子会社の株式を100%保有する完全親会社となるもの）を創設する制度が設けられた。それが1999（平成11）年商法改正による株式交換及び株式移転の制度であり，会社法もそれを引き継いでいる。これは，企業の再編成をやりやすくするための改正である。

> **Column 29**　**株式交換・株式移転制度**　　既存の会社を完全親子会社にするための制度。A 会社と B 会社との間で，A 会社が B 会社の発行済株式総数の全部を所有している場合に，A 会社を完全親会社，B 会社を完全子会社という。この場合，B 会社は A 会社のみが株主である一人会社になることもできる。株式交換制度（会社法767条以下）は，既存の B 会社を完全子会社として，既存の A 会社をその完全親会社とするための制度であり，株式移転制度（会社法772条以下）は，既存の B 会社を完全子会社として，その完全親会社を設立するための制度である。株式交換制度の下では，それまで B 会社（完全子会社となる会社）の株主であった者が，その保有する株式の全部を完全親会社となる会社 A 会社に移転して，A 会社から A 会社の株式の交付を受けて，その株主になるという効果が発生する。株式移転制度の下では，それまで B 会社（完全子会社となる会社）の株主であった者が，その株式の全てを新設の A 会社（完全親会社となる会社）に移転して取得させ，その株主となるものである。合併の場合には当事者のほうの会社が消滅するのに対して，この制度の下では，親会社および子会社の両方が存続する。

129

【設　問】

1　下線部ⓑ［市場］に関連して，寡占市場がもつ特徴についての記述として適当でないものを，次の①〜④のうちから一つ選べ。（2015年・センター本試「政治・経済」）

①　管理価格とは，市場メカニズムによらずに，価格支配力をもつプライス・リーダーが人為的に決定する価格のことである。

②　価格の下方硬直性とは，生産技術の向上などで生産コストが低下しても，価格が下方に変化しにくくなることである。

③　非価格競争とは，デザイン，広告・宣伝といった手段を用いて，価格以外の競争が行われることである。

④　カルテルとは，資本の集中・集積が進み，同一産業内での企業合併が起こることである。

2　民法は一般法であり，商法は特別法であるといわれる。この意味について，具体例をあげて説明しなさい。（2015年春学期・愛知大学共通教育科目「法とくらし」小問）

■ さらなる学習のために

龍田節＝杉浦市郎『企業法入門〔第5版〕』（悠々社，2018）

宍戸善一『ベーシック会社法入門〔第8版〕』（日本経済出版社，2020）

ロナルド・ドーア『誰のための会社にするか』（岩波書店，2006）

花崎正晴『コーポレート・ガバナンス』（岩波書店，2014）

【吉垣　実】

第9章　労働と社会保障
福祉国家・日本における社会的弱者の救済

【概念図】

　労働や社会保障で問題となる場面を何にも頼らず独力だけで乗り切ろうとしても，さまざまな意味でよほど恵まれた人でない限り，それは困難なはずである。
　だからこそ，日本国憲法には社会権条項が存在し（特に25条，27条，28条），それらを根拠に数々の立法がなされ，私たちは守られている。

■労働条件決定と法の役割：①〜③→Ⅰ参照，④→Ⅱ参照

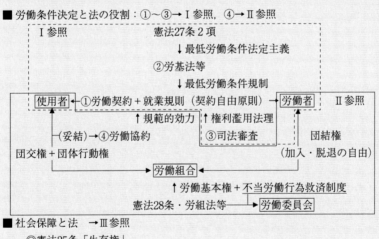

■社会保障と法　→Ⅲ参照
　◎憲法25条「生存権」
　　同条2項の要請：個人の能力・資力だけでは乗り越えにくい事象に対する
　　　　　　　　　　　　　　　　　　　　　　　国民レヴェルでの備え
　　　　→①社会保険（医療・年金・雇用・労災・介護の5類型）
　　　　→②社会手当（児童・児童扶養・特別児童扶養の各手当等）
　　　　→③社会福祉サービス（児童・母子家庭・障害者・高齢者を対象）

　　同条1項の要請：最後のセーフティネット
　　　　→④公的扶助（生活保護）

I　労働者と使用者との法律関係

1　出発点としての「労働契約」

　労働者とそれを雇う<u>使用者</u>（個人または法人の企業）との間（**労使関係**）に，どのような権利義務関係が成立するかという問題は，遠くローマ時代から議論されているが，現在では法律によって一定明らかになっている。つまり，労働者と使用者とは，労働力と**賃金**を交換する約束＝<u>労働契約</u>（雇用契約）を取り交わしており，この契約に基づき，労働者は使用者に対して<u>労働義務</u>（労務給付義務）を負う一方，使用者は労働者に対して<u>賃金支払義務</u>を負う（民法623条，労働契約法6条）。これを言い換えると，労働者は使用者に対して<u>賃金請求権</u>を，他方，使用者は労働者に対して<u>労務給付請求権</u>を行使できる，という関係に立つ。

> ＃　最高裁によれば，これらに加えて，使用者は，信義誠実の原則（民法1条2項（**信義則**））を根拠に，労働契約の付随義務として<u>安全配慮義務</u>（職場における労働者の生命・身体・健康を保護すべき義務→第7章Ⅲ*5*）も負うとする（陸上自衛隊八戸車両整備工場事件＝最判昭50・2・25民集29巻2号143頁など）。これは労働契約法5条で明文化された。

　いくらの賃金で，どれほどの時間（**労働時間**），いつまで働くのか（契約期間・**定年制**）などの具体的な**労働条件**（上述以外の権利義務関係）は，原則として労使間の合意＝労働契約で定められる（**契約自由の原則**→第6章Ⅱ*3*）。

2　労働契約への立法による規制

　具体的な労働条件を労働契約で定めるとはいえ，利害がまったく異なる労使が互いに妥協・納得した上で労働契約を締結（合意）することは，まず想定しにくい。なぜなら，使用者にとっては，よほど特殊もしくは高度な技術・能力を有する者でない限り，労働者とは代替可能な存在であり（「この人でなければならない」存在ではなく），対する労働者の生計は，使用者から支払われる賃金

によってのみ成り立つため，使用者が提示する（使用者にとって有利な）労働条件に労働者は総じて同意せざるをえない立場に置かれるからである（就職活動で，企業の面接担当者と労働条件について交渉することは難しい）。

　その結果，世界史的事実として，「契約自由」の名の下に，労働者は，（おそらく希望をかなり下回る）低賃金・長時間労働を強いられてきた。これを是正して労働者を保護するために，**日本国憲法**は，「契約自由」を修正する最低労働条件法定主義を採用し（27条2項），この委任を受けて，1947年に具体的な**最低労働条件**を設定する**労働基準法**（労基法）が制定されたのである。

> ＃　ただし，労基法の誕生は，決して唐突ではなく，**第二次世界大戦**以前の日本にも一定存在した労働者保護法の制定・運用の経験（**工場法**（1911年）とその関連法令群）を継承した結果といえる。なお，労働者保護立法の世界的な先行例は，1802年以降に制定・蓄積されたイギリスの工場法である。

　労基法は，使用者に「～してはならない」（<u>不作為</u>義務）あるいは「～しなければならない」（<u>作為</u>義務）と命じる方法により最低労働条件を設定する。

　具体的には，①労働契約締結に際しての労働条件明示原則（15条），違約金・損害賠償予定・前借金・強制貯金の禁止（16～18条）をはじめ，②賃金に関しては，その支払方法に関する通貨払・直接払・全額払・毎月1回以上一定期日払の原則（24条），③労働時間などに関しては，1日8時間1週40時間労働制の原則（32条・**フレックスタイム**制（同条の3）や裁量労働制（38条の3および4）など例外も準備），一斉休憩（1日6時間を超える労働の際は45分，8時間を超える際は60分）付与の原則（34条），週休制の原則（35条），一定の在籍期間・出勤率を達成した労働者に対する**年次有給休暇**（年休）付与（39条），④18歳未満の年少者に関する就業制限（56条），あるいは，産前産後休業（65条）や育児時間（67条）といった**女性・子どもの労働**に対する規制などのほか，⑤男女同一労働同一賃金の原則（4条），強制労働の禁止（5条），公民権行使の保障（7条）など，日本国憲法3大原則の一つである**基本的人権の尊重**（→第5章Ⅰ）を労使間でも反映させる諸条項（第1章総則・労働憲章）も存在する。

　これらのルールは「最低」労働条件であるから，何としても使用者に遵守さ

せねばならない。労基法はそのための方策として，①刑事罰を科す（第13章117条以下・科罰主義），②民事的救済を求めた労働者に対する訴訟上の保護（13条），③国家行政機関による監督制度（第11章97条以下・4000名弱の専門職公務員「労働基準監督官」（いわゆる「労働Ｇメン」）の配置），④付加金（114条）を用意する。なお，労基法違反事件が発生した際に使用者を捜査・取調べ・送検する役割は，警察官ではなく労働基準監督官が担う（102条）。

> ＃　労基法と並んで最低労働条件を設定する諸法律には，都道府県ごとに最低の時間給を設定することを主とする**最低賃金法**，募集・採用から労働契約終了までに起こりうる男女差別，母性を理由とする不利益取扱いや**セクシュアル・ハラスメント**などを禁止する**男女雇用機会均等法**，子どもの養育や家族の介護を容易にするための**育児・介護休業法**などがある。

Column 30　ILO とわが国の最低労働条件　　1919年ヴェルサイユ条約に基づいて設立され，現在，国際連合（国連）の一専門機関である国際労働機関（ILO）は，国際的な最低労働条件を創造する役割を負っている。1938年に脱退後，1951年に ILO へ再加盟したわが国は，ILO が築いたそのときどきの国際的最低労働条件を（全てではないが）国内事情に鑑みながら，自国の最低労働条件として取り込んできた。その一例に，最低就業年齢の制限（労基法56条）がある。

3　就業規則──契約自由と司法審査との緊張関係

　法律によって最低労働条件が決められるとしても，それを上回る労働条件・権利義務関係のありようは，なお労働契約＝契約自由に委ねられている。

　ここで重要な役割を果たすのが**就業規則**である。これは，労働条件の詳細や従業員の服務規律等を記載した書面で，常時10名以上の労働者を抱える使用者がその作成を義務づけられる（労基法89条）。わが国の企業は，この就業規則を活用して労使間の権利義務関係を構築しようとする。

> ＃　就業規則に規定された労働条件は，**強行法規**や**労働協約**に反しない限り，最低労働条件としての効力を有する（労働契約法12条以下等）。

第9章　労働と社会保障

　例えば，使用者が労基法等の制定法では禁止されていない**配置転換**（労働者の勤務場所や職務内容を変更する使用者の人事措置・配転）を就業規則で定め，これを根拠に，納得していない労働者に対して，その配転を強行できるか（言い換えると，労働者は，使用者の配転命令に従う義務があるか）。最高裁は，「常に労働者が使用者からの命令に従う義務を負うわけではない」と判断した（東亜ペイント事件＝最判昭61・7・14判時1198号149頁）。

　　#　最高裁のこうした傾向は，法定労働時間を超える**時間外労働**命令（日立製作所武蔵工場事件＝最判平3・11・28民集45巻8号1270頁）や，減給・出勤停止等といった労働者に対する不利益措置である**懲戒処分**の発動（フジ興産事件＝最判平15・10・10判時1840号144頁等）などでもみられる。

　つまり，最高裁は，①労働者に対して使用者が何らかの権利を獲得したいのであれば，少なくとも，その権利を根拠づける条項（要件も含む）を就業規則に定めることを求める一方（契約自由原則の一定の尊重），②使用者がその条項に基づく権利を仮に取得したとしても，状況次第では，実際の権利行使を「権利の濫用」（民法1条3項，労働契約法3条5項など）に該当して無効と解する立場（司法審査を通じた上記自由の制限），と考えられる。

　他方，就業規則に定められた労働者の義務で，裁判所が（その内容・限界などに差はあれ）認めたものとしては，競業避止義務や秘密保持義務などがある。

Keyword 16　解雇権濫用の法理　　民法は，理由を問わずに労働者を解雇できる権利（解雇権）を使用者に認め（627条1項前段・解雇自由原則），その権利行使を遅くとも2週間前に予告すべきとした（同項後段）。労基法は，労働者保護の観点からこれを修正し，解雇の30日前予告に加えて，予告日数を短縮できる代わりに使用者から被解雇者に対する解雇予告手当の支払いを制度化した（20条）。
　では，使用者は，30日前に予告さえすれば（30日分の解雇予告手当を支払えば即時にでも）理由なく労働者を解雇できるか。最高裁は，客観的合理的理由（使用者の主観ではなく，第三者からみても納得できる理由），社会的相当性（解雇という経済的打撃と解雇事由とされた労働者の非違行為とのバランスなど），いずれかの要件を満たさない解雇を「権利の濫用」（民法1条3項）にあたり無効と解して，解雇に厳しい姿勢で臨んできた（高知放送事件＝最判昭52・1・31集民120号23頁

135

など）。これは解雇権濫用の法理と呼ばれて定着し，現在，労働契約法16条に明文化されている。

　他方，最高裁は，三菱樹脂事件（最大判昭48・12・12民集27巻11号1536頁）で，試用期間満了後の本採用拒否について，その法的性格を解雇と捉えながらも，通常よりも広く解雇の自由を認めてよいとの立場を示した。

Ⅱ　労働者の連帯と使用者への対抗——労働基本権の法認

1　労働組合の生い立ちとわが国における現状

　資本家（使用者）に自らの労働力を提供し，その対価として賃金を受け取って生活する労働者という存在は，18世紀後半のイギリスを起点とする産業革命の進行により，生産様式がそれまでのマニュファクチュア（工場制手工業）から機械制大規模工業へと転換する過程で膨大に生み出された。

> ＃　産業革命による資本主義の発展過程にあって，ベンサムは「最大多数の最大幸福」に表現されるイギリス功利主義を確立したとされる。

> [Keyword 19]　ラダイト運動　　ラダイト運動とは，産業革命で手工業職人の地位を奪われた者たちが，1811〜17年にイギリス北・中部で生産機械を破壊した暴動を指す。「ラダイト」とは，その伝説的指導者・ラッドの名にちなむという。

　労使関係では使用者がはるかに優位に立つ一方，労働者が過酷な状況に置かれた。これを克服するため，労働者は，労働者同士で連帯して集団化し，使用者であり政治・経済分野で支配的な地位を占める産業資本家に対して（法定の最低労働条件があれば，もちろんそれを上回る）労働条件の改善を要求するようになる。こうして形成された団体が労働組合（労組）である。

　当初，欧米の労組は「労使間の契約自由に不当に介入する第三者」として国家から弾圧の対象とされたが（1799年イギリス団結禁止法など。労資対立は産業革命を契機に生じたさまざまな社会問題の主要な一つである），やがて，その存在を認められ（弾圧→放任・1824年イギリス団結禁止法廃止など），重化学工業を中心に第

第9章　労働と社会保障

二次産業革命が進行する1870年代以降，ついに法的保護を受けた（放任→法認・1871年イギリス労働組合法，1919年ドイツ・ヴァイマル憲法159条，1935年アメリカ全国労働関係法（ワグナー法。1947年タフト・ハートレー法で改正））。

> ＃　『資本論』を著したマルクスとエンゲルスは，資本主義では生産手段が資本家にのみ帰し，生産物を売却した際に生じる付加価値としての利潤が搾取されることで労働の疎外状態に置かれる労働者階級（プロレタリアート）の解放をめざす科学的社会主義を唱え，第一インターナショナル（1864年に結成された世界初の国際的な労働運動組織）の理論的指導者となった。

日本でも明治期後半，重工業化により大量の工場労働者が生まれ，1897年には労働組合期成会が誕生するが，治安警察法（1900年）によって弾圧された。その後，友愛会（1912年結成），同会の流れを引く日本労働総同盟（1921年誕生）が活動し，大正デモクラシーの中で1925年に治安警察法上の労組敵視条項の削除が実現するが（弾圧→放任），戦時体制が構築されるに伴い，やがて全ての労働組合が消滅・解散に至った。

第二次世界大戦敗北直後（1945年12月）の旧労働組合法制定（1949年に現行の労働組合法（労組法）に改正）を経て，1947年5月の日本国憲法公布により，日本でも，団結権，団体交渉権，団体行動をする権利（団体行動権）を内容とする労働基本権（労働三権）がようやく保障・法認された（28条）。

> ＃　労組を取り巻く現状は厳しく，2017年6月30日現在，（単一）労働組合数2万4465，労働組合員数約998万人弱，推定組織率は17.1％にすぎない。労組の全国的な連合体（ナショナルセンター）は，日本労働組合総連合会（連合），全国労働組合総連合（全労連），全国労働組合連絡協議会（全労協）の3つに分裂している。

Keyword 20　**春闘**　春闘（春季闘争）とは，年度始めの賃金改定にあわせて，ナショナルセンターや産別（労組の産業別連合体）の指示の下，労組が一斉に使用者との団体交渉に臨む方式を指す。バブル経済崩壊後の景気の低迷，それに伴う企業の収益悪化やリストラクチャリング（リストラ）などを経て，現在，こうした団交形態を見直す動きも認められる。

2 労働基本権の保障内容

（i）団結権　　これは，労働者が労組（「労働者が主体となって自主的に労働条件の維持改善その他経済的地位の向上を図ることを目的として組織する団体」（労組法2条本文））を結成し，またはこれに加入する権利である（脱退の自由も含む）。日本の労組は企業別に組織されることが一般的であるが（**企業別労働組合**），法制度上，**労働組合自由設立主義**が採用されているので，一企業に複数の労組が併存することもある。その際，労働者は，いずれの労組に加入しても（加入しなくても），あるいは加入していた労組を脱退し別組合に加入しても自由であり，法的に非難されない。もっとも，企業と労組との間に**ユニオン＝ショップ（ユ・シ）協定**が締結されている場合（労組法7条1号但書），その企業に雇用された労働者は，上記協定締結労組への加入を強制される（判例・多数説）。

> ＃　ユニオン＝ショップ制は，ユ・シ協定締結労組からの除名者・脱退者が企業から解雇される約束とセットになって労組の組織強化に大きく貢献する。このほかの**ショップ制**に，組合加入・脱退いずれも強制されない「**オープン＝ショップ制**」（わが国の公務員労組），企業の従業員が特定労組の組合員からのみ採用される「**クローズド＝ショップ制**」がある（日本には存在しない）。

（ii）団体交渉権と労働協約　　団体交渉（団交）権とは，労働者が労組を通じて，使用者に対し，労働条件等について話し合うことを保障する権利である。逆に，使用者には，労組に対する団交応諾義務が実質的に負荷され，しかも，単に交渉に応じればよいという形式的なものではなく，必要な資料の提供や交渉権限者の出席など，労組へ誠実に対応して合意達成の可能性を模索する義務（**誠実交渉義務**）まで求めるのが判例の立場であり（カール・ツアイス事件＝東京地判平元・9・22判時1327号145頁等），学説もこれを支持する。さらに，最高裁は，一企業に複数の労組が併存する場合，使用者がそれら全ての労組に対して**中立保持義務**を負うとした（日産自動車（残業差別）事件＝最判昭60・4・23民集39巻3号730頁）。

団交が順調に進行すると，最終的に労組と使用者との間で妥協した合意がもたらされるはずで，これを書面化したものを**労働協約**という（労組法14条）。労

働協約中の「労働者の待遇に関する基準」に該当する定めは，労組員と使用者との**労働契約**の内容をその基準で置き換えて（あるいは，新たに設定して）しまう**規範的効力**（強行的効力＋直律的効力）を有する（同16条）。

（ⅲ）　団体行動権　　これは，労働者が労組を通じ，同盟して行動することを保障する権利であるが，さらに**争議権**と**組合活動権**とに分かれる。

争議権とは，労働者が労働組合を通じて，その要求の示威や貫徹のための圧力行為である**争議行為**を行う権利を指す。その具体例（**労働関係調整法**（労調法）7条）は，労組員の労務給付を集団的に拒否する**同盟罷業**（ストライキ）や，その労務給付を不完全に履行する**怠業**（サボタージュ），**職場占拠**や**ピケッティング**（労組員が他組合員や第三者に就労・取引の断念を呼びかける行為）などがある。

＃　**労働基準法**・労働組合法・労働関係調整法を**労働三法**という。

実行された争議行為が法的に有効であるための要件は**正当性**であり，それは，争議行為の主体，目的，開始時期・手続，態様を総合衡量して判断されるというのが判例・通説の立場である。争議行為が正当であれば，その争議行為に参加した労組員に対する不利益取扱いは禁止され（労組法7条1号本文），争議行為が一見犯罪の**構成要件**に該当しても**違法性**は阻却され（刑事上の免責・労組法1条2項本文など），その行為によって生じた損害に対する賠償責任を負わない（民事上の免責・労組法8条）という法的効果を伴う。

なお，最高裁は，労組の争議行為に対抗して（防御的に）なされた使用者による労働者の労務提供拒否（作業所閉鎖・**ロックアウト**）を行うことも認めたことがある（丸島水門事件＝最判昭50・4・25民集29巻4号481頁）。

組合活動権とは，労働者が労組を通じて団交や争議行為以外の行為を実施することを保障する権利である。この権利行使に伴い，例えば，労組の主張が記載されたリボンを労組員が着用して就労する行為や労組による会社施設の無許可使用（ロッカーへのビラ貼りや食堂での集会開催）の是非が訴訟で争われたが，最高裁は，いずれも原則として違法な組合活動と解している（大成観光事件＝最判昭57・4・13民集36巻4号659頁，国鉄札幌運転区事件＝最判昭54・10・30民集33巻

6 号647頁）。

こうした労働基本権が全面的に保障されたのは民間労働者のみであり，公務員はその一部もしくは全部の適用が排除された。特に争議権を行使できない見返りとして，国には**人事院**，地方自治体には人事（公平）委員会が設けられている。

3 不当労働行為救済制度と労働委員会

<u>不当労働行為救済制度</u>とは，憲法28条が労働基本権を保障したことを踏まえ，法律で労組（員）等にとって不都合な行為・措置（**不当労働行為**）を規定し，使用者がそれを行うことを禁止するとともに，実際に不当労働行為がなされた場合には，司法機関（裁判所）ではなく，まず労働問題に詳しい専門的な行政機関がその救済にあたって迅速な解決をめざす仕組みである。

不当労働行為の具体的な類型としては（労組法7条），①労組員等への不利益取扱い（同条1号・解雇や賃金カット等），②正当理由のない団交拒否（同条2号），③労組に対する支配介入（同条3号・例えば，経費援助や労組員に対する脱退勧奨）などが設けられている。

また，不当労働行為の救済にあたる行政機関とは，使用者・労働者・公益の3者の利益を代表する各委員が同数で組織する**労働委員会**（労委）であり（労組法19条1項），具体的には，各都道府県**知事**の下に設置される都道府県労働委員会と厚生労働省の外局としての**中央労働委員会**（中労委）を指す（同条2項）。不当労働行為からの救済を求める労組（員）等は，基本的に都道府県労委に救済申立をなし（同法27条），同労委は裁判所における審理に準じた手続を通じて，最終的に救済（または棄却）命令を発する（<u>準司法的（判定的）権能</u>）。これに不服がある当事者は，中労委への再審査申立か裁判所への出訴が可能である（同法27条の15，同条の19）。労委は，労組と使用者との間に生じた紛争（**労働争議**・労調法6条）を仲介（あるいはそれに介入）して，産業平和を維持する役割も期待されており（**調整的権能**・同法1条），労働争議状態にある労使の状況等に鑑み，当事者の申立か職権に基づいて，**斡旋・調停・仲裁**の3段階の調整手段を

用いる（同法10条～35条）。

> **Column 31** **労働法のこれから**　　以上で述べてきた制度や考え方（これまで
> の労働法という学問領域）は，もっぱら「正社員」（終身雇用制の下，フルタイム
> で働き年功序列型賃金を保障された労働者）を念頭に置いて構築されてきた。とこ
> ろが，非正規雇用・不安定雇用と呼ばれる①有期契約労働者，②パート労働者
> （パートタイマー）（①②を契約社員と称する企業もある），③フリーアルバイター
> （フリーター），④派遣労働者（労働者派遣〔事業〕法2条2号）が年々増加し，ま
> た，（部分的ではあれ）成果主義に基づく賃金決定は今や多くの企業で採用されて
> おり，日本の雇用慣行と考えられてきた終身雇用制・年功序列型賃金に綻びがみえ
> 始めている。他方，近年3～4％台を推移する完全失業率への対処や，長時間労働
> への反省を踏まえたワーク・ライフ・バランス（仕事と家庭生活との調和）の観点
> から（労働契約法3条3項参照），新たにワーク・シェアリング（仕事の分かち合
> い）も提唱されている。さらに，AI（人工知能）の発展もめざましい。
> 　こうした意味で，労働法は，今後大きく変化していく可能性を孕んでいる。なお，
> 労働紛争の処理という場面では，これまで職業裁判官だけが判断していたが（民事
> 訴訟法など），労働審判法（2004年）によって，「労働関係に専門的な知識を有す
> る」民間人2名が職業裁判官1名とともに「個別労働関係民事紛争」の解決に取り
> 組む新たな労働審判制度が創設された。

Ⅲ　人たるに値する生活の実現──生存権と社会保障

1　社会保障の生成──福祉国家（大きな政府）へ

　産業革命により格段に発展した資本主義経済（アダム・スミス著『諸国民の富
（国富論）』にある「見えざる手」が自由競争の下で価格の自動調節機能を果たすとされ
た市場経済）は，やがて独占・寡占を生み出し（市場の失敗），ひいては1929年
ニューヨークを起点として世界に伝播した恐慌（世界恐慌）と世界を巻き込む
2度の戦争（1914-18年の第一次世界大戦，1939-45年の第二次世界大戦）をも引き起
こし，膨大な失業をはじめとする国民生活の破綻がもたらされた。各国は，そ
れまでの市場に対する自由放任（レッセ・フェール）の姿勢を転換し，累進課税
制度の導入等による所得再分配や公共事業の発注に伴う雇用の創出など，財政

政策その他のさまざまな政策を用いて（ポリシー・ミックス），国家が積極的に経済活動を果たすことにより（混合経済），上述の苦難を克服しようと試みた（第32代アメリカ大統領フランクリン・ローズベルトが断行したニュー・ディール政策は有名。こうした政策は，完全雇用の実現を唱えたケインズが打ち出した）。

　そうした諸政策の一つに，「ゆりかごから墓場まで」に表現されるような社会保障（国民的規模での包括的な生活保障）の充実があった（福祉国家化）。例えば，アメリカでは，ニュー・ディール政策によって社会保障法（1935年）が成立し，イギリスでは，ベバリッジ報告（1942年）に基づき，家族手当法（1945年）をはじめとする社会保障関連立法が相次いだのである。

> ＃　累進課税制度や社会保障制度は，財政による景気調整機能の一つであり，景気循環（変動）を自動的に安定させる装置（ビルト・イン・スタビライザー）の機能を果たすとされる。1970年代には，アメリカの倫理学者ロールズが『正義論』でイギリス功利主義を批判し，現代社会になお厳然と存在する所得や富の分配に関する不平等を指摘し，その是正を説く「公正としての正義」を提唱した。

2　日本の社会保障制度

　第二次世界大戦前にも，わが国に社会保障の色彩を帯びた法律がまったく存在しなかったわけではないが（1874年恤救規則など），日本国憲法が生存権（健康で文化的な最低限度の生活を営む権利）を保障したことにより（25条），本格的に社会保障制度の整備が図られる。

> ＃　生存権規定は，1919年ドイツ・ヴァイマル（ワイマール）憲法151条が端緒といわれる。それだけに，長い歴史と重厚さを有し社会法（Sozialrecht）と呼ばれるドイツの社会保障関連法律群は，日本の立法の際にもよく参考にされる。

　現在，同制度は，①「偶然に発生する危険（保険事故）に備えて多数の者が拠出した金銭（保険料）を基金とし（この基金を管掌する者を保険者という），実際に事故に遭遇した者にその基金から金銭（保険金）を支出する」という保険の仕組みを用い，疾病・障害・老齢・介護・死亡・失業・労働災害（労災）等，

個人の能力・資力だけでは乗り越えることが困難な事象（事故）に備える**社会保険**（**労使関係を基盤とする被用者保険＋労使関係の有無ではなく地域住民を適用対象とする地域保険（住民保険）**），②児童や障害児を監護・養育する低所得者などが（無拠出で）受給できる**社会手当**（児童手当・児童扶養手当・特別児童扶養手当など），③児童・母子家庭・障害者・高齢者を救済対象と捉え，施設への入所等，主として非金銭的な給付を行う仕組みである**社会福祉サービス**，④最後の**セーフティネット**である**公的扶助**（**生活保護**）の４つを柱として構築されている（①〜③は憲法25条２項，④は同条１項の要請に基づく。なお，同条２項は，国が向上・増進に努める領域として**公衆衛生**も掲げるが，これは，法律学では，社会保障とは別個の領域と捉えられている）。

> \#　もっとも，最高裁は，憲法25条それ自体に法的規範性を認めないプログラム規定説を採用するとともに（最大判昭23・９・29刑集２巻10号1235頁など），社会保障制度の設計のあり方などに立法裁量を広く認める立場である（堀木訴訟＝最大判昭57・７・７民集36巻７号1235頁など）。

（ⅰ）　社会保険　　具体的には，次の①〜⑤の各保険が運営されている。

①　**医療保険**　　健康保険法等に基づき，**労働者**（**被保険者**）が医療費用の３割を診療機関の窓口で支払い（一部負担金），残り７割は保険料等から賄うことを核とする仕組みである。保険料は，労働者が受け取る**賃金**を基に算出し（**標準報酬額**×保険料率），労働者と事業主（使用者）とで折半して負担させ（161条１項本文），これを基本的には全国健康保険協会が保険者として管掌する（４条・協会けんぽ）。また，医療関連費用は，原則として国家が定め（契約自由原則の修正），「診療報酬点数表」にまとめられる。

　健保法等の適用対象外の者（自営業者ら）は，市町村・東京都特別区を保険者とする国民健康保険制度へ組み込まれ（国民健康保険法３条など），各保険者が定める保険料を支払うことにより，医療費用の３割負担等，健保法と同様の利益を享受する。

②　**年金保険**　　日本国内に居住する者（被保険者）が，原則として満20歳から60歳到達直前まで保険料を支払い，主に死亡，（65歳を基本とする）一定年

齢への到達，あるいは一定程度の障害を負った際に，政府（保険者）から金銭（遺族・老齢・障害の各年金）を受け取る仕組みである。

この仕組みは2段構造になっている。すなわち，まず被保険者全員が加入する**基礎年金**を土台とし（いわゆる1階部分・国民年金法（国年法））とし，民間労働者・公務員の場合は**厚生年金**（厚生年金保険法（厚年法）など）が上積みされるのである（いわゆる2階部分）。

基礎年金は，一定月額の保険料（2019年度以降は1万7000円（予定）），厚生年金は，賃金（**標準報酬額**）を基本に算出された保険料を労使折半で支払うことによって担保される（国年法87条以下，厚年法81条以下）。ただし，老齢年金の**受給権**を取得するには，保険料納付済期間などが10年以上なければならない（国年法26条但書，厚年法42条2号）。

基礎年金は，遺族・老齢・障害どれであれ，一定額の給付（年額78万0900円×改定率）である一方，厚生年金では，標準報酬額と被保険者期間によって給付額が決定される。なお，実際に年金を受給するには，被保険者（または遺族）による「請求」行為が必要である（国年法16条，厚年法33条）。

> \#　さらに，最高裁は，この「請求」に応じた厚生労働大臣の「裁定」（国年法16条）があって初めて，被保険者の年金受給権が具体的に確定するという（最判平7・11・7民集49巻9号2829頁）。

③　**失業等保険（雇用保険）**　雇用保険法等に基づき，労働者（被保険者）が，賃金総額の0.6％（2019年度現在）にあたる保険料を就労期間中に事業主（使用者）と折半して支払い，解雇・退職等により賃金を失った際に，公共職業安定所（職安・ハローワーク）を通じて政府（保険者）から金銭（基本手当等）を受け取ることを核とする仕組みである。

基本手当の受給権を取得できる労働者は，原則として職を失う（離職）直前の2年間に被保険者期間が通算12カ月以上あり（13条1項），かつ，労働の意思と能力を有していなければならない（4条3項）。基本手当（日額）は，以前獲得していた賃金を基準に決まり（17条），離職理由（辞職か解雇か）・年齢・被保

険者期間等に応じて，受給期間（90〜360日）が決定される。

④　**労災保険**　労働者災害補償保険法（労災保険法）などに基づき，事業主（使用者）のみから徴収した保険料（事業ごとに設定された労災保険料率×労働者の賃金総額）を主な財源として，もっぱら，**業務上**（または通勤上）の負傷・疾病・障害・死亡に陥ったと認定された（労基法９条にいう）労働者，またはその遺族が，**労働基準監督署**を通じて政府（保険者）から金銭を受け取る仕組みである。

　給付内容としては，療養・休業・障害・遺族・介護の各補償給付，葬祭料，傷病補償年金の７類型が用意され（12条の８第１項），通勤災害の場合もこれに準じた給付がなされる。給付金額は直近３カ月間に支払われた賃金総額を基本とし（給付基礎日額・８条），その日数は類型ごとに細かく定められている。

Column 32　**過労死と労災認定**　今や Karoshi（過労死）は，サービス残業など日本の長時間労働・過酷な労働環境を表す世界共通語である。現行の労災認定基準（2001年）によれば，過労死（脳・心臓疾患死）は，①発症直前の異常な出来事，②発症前約１週間（短期間）における過重業務，③発症前おおむね６カ月間にわたる長期間の過重業務，以上３点によって「業務上」にあたるか否かが判断される。

---

⑤　**介護保険**　急速な**少子高齢化**社会の進行に伴い，介護は，これまでそれを担ってきた家族（とりわけ女性）に依拠できなくなっている。その社会的支援をめざして2000年に開始された**介護保険制度**は，介護を要する高齢者らが「その有する能力に応じ自立した日常生活を営むことができるよう，必要な保健医療サービス及び福祉サービスに係る給付を行う」ための仕組みである（介護保険法１条）。

　#　介護サービスを受けたい65歳以上の者（同法９条・１号被保険者）は，要支援（１または２）か要介護（１〜５）の状態にある旨の認定を受け（27条以下），ケアプラン（介護サービス計画）の作成を要する。保険料は，保険者たる市町村・東京都特別区が所得等を基準に定め（129条など），在宅でサービスを利用する際の保険給付額には，要支援・要介護度にあわせて上限が設定された。なお，40歳以上65歳未満の者も２号被保険者として医療保険を通じ保険料納付義務を負う。

> **Column 33** **国民皆保険・皆年金への懸念** 　国民皆保険・国民皆年金とは，
> 日本国民が医療と年金について，いずれかの保険者が管掌する保険に加入している
> 状態を指す。1961年開始のこの体制は，財政を含め存続にとって深刻な主に3つの
> 問題を抱える。第1に，少子高齢化が進行するにつれ，**社会保険料**を負担するはず
> の世代人口が逓減する反面（日本の合計**特殊出生率**は，現在に至るまで30年以上に
> わたり2を割り込み，2017年は1.43），医療費がかさみ高水準の年金を受給する高
> 齢者人口が急増している（総人口に占める65歳以上の人口の割合を示す**高齢化率**は，
> 1994年14.1%→2017年27.7%へ上昇）。第2に，不安定雇用労働者の増加である。
> 彼らは，そもそも社会保険加入対象外の者か，社会保険料を払えない低所得者
> （ワーキングプア）になりかねず，ただでさえ減少する社会保険料を負担すべき労
> 働者層を空洞化させる危険性がある。第3に，医療・年金保険は**強制加入**制度を採
> 用しているが，これが逆に，加入させられても保険料は払わない（払いたくない）
> という被保険者のモラルハザードをもたらしている（基礎年金における2017年度の
> 保険料納入率は66.3%に留まり，これには**モラトリアム**に陥った若年者やニートの
> 存在も大きく関わると推測される）。
>
> 　政府は，老齢厚生年金にインフレーションやデフレーションの影響を取り込む
> 「マクロ経済スライド」制を導入する等，国民皆保険・皆年金体制の維持を図るた
> めの方策を講じている。しかしながら，2019年10月に税率が10%へ引き上げられる
> 予定の**消費税**について福祉目的税化が唱えられるなど，その将来的見通しはまった
> く不鮮明といえよう。

　(ii)　社会手当　　児童手当は市町村長・東京都特別区長，児童扶養手当と特
別児童扶養手当（障害児福祉手当・特別障害児手当も含む）は都道府県知事の判断
を経て，法律（児童手当法・児童扶養手当法・特別児童扶養手当法）が定める受給
要件や区分に従い，一定月額として支払われる。ただし，国や地方公共団体な
どが負担する上記諸手当の財源には限りがあるため，受給者に対する所得制限
が設定されている。

　(iii)　社会福祉サービス　　社会福祉法を中心に，上述の救済対象（児童・母
子家庭・障害者・高齢者）ごとに各種法律が整備されている。その仕組みの特徴
の一つとして，それら当事者がサービス提供者と直接契約を締結して，その費
用を行政機関が負担する自立支援給付制度を挙げることができる。

　(iv)　公的扶助（生活保護）　　国民に生存権を認めた憲法25条1項に応えて，

146

第 9 章　労働と社会保障

生活保護法（生保法）は，生活に困窮した者（**要保護者**）が「健康で文化的な最低限度の生活」を送れるような仕組みを構築する。

> ＃　**朝日訴訟**最高裁判決（最大判昭42・5・24民集21巻5号1043頁）では，生保法3条にいう「健康で文化的な生活水準」は，厚生大臣（現・厚生労働大臣）の合目的的な裁量に委ねられるとされ，実際には，厚生労働省告示で定められる基準（**保護基準**）によって具体的に決まる。

　その内容は，家族の年齢・人数などにより定まる生活扶助（12条）を根幹として，義務教育に必要な学用品などにあてる教育扶助（13条），生業に必要な資金や技能修得などを対象とする生業扶助（17条・実際には，この費目で高等学校就学費も支給される）のほか，住宅（14条）・医療（15条）・介護（15条の2）・出産（16条）・葬祭（18条）の各扶助で構成される。

　生活困窮者が要保護者として上記扶助を得たい場合，まず，都道府県・市（場合によっては町村）の福祉事務所で自ら申請しなければならない（7条・申請保護の原則）。とはいえ，親族からの扶養や他法による扶助が優先され（2011年に設けられた求職者支援制度も参照），要保護者自身の資産や労働能力が活用されてもなお，最低限度の生活が維持できない場合に初めて生活保護が適用される（4条・**補足性の原理**）。

> ＃　この原理により，要保護者に対する**資力調査**（means test）も正当化される。

　要保護者への金銭・物品の供与は，上記保護基準との関係で，あくまで被保護者が有する金銭等では満たされない不足分を補う程度でのみ行われる（8条・基準および程度の原則）。以上のほか，必要即応の原則（9条・生活保護は要保護者の実際の必要の相違を考慮して有効かつ適切に行う），世帯単位の原則（10条），自立助長の原理（1条），無差別平等の原理（2条）なども援用される。

> ＃　財源は税で，国が75％，都道府県・市（町村）が25％を負担する（75条1項）。2017年度には約164万世帯が受給し，2019年度予算では，総額約2兆8500億円が準備された。

【設　問】

1　下線部ⓐ［一定の生活水準の保障］に関連して，日本における雇用のルールや生活の保障をめぐる記述として最も適当なものを，次の①～④のうちから一つ選べ。（2013年・センター本試「政治・経済」）

　①　法定時間外労働に対して，割増賃金の支払いやそれに代わる休暇の付与が行われないことは，違法とされている。

　②　パートタイマーは，厚生年金保険の被保険者となることがない。

　③　最低賃金制度は，派遣労働には適用されないが，パートタイム労働には適用される。

　④　生活保護法に基づく保護には，医療扶助は含まれない。

2　授業内容を踏まえ，就業規則に関して，まず①その法的意義を記した上で，②それに対する制定法上の規制内容，③当該規制の趣旨につき，詳しく説明しなさい。（2013年度後期・熊本大学法学部専門科目「雇用関係法」・改）

■ さらなる学習のために

荒木尚志『労働法〔第 4 版〕』（有斐閣，2020）

野川忍『労働法』（日本評論社，2018）

森戸英幸『プレップ労働法〔第 6 版〕』（弘文堂，2019）

日本労働法学会編『講座　労働法の再生（全 6 巻）』（日本評論社，2016）

菊池馨実『社会保障法〔第 2 版〕』（有斐閣，2018）

笠木映里ほか『社会保障法』（有斐閣，2018）

【中内　哲】

第10章　犯罪と刑罰

刑事法の世界

【 概　念　図 】

　ドストエフスキーの代表作『罪と罰』をもち出すまでもなく，「罪と罰」は古今の思想・文学，新聞記事，さらにはテレビの娯楽番組に至るまでの重要なテーマである。法律学の世界において，この普遍的なテーマを扱うのが，「刑事法」と呼ばれる一群の法分野である。

犯罪（要件）——（適正な刑事手続）——刑罰（効果）

刑罰　→Ⅰ参照

　　刑罰の種類←＊罪刑法定主義　　　　　　　刑罰以外の処遇
　　刑罰権の根拠……学派の争い　　　　　　　　・起訴猶予←
　　刑罰以外の処遇（ダイヴァージョン）————→・執行猶予
　　　　　　　　　　　　　　　　　　　　　　　・少年手続

　　犯罪（←「刑法」）→Ⅱ参照
　　　一般的な成立要件
　　　　　（構成要件，違法性，責任）
　　　各犯罪類型に固有の成立要件
　　　　　　条文の解釈←＊罪刑法定主義（類推解釈禁止）

　刑事手続（←「刑事訴訟法」）→Ⅲ参照
　　　検察官の訴追 v. 被告人・弁護人の防御
　　　（弾劾主義・当事者主義）
　　捜査機関による捜査←＊強制処分法定主義，令状主義
　　検察官による起訴——起訴便宜主義
　　裁判所における公判

I　刑　　罰

1　刑法と刑事訴訟法

犯罪と**刑罰**をめぐる法律関係を検討する**法分野**を刑事法と総称する。

犯罪とは刑罰を行うための法律要件であり，刑罰とは犯罪を行ったことに対する法律効果である。犯罪と刑罰を規定した法規定（処罰規定，刑罰法規）を，広い意味で**刑法**という（実質的意味における刑法）。1907年に成立した「刑法」という名前の**法律**（形式的意味における刑法，刑法典）のほかに，広い意味の刑法に属する処罰規定のことを，「特別刑法」という。

犯罪行為者の処罰は，**刑事裁判手続**によらなければならない（憲法31条）。**日本国憲法**は，比較憲法的にも多くの条項を割いて，犯罪の捜査から裁判に至るまでの手続（刑事手続）を統制している。憲法の規定を受けて，**刑事訴訟法**が刑事手続に関して基本的な部分を定めている。

> \#　さらに犯罪行為者の処遇に関する法律として，施設内処遇に関して「刑事収容施設及び被収容者の処遇等に関する法律」など，地域処遇に関して更生保護法などがある。また非行少年の処遇に関しては，**少年法**を中心として規定が整備される。犯罪行為者の処遇を含めて犯罪の原因と対策を検討する学問分野として，**刑事政策（刑事学）**がある。

2　刑　　罰

刑罰とは，犯罪者に対する害悪の賦課である。現行法上の刑罰を犯罪者から剥奪される利益の種類に応じて分類すると，生命刑（**死刑**），自由刑（**懲役**，禁錮，拘留），財産刑（**罰金**，科料（さらに付加刑として没収・追徴））の3種が存在する（刑法9条）。

残虐刑の禁止は，憲法上の要請である（36条）。これは特に，死刑の合憲性をめぐって問題になるが，現行の絞首による死刑（刑法11条1項）は「残虐な刑罰」ではなく合憲とするのが，最高裁の一貫した立場である（最大判昭23・3・12刑集2巻3号191頁）。だが，**死刑制度の存置は絶対ではない**。すでに**死刑**

第10章　犯罪と刑罰

廃止条約（市民的及び政治的権利に関する国際規約第2選択議定書）が締結されてお
り（日本や米国などは未批准），死刑廃止国が多数派である。

　自由刑は刑事施設で執行される（刑事収容法3条1項。通常「刑務所」と称され
る）。自由刑には，刑務作業を義務づけられる懲役と，それを義務づけられな
い禁錮とがある（刑法12条2項，13条2項）。刑務所での刑務作業は，**奴隷的拘
束及び苦役からの自由**の明文上の例外をなす（憲法18条→第7章Ⅰ**4**）。

3　応報刑論と予防刑論，旧派刑法学と新派刑法学

　文明が勃興し，社会がある程度成熟してくると，犯罪事象を私人間の無秩序
な報復に委ねるのでなく，**復讐法**の下，国家が刑罰を統制するようになる。

　「目には目を，歯には歯を」の標語で知られる古代バビロニアの**ハンムラビ
法典**は，このようにして同害報復原理を規定したものであった。同害報復原理
は，国家刑罰権の根拠として，近代に至るまでさまざまな形で主張されてきた。
実行された犯罪への**道義的責任**に対する応報こそが刑罰の根拠だとするのが，
旧派（特に後期旧派）と呼ばれた立場である。**因果応報**の世界観も，基本的に
同様の発想に立つものと見ることができる。

　他方，刑罰は，犯罪を予防するという目的のために存在するという考え方も
主張される。一般国民の犯罪を予防することを目的とする刑罰論を**一般予防論**
という。これに対して，19世紀後半の**ロンブローゾ**の議論を嚆矢として，犯罪
者やその環境に犯罪の原因を探る「犯罪学」が勃興した。これを契機に，犯罪
者の改善・社会復帰による犯罪予防（**特別予防**）こそが刑罰の目的だと主張し
たのが，新派と呼ばれた立場である。新派と旧派の間の対立（学派の争い）は
歴史的なものであるが，刑罰観をめぐる議論は現在もなお続いている。

> **Column 34　学派の争いの前提**　ドイツにおいて**国会議事堂放火事件**（1933
> 年）を契機として政権をとったナチスは，処罰規定の類推解釈を許容し（→本章Ⅱ
> **2**），各種の極端な治安立法や重罰化を行い，他方で**同性愛**者に対する去勢などの
> 極端な保安処分を行った。その際，「民族共同体」やナチス国家の権威が強調され，
> 個人の**自由**や権利を尊重・擁護する法的な仕組みは徹底的に否定され，破壊された。

151

学派の争いといっても，やはり**自由主義**は議論の大前提でなければならない。

4 罪刑法定主義・実体的デュープロセス

犯罪とそれに対応する刑罰は，法律によって予め定められていなければならないのが，近代法の大原則である（**罪刑法定主義**。「法律なくして犯罪なし，法律なくして刑罰なし」）。これは，法律主義（犯罪と刑罰は国会の定めた「法律」という形式のルールで定められていなければならない）と予測可能性の保障（処罰される可能性のある行為は予め国民に明示されねばならない）という，2つの要請を含んでいる。**法定手続の保障**を明文で規定し，**適正手続の保障**をしていると解される憲法31条には，罪刑法定主義の原則が含まれる。

憲法39条前段の<u>遡及処罰の禁止</u>の規定も，国民の予測可能性の保障という要請に出たものである点で罪刑法定主義と同源である（なお，刑法6条）。

犯罪と刑罰は，法律によって予め定められてさえいればいいのではない。さらに進んで，犯罪と刑罰は適正なものでなければならない。

> ＃　刑法旧200条は，尊属（例えば親）の殺害を通常の<u>殺人</u>罪（199条）よりも極端に重く処罰する旨を規定し，執行猶予の可能性がおよそなかった。最高裁は，尊属に対する犯罪の加重処罰自体は合理的としつつも，この規定については加重の程度が極端であることから差別がもはや不合理なものであるとして，同規定を憲法14条1項に違反し無効であるとした（**尊属殺人罪違憲判決**＝最大判昭48・4・4刑集27巻3号265頁→**第4章Ⅲ2**））。なお，同様の加重処罰規定は，現在は全て廃止されている。

さらに，処罰規定の文言が漠然不明確である場合など，処罰規定が適正さを欠く場合にも，憲法31条に違反するとする原理（**実体的デュープロセスの理論**）は，判例も承認している（ただし，実際にこの原理に反するとして被告人を無罪にした判例はない。最大判昭50・9・10刑集29巻8号489頁参照）。

5 刑罰以外の犯罪行為者への処遇

処罰の条件が整っていても，あえて刑罰を科さないこともありうる（ダイヴァージョン）。刑罰の賦課による権利の制約は必要最小限にとどめられること

が望ましく，また，刑罰は，犯罪者というレッテルを貼ることで行為者の再社会化を阻害する副作用（ラベリング効果）をももちうるからである。

　例えば，**検察官**による起訴猶予（→本章Ⅲ **3**）は，ダイヴァージョンの大きな部分を担っている。裁判所が３年以下の自由刑などで有罪を言い渡す際に，刑の執行を猶予し，その期間を問題なくすごせば実際の刑の執行はしないという執行猶予の制度も広く用いられている（刑法25条）。

　少年非行は発達心理学的な背景をもつ**逸脱行為**という側面をもつ上に，少年には改善の大きな可能性（可塑性）がある。そこで，処遇決定時20歳未満の「少年」については，少年法に基づき，原則として成人とは異なる手続（少年手続）を行う。犯罪行為を行った少年には応報を目的とする刑罰ではなく，矯正教育を目的として**保護処分**を行うのである。刑事裁判と異なり少年審判を非公開とし（少年法22条２項），また少年事件の実名報道を禁止する（同61条。ただし罰則はない）のも，非行少年の改善を妨げないための措置である。

　少年手続においては，事件は全て**家庭裁判所**に送致され（全件送致主義），家庭裁判所が処遇決定を行う（検察官には裁量権がない点が成人の刑事手続と大きく異なる）。保護処分には，在宅での保護観察と少年院（少年院法３条）や児童自立支援施設（児童福祉法44条）等での施設内処遇とがある（少年法24条）。ただし，家庭裁判所が刑事処分相当と判断した場合には，検察官に事件を移送し（逆送），**地方裁判所**などへの**起訴**がなされる。特に殺人等の重大犯罪を犯した16歳以上の少年は，逆送が原則となる（同20条）。なお，14歳未満の者の行為は犯罪不成立になり（刑法41条。刑事未成年），逆送もされない。

Ⅱ　犯　　罪

1　犯罪の一般的な成立要件──**犯罪総論**

（ⅰ）構成要件・違法性・責任　　犯罪とは，「**構成要件**に該当する違法かつ有責な行為」と定義される。刑法学は，ここでいう構成要件，**違法性**，**有責性**という３つの要素を基軸として体系を構築している。

153

構成要件とは，それぞれ犯罪の性格を特徴づける類型的な犯罪成立要件ということができる。例えば，刑法199条の**殺人**罪が成立するためには，「人を殺す」という犯罪類型に当てはまる必要がある。さらに，「結果」（例えば殺人罪における，人の死亡）が要求される犯罪類型（結果犯）にあっては，行為者の行為から結果が発生したといえる関係（**因果関係**）がなければならない。

　構成要件に該当する行為は原則として法的に許されない。しかし，例外的に法的に許容される場合（**違法性阻却事由**）には犯罪は成立しない。殺人罪の構成要件をみたしていても，死刑の執行などの**正当業務行為**（刑法35条）や**正当防衛**（同36条），**緊急避難**（同37条）などは違法ではない。さらに，刑罰を科すまでの違法性を有しない行為も，犯罪を成立させない（**可罰的違法性**）。

　構成要件に該当し，違法性阻却事由がないとしても，有責でない行為は処罰できない（責任主義）。処罰規定は**故意**犯のみを処罰する趣旨であるのが原則であり，例えば，刑法211条（業務上過失致死傷罪）のような**過失**犯処罰を定めた趣旨の規定によらなければ，過失の行為は処罰されない（同38条1項）。無過失の行為の処罰は，責任主義に反するものであり，およそ認められない。

　故意や過失があっても，非難可能性のない行為は処罰されない（**責任阻却事由**）。幻覚や妄想などの精神病の状態が行為に決定的に影響していたような場合には刑事**責任能力**がなく犯罪は成立しない（同39条）。行為者に違法性の意識をもつ可能性がなかった場合なども，責任阻却事由になりうる。

　(ii)　未遂・共犯・罪数　　刑法203条（殺人未遂）などのように，法律に特に規定のある犯罪類型については，犯罪の実行に着手したがこれを遂げなかった者（**未遂**）も，処罰されうる（同43条）。

　複数の者の主体的な関与によって犯罪を実現する場合は**共犯**の問題となる。「二人以上共同して犯罪を実行した」場合には，**共同正犯**（同60条）として各関与者が同じ罪責を負う。犯罪の計画に参加するなどの一定の意思的な関与をして犯罪の実行に寄与した実行犯以外の者も共同正犯として処罰されうるとする判例理論は，多くの学説も承認している（**共謀共同正犯**）。

　犯罪が複数なされた場合，罪数の問題となる。ある犯罪が別の犯罪の手段と

して行われた場合（牽連犯），一つの行為が複数の犯罪を成立させた場合（観念的競合（一所為数法））は，一罪として処理される（同54条１項）。複数の犯罪が成立し，これらの<u>科刑上一罪</u>に該当しない場合（数罪）で確定裁判を経ていない２個以上の罪は，<u>併合罪</u>として処理され（同45条），自由刑ではその中の最も重い罪の法定刑の1.5倍までなどに科刑が制限される（同47条）。

2 それぞれの犯罪に固有の成立要件──犯罪各論

各犯罪類型の成立要件は，主としてその犯罪の構成要件の解釈を通じて得られる。例えば刑法199条の「人を殺す」という構成要件を分析すると，「人」「殺す」，さらには死亡結果，行為と結果との因果関係といった「構成要件要素」が見出される。これらの構成要件要素を全てみたしたときに，当該犯罪類型の構成要件該当性が充足される。

> **Column 35** 類推解釈，拡張解釈，言葉の可能な範囲内での解釈 　「汽車を転覆させる」行為を処罰対象とする規定（刑法126条）があるときに，「バス」は交通機関という意味では似ているからといって，法律の規定にいう「汽車」ではないのに同じルールで処罰しようというのが類推解釈の例である。**罪刑法定主義**の原則から，<u>類推解釈の禁止</u>が導かれる。レールの上を走る「ディーゼルカー」も法律の規定にいう「汽車」の一種であるとする<u>拡張解釈</u>は許容されるが，レールの上を走行しない「バス」も「汽車」の一種だという解釈は「言葉の可能な範囲」を超え，罪刑法定主義違反になると理解されている。

処罰規定はそれぞれによって守られるべき具体的な利益（保護法益）を保護するために設けられている。構成要件要素は，主に保護法益との関係を考慮して解釈される。解釈を通じて，処罰の対象となる範囲が確定される。

処罰規定は，保護法益に応じて，個人的法益に対する罪，社会的法益に対する罪，国家的法益に対する罪の３群に大別される。個人的法益に対する罪として，人の生命を保護法益とする殺人罪のほか，人の身体を保護法益とする**傷害**罪（刑法204条），個人の財産を保護法益とする財産犯の諸規定などがある。

\# とりわけ財産犯は，客体および行為態様に応じて細分化される。他人が所持する財物（形のある物）を単に奪取すれば**窃盗**罪（刑法235条），暴行または脅迫を用いて財物または財産上の利益（形のない利益）を奪取すれば**強盗**罪（同236条），他人を欺いて財物または財産上の利益を交付させれば**詐欺**罪（同246条），他人から預かった物（形のある物）を自分の物にすれば**横領**罪（同252条）がそれぞれ成立しうる。**会社**の取締役など「他人の事務を処理する」立場にある者が意図的に不正な財産処理をして会社などに損害を与えれば，**背任**罪（同247条，**会社法**960条）が成立しうる。

社会的法益に対する罪として，**放火**罪（刑法108条以下）などの公共危険犯や，文書等の社会的信用を保護する趣旨の**偽造**罪の諸規定などがある。国家的法益に対する罪として，**公務執行妨害**罪（同95条）や，**収賄**罪（同197条以下）および**贈賄**罪（同198条）からなる賄賂罪の諸規定などがある。

\# なお，犯罪類型の中には，傷害罪（刑法204条）に対する傷害致死罪（同205条）のように，一定の重大な結果の発生を条件として，より重い刑を科す**結果的加重犯**や，不退去罪（同130条後段）のように行為者が一定のことをしないこと（**不作為**）を構成要件とする真正不作為犯などもある。

解釈によってそれぞれの処罰規定による処罰対象を確定させた結果，刑法によっては守られない利益が見出される場合，当該利益を守るのに必要な限度で，新たな処罰規定が設けられることがある（犯罪化）。他方，現在犯罪とされているものを犯罪でなくすこともある（非犯罪化）。

\# 非犯罪化の例として，1949年刑法改正での姦通罪の削除などが挙げられる。近時の刑事立法では，逆に，犯罪化・重罰化の傾向が著しい。IT技術の進歩に伴う利益侵害に対応した刑事立法の例として，**コンピュータ**への不正なアクセスを処罰する「不正アクセス行為等の禁止に関する法律」やコンピュータ・ウイルス作成罪（刑法168条の2）がある。生命科学の進展に伴う刑事立法として，人**クローン**個体の作成につながる行為を処罰する「ヒトに関するクローン技術等の規制に関する法律」などがある。それまで見過ごされてきた利益侵害に対応した刑事立法の例としては，「ストーカー行為等の規制等に関する法律」，夫の妻に対する暴力など（いわゆるドメスティック・ヴァイオレンス）に対応する「**配偶者**からの暴力の防止及び被害者の保護に関する法律」などがある。2014年には，悪質な運転行為による交通死亡事件を受け，危険運転致死傷罪の強化等を内容とする「自動車の運転により人を死傷させる行為等の処罰に関する法律」が立法された。

第10章　犯罪と刑罰

Ⅲ　刑事手続

1　刑事手続の理念

　近世まで，裁判官は訴追官を兼ねて捜査と裁判の両方を行っていた（**糾問主義**）。近代**市民革命**を経て（→第2章Ⅳ），そのような苛酷で権威主義的な制度運用への反省から，裁判官と訴追官を分離する**弾劾主義**が採用された。

　日本国憲法下で1953年に制定された現行**刑事訴訟法**（刑訴法）は，弾劾主義の中でも当事者主義のモデルを採用した。すなわち，訴追官である**検察官**と嫌疑を受けた**被告人**およびその弁護人（**弁護士**の資格を有する者だけが弁護人になる）とが訴訟における対等な主体（当事者）であり，予断を排除した中立的な立場の「公平な裁判所」（憲法37条1項）が判断を行うのである。

　刑事手続は，「事案の真相を明らかにし，刑罰法令を適正且つ迅速に適用実現することを目的とする」（刑訴法1条）。「実体的真実の発見」と**適正手続の保障**というこの2つの理念は，若干の緊張関係をはらんでいる。

　　＃　例えば，違法な手続により収集された証拠（**違法収集証拠**）が排除されるべきことは，最高裁が原理として認めている（最判昭53・9・7刑集32巻6号1672頁）。その場合，その証拠が排除されるために犯罪行為者を処罰することができなくなることもあるが，それでも，適正手続の保障を実体的真実の発見に優先させるべき局面がありうるのである。

2　捜　査

　裁判の前に，**捜査**という手続が入るのが，刑事手続の大きな特徴である。起訴前の段階で嫌疑を受けている者を**被疑者**という（マスコミ用語では「容疑者」）。被疑者の権利保障は，刑事訴訟法の重要な任務である。

　　＃　捜査は，通常は警察が行う。警察は検察官と独立した捜査権限を有する。ただし，一部の事件では検察官が捜査の主体となることもある。検察庁は行政組織上法務省に属しているが，法務大臣は検察組織のトップである**検事総長**だけを指揮することができることとされている（検察庁法14条）。

157

強制を伴う捜査手段は法律に基づかなければならない（憲法31条，刑訴法197条。強制処分法定主義）。さらに，**身体の自由（人身の自由）**やプライバシー権（→第7章Ⅲ**3**）を侵害しうる捜査活動は，裁判官の**令状**によるコントロールに服する（**令状主義**）。特に，**逮捕**（同199条，210条等），**捜索・押収**（同106条）における令状主義は憲法の要請である（憲法33条，35条）。通信の傍受もプライバシー侵害を伴うものであり，裁判官の令状を要する（**通信傍受法**（犯罪捜査のための通信傍受に関する法律）3条）。なお，現行犯逮捕は令状主義の例外とされる（憲法33条，刑訴法213条）。

　また，逮捕に引き続き身柄拘束手続（勾留）が行われる際に，被疑者は裁判官から勾留理由を開示される（憲法34条後段，刑訴法61条。勾留質問）。逮捕も勾留も，被疑者の逃亡や罪証隠滅の防止のための手続である（刑訴法60条1項参照）。正当な理由のない身柄拘束（**拘禁**）は許されない（憲法34条）。

　　# 　急速を要する場合に，事後の令状発付を条件に令状なしの逮捕を許容する**緊急逮捕**
　　（刑訴法210条）は，憲法33条違反だとする主張もあるが，最高裁は合憲だとしている
　　（最大判昭30・12・14刑集9巻13号2760頁）。

　被疑者の人権を保障する装置として，さらに，**黙秘権**および**弁護人依頼権**があげられる。黙秘権（自己負罪拒否特権）とは，自己に不利益になる供述を強いられないとする権利であり，被疑者は真実を述べる義務をもたない（憲法38条1項）。弁護人を依頼する権利は身柄拘束に先立って説明されなければならない（憲法34条前段。さらに刑訴法30条参照）。

　憲法37条は**起訴後**の被告人について，**国選弁護人制度**の規定を置き，弁護人の援助を受ける権利を担保している。起訴前の被疑者への国選弁護は憲法の要求には含まれないが，各地域の弁護士会の自主的な試みとして，__当番弁護士__の制度が全国的に整備され（1994年），逮捕後少なくとも1回は弁護士の援助を無償で受けられるようになった。被疑者の権利擁護にとって捜査段階から弁護人が関わる必要性はきわめて高く，近年の**司法制度改革**を契機に，被疑者への国選弁護人の制度が導入され（刑訴法37条の2），2015年時点で，逮捕に続き勾留

が請求される被疑者全般に対象を拡充する法案が国会に提出されている。

3　起訴と公判

　裁判所に刑事裁判の訴えを起こす（公訴の提起，起訴）のは，検察官の専権事項である（刑訴法247条。**起訴独占主義**）。例外として，公務員の職権濫用（刑法193条以下）に関する**付審判請求**手続（刑訴法262条以下）および検察審査会の2度の起訴相当議決に基づく強制起訴制度（検察審査会法41条の9）では，裁判所に指定された弁護士（指定弁護士）が検察官の役割を果たす。

> ＃　検察官は確実に有罪が見込めるものだけを起訴する。さらに，検察官は，被疑者が有罪だと確信していた場合でも，起訴しないこと（起訴猶予）が広範に行われている（刑訴法248条。**起訴便宜主義**）。このように刑事事件の実務において，起訴猶予を含む不起訴処分の果たす役割はきわめて大きい。そこで，不起訴処分の相当性を市民が判断する**検察審査会制度**があり，近年，その機能が強化されている。

　起訴は，検察官が裁判所に起訴状を提出することにより行われる（刑訴法256条1項）。裁判所が予断を排除して中立的地位を保てるようにするため，起訴状以外の書類は添付されない（同256条6項。**起訴状一本主義**）。起訴後，被疑者は「被告人」（マスコミ用語では「被告」）と呼ばれる。

　事実の存否の確認は，公判期日における手続（公判。総じて法廷での手続）でなされる。公判期日は公開される（憲法37条1項，同82条）。手続の進行は口頭で行われ，裁判所は自ら直接取り調べた証拠だけを裁判の基礎にできる。

　伝聞証拠（わが国の実務では，被告人の捜査段階での供述書面などの書類がほとんどである）は，証拠とすることができる可能性（**証拠能力**）が制限される。**拷問**等の強制による**自白**は，証拠とすることができない（憲法38条2項，刑訴法319条1項）。その他の違法収集証拠も場合によっては排除されうる（→本章Ⅲ**1**）。また，自白だけを証拠として有罪とすることはできない（憲法38条3項，刑訴法319条2項。補強法則）。さらに，検察官による立証は，合理的な疑いを容れない程度になされなければならない。その程度に達する証明がなされたかは，裁判官が自由に判断する（刑訴法318条。**自由心証主義**）。起訴状で挙げられた事柄

（訴因）を検察官が合理的な疑いを容れない程度に立証するまでは，被告人は無罪と推定される（「**疑わしきは被告人の利益に**」）。

　証拠の取調べなどの必要な作業・手続が終了すると，判決の手続に移行する。起訴状の内容が合理的な疑いを容れない程度に立証されたと裁判所が確信したときには有罪判決が，その確信を抱くに至らなかったときには無罪判決が言い渡される（刑訴法333条，336条）。有罪判決の場合には，同時に，被告人に科される刑の重さが決定される。

　わが国の刑事裁判では**三審制**（**審級制**）に基づき，第１審の判決に対して不服がある場合には**高等裁判所への控訴**が，さらに一定の上告理由があれば**最高裁判所への上告**が可能である（控訴・上告を総称して上訴という）。上訴は被告人・検察官の双方から可能である。当事者が上訴しない，あるいは上告が棄却されるなどしてそれ以上の上訴を行えない場合，判決が確定する。有罪または無罪の判決が確定した後に，同一の犯罪について重ねて刑事責任を問われることはない（憲法39条後段。<u>一事不再理</u>の効力）。

> **Keyword 21**　**再審**　　事実の認定は人間が行うため，誤判による**冤罪**を完全には避けることはできないことから，上訴制度のほかに**再審**の制度が設けられている（刑訴法435条以下）。再審の開始には厳格な要件があるが，最高裁が**白鳥決定**（最決昭50・5・20刑集29巻5号177頁）で一定程度要件を緩和する解釈を示して以降，有罪確定者からの再審請求が認められる事案が散見されるようになった。中には**免田事件**（最決昭55・12・11刑集34巻7号562頁，熊本地八代支判昭58・7・15判時1090号21頁）などのように，死刑確定者の再審無罪が認められた例もある。最近も，同様に死刑確定者をめぐり，**袴田事件**第二次再審請求審の第１審が再審開始請求を認めたことが注目されている（静岡地決平26・3・27判時2235号113頁。2015年時点で東京高裁に係属中）。なお，再審無罪が確定した場合を含めて，逮捕・勾留などの身柄拘束の後に無罪の確定判決を受けた者には，憲法上，**刑事補償請求権**が認められる（憲法40条）。

4　我が国の刑事手続をめぐる最近の動向

　かつて，検察審査会制度を除いて，日本の刑事司法は専門家が全て担ってい

第10章　犯罪と刑罰

た。本来，刑事裁判は，国民が理解しやすくかかわりやすいものであることが望ましい。そこでわが国でも，一定の重大犯罪（裁判員法2条1項）について，市民が刑事裁判に直接参加する**裁判員制度**が，2009年から施行されている。

> ＃　刑事裁判に市民が参加する制度には，いくつかのモデルがある。**英米法**国の**陪審制**では，事件ごとに選ばれた陪審員のみが事実認定をして有罪か無罪かの判断（評決）を行い，職業裁判官のみが量刑の判断を行う。**大陸法**の**参審制**では，任期を定めて選ばれた参審員が，事実の認定から量刑までの判断を職業裁判官と一緒に行う。日本の裁判員制度では，事件ごとに選ばれた裁判員が，事実認定と量刑判断の双方を職業裁判官と一緒に行う。

　裁判員裁判では，裁判員の負担軽減を意図して，検察官と弁護人の事前の十分な準備の下に，公判期日を集中して行う（裁判員法49条，51条）。集中審理の考え方は，刑事訴訟全般に広がってきている。これは，**迅速な裁判**（憲法37条1項）のさらなる推進に資するものでもある。

　捜査をめぐっては，身柄拘束下の密室での取調べが冤罪を生む危険性が長年指摘されてきた。この点，複数の冤罪事案発生を契機に検討が進み，2015年時点で，裁判員裁判の対象事件など一部の事案に限定して，**被疑者取り調べの可視化**を法制化すると同時に，協議・合意制度（いわば日本型の司法取引）などの捜査手法を新たに捜査機関に付与する内容の法案が国会に提出されている。

　犯罪被害者は，国家刑罰権を行使するために国家が私人を訴追するという刑事手続の構造上，刑事訴訟の当事者ではありえないが，他方で，被害者やその遺族が有する刑事手続への関心は，正当なものとして尊重されるべきである。そこで，被害者参加制度が2008年から実施され，一定の重大犯罪の裁判で検察官とともに被害者等が法廷に立てるようになった（刑訴法316条の33以下）。

161

【設 問】

1 下線部ⓑ〔自由権〕に関連して，日本における身体の自由についての記述として誤っているものを，次の①〜④のうちから一つ選べ。（2015年度センター追試「政治・経済」）

① 何人も，現行犯で逮捕される場合を除き，検察官が発する令状によらなければ逮捕されない。

② 何人も，自己に不利益な唯一の証拠が本人の自白である場合には，有罪とされることも刑罰を科せられることもない。

③ 何人も，法律の定める手続きによらなければ，生命や自由を奪われることも刑罰を科せられることもない。

④ 何人も，実行の時に犯罪でなかった行為について，その後に制定された法律によって処罰されない。

2 故意は認められないが，犯罪はまず成立すると考えられる事例を具体的に想定して記述せよ。また，関係する刑法典の総則の条文を示せ（総則に直接関係する条文がない場合は，その旨を記せ）。（2014年度秋学期・南山大学法学部「刑法総論」・改）

■ さらなる学習のために

大谷實『刑事法入門〔第8版〕』（有斐閣，2017）

町野朔ほか『ブリッジブック刑法の基礎知識』（信山社，2011）

三井誠＝酒巻匡『入門刑事手続法〔第8版〕』（有斐閣，2020）

【水留正流】

第11章　国家と条約

国際社会に共通するルール

【 概 念 図 】

　国際法は伝統的に国家と国家の関係を規律してきた。二度の世界大戦，冷戦の終結を経て，国際社会の認識が高まるにつれて，国際法の役割もますます重要となっていった。国際法は，国家間関係のみならず国際社会に共通するさまざまな事項についても規律する。また国際法の定立，執行，適用に関与する主体（アクター）も増えてきた。私たちの日々の生活も，国際法によって影響を受けている。

■国際社会の誕生と発展　→Ⅰ参照

　　　　国際社会の誕生──伝統的国際法の時代──ウエストファリア

　　　　　　　　　　　　─第一次世界大戦前後の国際社会──集団安全保障体制

　　　　　　　　　　　　　→国際連盟体制の失敗→第二次世界大戦の勃発

　　　　　　　　　　　　─第二次世界大戦後の国際社会──国連憲章に基づく新体制

　　　　　　　　　　　　　　　　　　　　　　　　　国際機構の誕生と発展

■国連体制下の国際社会　→Ⅱ参照

　　　─植民地の独立と第三世界の台頭──ナショナリズム，民族自決

　　　─資源をめぐる国際社会の動き──石油危機，南北問題

■グローバリゼーションと国際社会の課題　→Ⅲ，Ⅳ参照

　　　　─地球規模の課題──環境，資源，人権

　　　　─さまざまなアクターや場の役割──国際会議，サミット

　　　　　　　　　　　　　　　　　　　　NGO，NPO の活躍

　　　　─日本社会への影響

　　　　　日本国憲法──最高法規　条約──遵守義務

　　　　　人権諸条約の締結（難民条約，女性差別撤廃条約）

　　　　　　→国内法の整備→人権の保護と促進

163

I 国際社会の誕生と発展

1 国際社会の誕生

「社会あるところに**法**あり」。それぞれの国に法があるように，国家と国家の間にも法がある。国家間の法である国際法の起源は16，17世紀のヨーロッパといわれる。**キリスト教の公認**（313年）など，ヨーロッパがキリスト教社会となり，共通の基盤が生まれ，国際法の誕生の助けとなった。**宗教**対立を契機としたドイツ三十年戦争（1618-48年）を終わらせた**ウエストファリア条約**によって（→第2章Ⅳ **6**，第12章Ⅰ **1**），キリスト教の旧教（カトリック）と新教（プロテスタント）の平等が承認された。これにより，**主権**を有する国家によって構成される国際社会が誕生した。**国際社会の誕生に伴い，国家の関係を規律する国際法**（国際公法）も発展してきた。

「国際法の父」と呼ばれる**グロチウス**（1583-1645年）は，1625年に『**戦争と平和の法**』を発表した。これは，三十年戦争のグロチウスの経験に基づいて書かれている。グロチウスは，正当な原因をもつ戦争のみを認める<u>正戦論</u>を主張し，それ以外の戦争の禁止を訴えた。また戦争中であっても守られる法が存在することを主張した。それ以前に彼は『**海洋自由論**』（1609年）を刊行し，**公海自由の原則**を論じていた。**公海**には国家の主権が及ばない，という主張は，グロチウスの母国で，海運国であったオランダの船のインド洋での航行を擁護するためになされた。後にこの原則は**国際慣習法**として確認され，**国連海洋法条約**（1982年）にも規定された。

> **Keyword 22** **国連海洋法条約**　海の憲法とも呼ばれ，320カ条の本文と9つの付属書によって構成される（1994年に発効，日本の批准は1996年）。この条約は海についてのさまざまなルールを定めている。海は，国家の主権が及ぶ**領海**といずれの国の領有も及ばない公海に区別される。領海は領海基線（各国の海岸線）から12カイリ（1カイリは約1852メートル）の海域であり，国家の主権は領海の上空，領海の海底およびその下に及ぶ（2，3条）。ただし領海においても全ての国の船舶は**無害通航権**をもつ（17条）。公海はいずれの国も領有できず，航行の自由，上空

第11章　国家と条約

飛行の自由などが認められている（公海自由の原則。87条）。公海は平和目的のために利用されなければならず，国家は公海において，生物資源の保存や管理などに義務を負う。公海上の領海に接続する水域で，沿岸国の基線から200カイリまでは**排他的経済水域**（**EEZ**）と定められた（57条）。排他的経済水域において沿岸国は，天然資源の探査，開発，保存，管理のための主権的権利などを有するが，同時に他国の権利や義務にも考慮しなければならない（56条）。また国の管轄権の及ぶ区域の境界外の海底とその下は深海底であり「人類の共同遺産」とされ，深海底とその資源について，国家は主権を主張し行使できない（136，137条）。

　国家を規律する国際法が存在する形（法源）は，国際慣習法，条約，「文明国が定める法の一般原則」の３つと考えられており，特に条約と国際慣習法が重要である。条約は，国と国との国際的な合意で文書によって締結され，「憲章」（**国際連合憲章**），「規約」（**国際人権規約**），「規程」（国際司法裁判所規程），「協定」（世界銀行協定），「議定書」（京都議定書）などの名称が付いている。

　国際法は，**第一次世界大戦**までは，**平時国際法**と戦争状態に適用される**戦時国際法**の２つに分類されてきた。現在では，戦争を含む武力行使は違法とされているものの，事実上の紛争は後を絶たない。紛争中の戦闘手段や紛争の犠牲者について定める<u>国際人道法</u>（かつての戦時国際法）が武力紛争に適用される。

[Keyword 23]　**国際慣習法**　　条約とならぶ国際法の法源である。国際慣習法は，国家による一般慣行（客観的要件）と，それが法であるという法的信念（主観的要件）を満たした際に成立されるといわれる。一般慣行は，多くの国家によって恒常的で統一された行動がとられることにより確立する。法的信念は，その行動が法であるという意識である。20世紀以降，法典化作業が**国際連合**（国連）の国際法委員会によって行われている。この作業は，慣習法上確立した規則を成文化し，または確立していない規則を条約として作成する漸進的発達を含む。

　国家や国際機構の間の合意である条約については，条約法に関する**ウィーン条約**（**条約法条約**，1969年）が定めている。条約は二国間条約と多数国間条約に分類される。また，条約の発効後に批准を必要とする正式な条約（批准条約）と批准を必要としない簡略形式による条約（署名条約）に区分される。条約の

165

締結手続は，国の全権代表による交渉によって始められ，交渉を経て条約文が採択される。二国間条約や少数国の間の条約では参加した全ての国の賛成が必要となる。一方，国際会議での条約文の採択は，出席しかつ投票する国の3分の2以上の多数による議決やコンセンサスによる。条約文は，作成に参加した国の署名によって確定される。条約の効力は，簡略形式の条約の場合には，署名において締結手続が終了したときに発生する。正式な条約の場合には，国家間の同意（批准，受諾，承認，加入）によって効力が発生する。

　国連憲章は1945年6月に署名されたが，署名国によって各国の憲法上の手続に従って批准され，安全保障理事会の当時の5常任理事国とその他の署名国の過半数が批准書を寄託したときに効力を生じると定められ（110条），同年10月24日に発効した。

なお国家は，条約の特定の規定の自国への適用について，法的効果を排除しまたは変更することを明らかにする場合がある。これは<u>留保</u>と呼ばれ，国家は条約への署名，批准，受諾，承認，加入に際して留保を付すことができる。ただし条約において留保が禁止されている場合には，国家は留保を付すことができない。

Column 36　**国際法は法か**　　国際法の性質論として，国際法は法か，という議論がある。そもそも法は，中央政府によってつくられ，また違反に対しては制裁が与えられる。ところが主権国家が並存する国際社会は，国内社会と異なり，違反に対して制裁を自動的に行う制度がない。また実際に，国家による国際法違反行為に対して措置がとられず，違法行為がそのまま放置されている（ようにみえる）ことなどから，国際法は法ではない，と論じられてきた。現在では，国際法は法として認められている。主な論拠としては，法の本質が強制力にあり，国際法においても，復仇など強制力が存在していること，国際法は実際に法として認められ遵守されてきたこと，さらに国際法の定立，適用，執行も条約締結会議，国際機構，国際的な裁判所において行われていることなどである。以上の点から，国際法が法であることは疑いのない事実である。

　国際社会において，国家の活動を実際に担うのは外交官や領事官である。外交官は自国を代表して他国と交渉し，また国際的な会議に出席して討議や採択

第11章　国家と条約

を行う。領事官は，他国（接受国）において在留自国民（派遣国の国民）に関する行政的な事務を扱う。国家間の外交関係については，外交関係に関するウィーン条約（外交関係条約，1961年），領事関係については，領事関係に関するウィーン条約（領事関係条約，1963年）に定められている。

　外交官とは，厳密には外交使節団の長（**大使**など）や使節団の外交職員を指す。使節団の主な任務は，接受国において派遣国を代表すること，派遣国とその**国民**の利益を保護すること，接受国政府と交渉すること，接受国における情報収集と派遣国への報告，派遣国と接受国の友好関係の促進などである（外交関係条約3条）。他方，領事官は領事任務を遂行し，派遣国とその国民の利益の保護，派遣国と接受国との間の関係の発展を助長すること，派遣国の国民に旅券やビザ（査証）等を発券すること，などを任務とする（領事関係条約5条）。外交官が領事の任務を行うことは妨げられない（外交関係条約3条2項）。領事官が外交活動を行えるのは，派遣国が外交使節団をもたず，かつ第三国の外交使節団によっても代表されていない国において，接受国が同意した場合に限られている（領事関係条約17条1項）。

> **Keyword 24　外交官特権**　外交官，領事官には特権および免除が認められている。例えば外交官の場合，外交関係条約により，公館の不可侵（22条），公文書の不可侵（24条），通信の自由（27条），身体や住居の不可侵（29，30条），裁判権の免除（31条）などが定められている。

　#　外交使節団の長の任命には，接受国の**アグレマン**（同意）が必要である。接受国は，派遣国に理由を示さずにアグレマンを拒否することができる（外交関係条約4条）。また，接受国は，いつでも理由を示さずに，派遣国に対して使節団の一員が**ペルソナ・ノン・グラータ**（好ましくない人物）であり受け入れられないことを通告できる。通告を受けた場合，派遣国はその者を召還しまたは任務を終了させなければならない（同9条）。

　第一次世界大戦（1914-18年）までの国際社会はヨーロッパを中心としており，国際法もヨーロッパ社会の国際関係を規律し，「文明国」であるヨーロッパ諸国の**国益**を反映していた。19世紀末には欧米列強による**帝国主義**の動きが進み，アジアやアフリカを**植民地**化していった。世界全体が**資本主義**体制に組み込ま

167

れる中で，列強の対立は激しさを増していったが，そのような状況において，ロシア皇帝ニコライ2世は万国平和会議の開催を提唱した。1899年，1907年にオランダのハーグで会議が開かれ，戦争法規に関する条約が採択された。特に，国際紛争平和処理条約（1907年）は，**国際紛争**の平和的解決について規定し，また**国際仲裁裁判所**が定められた。

　当時，国家間の安定は，対立する主権国家（群）の相互の力の均衡，すなわち**勢力均衡**によって維持されると考えられていた。お互いの勢力が均衡しているかどうかの判断は各国家によって主観的になされる。その結果，軍備と同盟の拡大が生じ，第一次世界大戦へと繋がった。第一次世界大戦は，**三国協商**（英・仏・露）と**三国同盟**（独・オーストリア・伊）の対立を中心としながら，アメリカや日本を巻き込んだ世界規模の戦争となった（→第12章I**2**）。

　第一次世界大戦後，アメリカ大統領**ウィルソン**はヴェルサイユ講和会議で中心的な役割を担い，国際平和機構としての**国際連盟**の設立を提唱した。**ヴェルサイユ条約**の一部であり，国際連盟を設立した国際連盟規約（連盟規約，1919年）は，国が戦争に訴えることを条約として初めて制限した。連盟国は，国交断絶に至るおそれがある紛争を裁判または連盟の理事会に付託しなければならず，裁判所の判決または理事会の報告の後3カ月までは戦争に訴えてはならないと定められた。国際連盟において**集団安全保障**体制が設立され，武力を違法に行使した国に対して，連盟規約に加入している国家が集団で対処することを定めた（ヴェルサイユ体制）。また国家間の紛争を扱う**常設国際司法裁判所**も設立された。

　第一次世界大戦の反省に基づいて国際連盟が設立されたものの，**第二次世界大戦**の勃発を防ぐことができなかった。連盟規約において，国家は戦争を行う前に一定の猶予期間が与えられたが，戦争そのものは禁止されていなかった。また戦争に訴えた連盟国に対しては，集団安全保障に基づいて，他の連盟国が通商，金融上の関係を断絶する経済上の制裁措置をとることは認められていたが，武力による制裁は規定されていなかった。さらに規約違反行為の認定や制裁の決定は，個々の国家によってなされた。加えて，国際連盟の設立を主導し

第11章　国家と条約

たアメリカが国際連盟に加入せず，集団安全保障体制は制度として十分ではなかった。

> ＃　第一次世界大戦後には国際連盟の下での**少数民族の保護**やILO（**国際労働機関**）による労働者の擁護も行われた。少数民族の保護は第一次世界大戦後に独立した中央，東ヨーロッパ諸国にのみ課され，これら諸国にとっては負担となっていた。またILOは労働基準を定めることによって，紛争の要因を取り除こうとした。このような取組みにもかかわらず，経済的不平等を是正し紛争を防止することはできず，第二次世界大戦が生じた。

2　第二次世界大戦後の国際社会

　第二次世界大戦後の国際社会において，国際法は国家間の関係を規律することに加え，国際社会全体の利益を守るためのルールとして発展していった。

　国際連盟の反省に基づき，第二次世界大戦中に新しい国際的な組織をつくる動きがみられた。1941年，英国の**チャーチル**首相とアメリカの**フランクリン・ローズベルト**大統領が大西洋上で会談を行い，第二次世界大戦後の世界秩序の構想について共同宣言を発表した（**大西洋憲章**）。1943年には，アメリカ，イギリス，ソ連，中国の4カ国によるモスクワ宣言において，国際安全保障機構の早期設立が示された。翌年のワシントン郊外のダンバートン・オークスでの会合，1945年2月の**ヤルタ会談**を経て，6月にはサンフランシスコ会議で**国際連合憲章**が採択され，**国際連合**が成立した（国連憲章が効力を発生した10月24日は国連デーとなった）。現在の加盟国数は193カ国（2011年〜）である。日本は1956年に第80番目の国連加盟国となった。

> **Column 37**　**国際法と国内法の関係**　日本国憲法などの国内法と，国連憲章などの条約が相互にどのような関係にあるのかについて議論がある。第1の立場は，国内法優位の**一元論**（**憲法優位説**），第2の立場は**二元論**，第3の立場は，国際法優位の一元論（**条約優位説**）である。一元論は国内法と国際法いずれかを上位とする法体系とみる立場である。憲法優位説に立つ場合，国際法を否定することになる。また条約優位説に立つ場合，日本をはじめ，多くの国では憲法を最高法規と定めていることに合致しない。このように一元論では国際法と国内法の関係を十分に説明

169

できない。二元論は，国際法と国内法を次元の異なる法体系とみるものである。ただし，二元論は，砂川事件（最大判昭34・12・16刑集13巻13号3225頁）のように国際法と憲法が同じ事柄を規律する現象を説明できないという難点がある。そこで新しい考え方として，新二元論（等位論，融和論）が提唱されている。新二元論は，国際法の平面では国際法優位論，国内法の平面では国内法優位論を説明する。この立場によれば，国際法と国内法がお互いに関連し，同一の現象を同時に規律することも説明される。

　国連の主要な目的は，国際の平和と安全の維持，人民の同権と自決（民族自決に限られない）の原則に基づいた諸国間の友好関係の発展，経済的，社会的，文化的，人道的な性質をもつ国際問題の解決と，全ての者の人権と基本的自由の尊重を促すように国際協力を達成することである（国際連合憲章1条）。この目的を達成するために，国連は，主権平等，憲章の義務の誠実な履行，紛争の平和的解決，武力行使と威嚇の禁止，国連の行動への加盟国の協力と援助，内政不干渉原則を原則として掲げる（同2条）。国連は世界政府ではないものの，国際社会で生じたあらゆる問題について討議し活動を行っている。

　国連の主要機関は，総会，安全保障理事会（安保理），経済社会理事会，信託統治理事会，国際司法裁判所，事務局である。国際司法裁判所はオランダのハーグを所在地とし，それ以外はニューヨークの国連本部にある。

　国連総会は安全保障理事会で検討されている事項を除いてあらゆる問題を討議し勧告を行う。毎年9月から年次総会が開催され全ての加盟国が出席する。安全保障理事会は，国際の平和と安全の維持に関して主要な責任をもつ。また，必要に応じていつでも会合を開催できる。安全保障理事会の決定は法的拘束力をもち，国連加盟国はこの決定に従う義務がある（国際連合憲章25条）。安全保障理事会は5つの常任理事国（米，英，仏，ロ，中）と10の非常任理事国により構成される（非常任理事国の任期は2年）。安全保障理事会では大国一致の原則に基づいて，実質事項の決定については全ての常任理事国の賛成が必要である。日本はこれまで11回非常任理事国に選出されており，加盟国の中で最多である（2016年現在）。

第11章　国家と条約

＃　経済社会理事会は，経済，社会，文化，教育，保健や人権などの国際的な事項を扱い，専門機関やNGOと関係をもつ。信託統治理事会は，信託統治地域と定められた地域の行政を指導し，監督する機関である。1994年に最後の信託地域パラオが国家として独立したため，現在では実質的な審議を行っていない。国際司法裁判所は，国家間の紛争が裁判所に付託された場合に裁判を行う。また国連の機関や専門機関からの要請に基づいて，法律問題について勧告的意見を与える。

　国連の事務局は**事務総長**と職員により構成されている。事務総長は国連の行政職員の長であり，国連の会議において事務総長の資格で行動する。2007年に就任した第8代事務総長は韓国出身の潘基文である。国連の職員は，国際公務員として，出身国から独立した立場で国連の任務を遂行している。

> [Keyword 25]　**拒否権**　　安保理の常任理事国に与えられている**拒否権**（veto power）は有名だが，国連憲章には「拒否権」の用語はない。国連憲章では，安保理の表決手続について，手続事項に関する安保理の決定は9理事国の賛成投票によって行われること，その他の全ての事項に関しては，常任理事国の同意投票を含む9理事国の賛成投票によって行われる，と規定する（27条）。つまり手続以外の事項については，常任理事国の同意投票が必要であり，したがって常任理事国の一国でも反対した場合には決定がなされない，という手続が拒否権の内容である。ちなみに安全保障理事会での決定（決議の採択）には，賛成，反対，棄権の3種類の投票があり，棄権は反対とみなされない。このため，常任理事国より棄権票が投じられた場合には拒否権が行使されたことにはならず，他の要件を満たしていれば，決議は採択される。

　このほか，国連には補助機関がある。**国連児童基金**（ユニセフ），**国連難民高等弁務官事務所**（UNHCR），**国連環境計画**（UNEP）などは国連の活動を実行する組織であり，主に発展途上国において活動する。さらに国連は国際協力を進めるために，**国連教育科学文化機関**（ユネスコ）や**国際労働機関**（ILO）など17の専門機関と連携協定を結んでいる。国際機構の経費は加盟国の拠出金によって賄われており，日本の場合には**政府開発援助**（ODA）から拠出される。

> [Keyword 26]　**政府開発援助（ODA）**　　開発途上国への資金や技術の提供による協力で，国の経済や社会の発展，福祉の向上に役立つために行われるもの。より厳密には，経済開発協力機構（OECD）の開発援助委員会（DAC）のリストに記

171

された発展途上国に対する贈与と貸付の中で，一定の条件を満たすものを ODA という。日本の初期の ODA は，アジア地域に対する第二次世界大戦の戦後賠償の意味合いもあった。ODA は，①2国間援助としての有償資金協力，無償資金協力，技術協力と，②国連などの国際機構への出資・拠出によって構成されている。また ODA を用いて NGO も国際協力を行っている。

II　20世紀以降の国際社会

　第二次世界大戦後の国際社会は，武力行使禁止原則に基づきながら，**安全保障理事会**による**集団安全保障体制**の下にあるはずだった。しかし，アメリカとソ連を中心とした**東西冷戦**によって，世界は**イデオロギー**対立に陥った。その結果，安全保障理事会は1990年代の冷戦終結までほとんど機能しなかった。**国際社会**の主要なアクターである**主権国家**は，大戦後の植民地の独立によって増大した。従来は国内管轄事項とされてきた人権や環境問題などが，国際社会に共通する問題となり，また，植民地の時代に確定された**人為的国境**と**民族**の分断により紛争が生じるなど，国際社会として取り組む問題が拡大している。

1　植民地の独立と第三世界の台頭

　第二次世界大戦後，欧米諸国の**植民地**であったアジアやアフリカ地域は**民族**や**少数者の自決**や**民族主義**（ナショナリズム）を掲げ独立し，新しい国家が誕生した。その中には複数の民族により構成される**多民族国家**もあった。新興独立国は東西陣営に与せず，**第三世界**として国際社会で独自の立場を確立していった。1955年には，アジア，アフリカの29カ国がインドネシアのバンドンで会合を開催し（アジア・アフリカ（バンドン）会議），反植民地主義に基づいた平和10原則を採択した。また第三世界としての立場を維持するために，1961年にベオグラードで第1回**非同盟諸国首脳会議**が開催され，植民地主義の清算，平和共存，民族解放闘争の支持などが確認された。さらに発展途上国の経済発展を促進する目的で，1964年には**国連貿易開発会議**（UNCTAD）が設立された。

第11章　国家と条約

> **Column 38**　**国家は他国から承認される？**　　国家承認とは，新しく誕生した
> 政治的な実体を，すでに存在する国家が国際法上の国家として認めることである。
> これは既存の国家による一方的な行為であり，承認を受ける実体の同意は必要では
> ない。国家承認については，学説において，<u>創設的効果説</u>と<u>宣言的効果説</u>の対立が
> ある。創設的効果説とは，新しい政治的な実体は他国から国家承認を受けて初めて
> 国際法主体である国家となる，というものである。宣言的効果説とは，新しい政治
> 的な実体が国家としての要件としての，住民，**領域**（**領土**，**領海**，**領空**），実効的
> 政府を満たして成立すれば，他国からの国家承認とは無関係に国家となり，国家承
> 認はこれを確認し宣言するにすぎない，というものである。19世紀には，国家承認
> は欧米諸国中心の国際社会に他の諸国の参加を認める行為と考えられており，創設
> 的効果説が有効な考えであった。第二次世界大戦後，植民地地域が独立して新国家
> が誕生するようになると，国家承認は，宣言的効果をもつと解されるようになって
> きた。なお，国家承認の方法は特定化されておらず，明示的承認（新国家に対して，
> 書簡，宣伝等で承認の意思を表明）や黙示的承認（条約の締結や外交関係の樹立）
> がなされている。

　アジアやヨーロッパ，アフリカなど地域における協力体制も進んでいった。
アジアでは1967年にインドネシア，マレーシア，フィリピン，シンガーポール，
タイの5カ国が地域協力をめざして，**東南アジア諸国連合**（**ASEAN**）を設立し
た。後にブルネイ，ベトナム，ラオス，ミャンマー，カンボジアが ASEAN に
加盟した。ASEAN は国際的な共同体の設立を目的として，2007年に ASEAN
憲章を採択した。ヨーロッパでは1950年代にヨーロッパ石炭鉄鋼共同体，ヨー
ロッパ経済共同体，ヨーロッパ原子力共同体が設立され，その後ヨーロッパ共
同体を経て，欧州の統合を目的とした**欧州連合**（**EU**）が1993年に設立された。
アフリカでは，アフリカ諸国の統一を促進し，植民地主義の根絶を目的とした
アフリカ統一機構（OAU）が1963年に設立された。2001年には OAU を継承し
た**アフリカ連合**（**AU**）が設立された。

2　資源をめぐる国際社会の対立

　第二次世界大戦後の国際的な経済体制は，各国が比較優位をもつ商品の生産
に特化し，他国の財を輸入することによって，それぞれがより多くの財を消費

し，自由貿易がより進むとする**国際分業**によって説明されていた。発展途上国の経済は，単一または種類の少ない作物や鉱物資源（モノカルチャー）に依存することが多く，気候の変動や国際的な価格動向の影響を受ける不安定な経済状況にあった。発展途上国は，一部の富裕層や外国資本，先進国によって自国の資源が利用されていることに反発を覚え，対抗措置をとっていった。国連では，発展途上国を中心に，自由主義に基づいた GATT ＝ WTO 体制に対抗して，新国際経済秩序が打ち立てられ，天然資源に対する**主権**が主張された。

　1959年には，**化石燃料**である石油を寡占していた先進国のメジャー（国際石油資本）が産油国の了解を得ないまま，原油価格の引き下げを決めた。産油国はこの措置に不満を示し，翌年には**石油輸出国機構（OPEC）**を設立した。OPEC はメジャーによって行われていた原油生産量や価格を決定する権利をもつようになり，国際社会での発言力を強めていった。1968年には OPEC のアラブ諸国がアラブ石油輸出国機構（OAPEC）を設立した。1974年の**第四次中東戦争**は，イスラエルに対してエジプト，シリアが攻撃を行ったもので，イスラエルを支持する先進諸国に対して，OAPEC は石油の禁輸，減産，原油価格の引き上げなどを行った。これが第一次**石油危機**を引き起こし世界経済が不況に陥った。この背景には，発展途上国の資源が先進国に使われすぎており，途上国は自国の資源を経済向上のために使うべきであるという**資源ナショナリズム**の考えがあった。また1979年には**イラン革命**が起こり，イランでは親米政権に代わって**イスラーム原理主義**に基づく政策が行われていった。革命と政治的混乱をきっかけに原油の輸出が中断し原油価格が高騰したことから，第二次石油危機が生じ，世界経済は多大な影響を被った。**高度成長**の中で起こった２度の石油危機を受けて，日本でもエネルギーの安定供給の重要性が認識され，**代替エネルギー**の導入，太陽の光や熱，風力など自然エネルギーの利用が推奨されていった。

　発展途上国と先進工業国との経済力の格差が**南北問題**を引き起こしてきたが，発展途上国の間でも，BRICS 諸国と**最貧国（LLDC）**との間で経済格差が急速に拡大するなど，**南南問題**も生じた。現在では中国やアフリカ諸国など特定の

地域から産出される**レアメタル**の獲得をめぐり，国家間の競争が激しくなっている。

Ⅲ　グローバリゼーションと国際社会の課題

　現在の社会は，世界のモノ，人，情報，資本の交流がますます活発となり，ある地域で生じた出来事が他の国や地域に影響を及ぼしている。世界が一体化する**グローバル化**（グローバリゼーション）において，伝統的に**国家**と国家の関係を規律してきた**国際法**も，規律の対象や内容が拡大している。

1　地球規模の課題

　地球規模の課題として環境問題がある。**高度成長**は経済発展と同時に**環境破壊**をもたらした。ヨーロッパでは**酸性雨**による被害が発生し，日本でも**水俣病**や**新潟水俣病**，**イタイイタイ病**，**四日市ぜんそく**などの公害病が問題となった（→第４章Ⅱ*3*，第７章Ⅲ*1*，*4*）。

　1972年６月，環境をテーマにした初めての国際会議として**国連人間環境会議**がストックホルムで開催された。「かけがえのない地球」を合言葉にした会議では，**人間環境宣言**と「環境国際行動計画」が採択された。この文書を実施する機関として，**国連環境計画**（UNEP）がケニアのナイロビに設立された。

　宇宙船地球号に例えられる地球の資源は有限であり，それをどのように利用していくのか議論がなされてきている。そのような中で「**持続可能な開発（発展）**」という概念が提唱され，環境と開発は共存し得るものであり，環境の保全を考慮した節度のある開発が重要であることが提唱された。

　国連人間環境会議から20年後の1992年，**国連環境開発会議**（地球サミット）がブラジルのリオデジャネイロで開催された。地球サミットでは，**国連人間環境宣言**を発展させ，**環境と開発に関するリオデジャネイロ宣言**と，これを具体化する行動計画**アジェンダ21**を採択した。またこの宣言と併せて，**気候変動枠組み条約**の調印がはじまった。この条約は，大気中の温室効果ガスの濃度を安

175

定化させて**地球温暖化**を防ごうとするものである。地球サミットでは**生物多様性条約**も採択された。

　地球環境問題は，文明の発達に伴う大量生産，大量消費に伴い生じてきた。**二酸化炭素**などの温室効果ガスの発生，**フロン**（クロロフルオロカーボン）の排出による**オゾン層の破壊**によって，南極の環境破壊，**砂漠化**，都市部の**ヒートアイランド**など地球温暖化が問題となっている。地球温暖化対策への取組みとして，1997年に開催された，地球温暖化防止京都会議では**京都議定書**が採択され，先進国の温室効果ガス排出削減目標が定められた。

　その他にも**エルニーニョ現象**によって世界各地で山火事が発生し熱帯雨林が消滅し，**台風**によって人々の生活が被害を受ける。さらに**焼畑農業**などの農業形態も森林破壊をもたらしている。環境の被害は，先進国よりも途上国が大きく，国家間の経済的な格差も災害の被害に影響を及ぼしている。さらに環境の悪化は**食料自給率**の低下などの**食料問題**をも引き起こす。

　環境問題は，動植物に対する保護規制も促す。**ラムサール条約**は，水鳥の生息地として重要な湿地とその動植物の保全を目的としている。**ワシントン条約**は，絶滅の恐れのある野生生物の国際取引の規制により，その保護をめざす。

Column 39　**台風はなぜ日本に上陸するのか？**　　日本に上陸する台風は，フィリピン近辺で発生し北上し，日本を横断する。なぜ台風は反時計回りの渦を巻き，ほぼ同じような方向に進むのか。地球は自転しており，運動している物体には**コリオリの力**（提唱したフランスの物理学者コリオリの名前に由来する。転向力，偏向力）が働く。この力によって北半球では運動する物体が進行方向に対して右に，南半球では左に曲げられていく。台風は赤道付近では**貿易風**によって西に進み，日本本土付近の中緯度では偏西風により東に進む。これによって，日本を横断するように台風が方向を変える。地球温暖化は台風の巨大化の原因といわれる。

　他の地球規模の課題として**基本的人権**（→第5章I）の保護がある。人権が国際法の分野において実際に認められるようになったのは，**第二次世界大戦**後である。

　第二次世界大戦の惨害を受けて，**国際連合憲章**には人権と基本的自由の尊重，

第11章　国家と条約

自決の原則が述べられた。1948年12月には**世界人権宣言**が採択され，国際的な人権の基準が明らかとなった。世界人権宣言は，法の前の平等，無罪の推定，国籍の権利，婚姻と家族の権利，**財産権，思想・良心と宗教の自由，表現の自由，参政権**，労働権，教育権などを定めている。世界人権宣言は**国連総会決議**であり法的拘束力はないものの，その内容は国際的な人権基準として確認されており，現在では慣習法を構成するとの説が有力である。なお世界人権宣言が採択された12月10日は「世界人権デー」である。

　世界人権宣言の採択後に，条約として，経済的，社会的および文化的権利に関する国際規約と，市民的および政治的権利に関する国際規約，市民的および政治的権利に関する国際規約の選択議定書が採択され（1966年，これらを併せて**国際人権規約**という），国際的な人権保障制度がつくられていった。その後もさまざまな人権条約が作成されている。例えば，あらゆる形態の**人種差別**の撤廃に関する国際条約（**人種差別撤廃条約**，1965年），女子に対するあらゆる形態の差別の撤廃に関する条約（**女性差別撤廃条約**→第5章Ⅰ**3**，1979年），**拷問**および他の残虐な，非人道的な又は品位を傷つける取扱い又は刑罰に関する条約（**拷問等禁止条約**，1984年），児童の権利に関する条約（**子どもの権利条約**，1989年），**死刑の廃止をめざす市民的および政治的権利に関する国際規約の第二選択議定書**（**死刑廃止条約**，1991年），障害者権利条約（2006年）などが採択された。国際人権規約，人種差別撤廃条約，女性差別撤廃条約，拷問禁止条約，子どもの権利条約は，締約国による条約の実施について進捗状況を検討するために，専門家によって構成される委員会を設立し，委員会は締約国の人権状況について定期的に審議している。

2　さまざまなアクターや場の役割

　国際社会において国家に加えて多くのアクターがより積極的に活動し，国際法の制定，執行に関わるようになってきた。非営利組織（NPO）や国際的な非政府組織（NGO）は，営利を目的としない民間団体で，人権，環境，医療，人道支援などの分野で国内外において活動している。**地球サミット**など国際的な

会議には，多くの NGO が参加し自らの活動をアピールし，宣言や行動計画の採択にも関与した。また**国際刑事裁判所**（ICC）の設立文書であるローマ規程や，対人地雷禁止条約の制定には NGO が関わった。

 # NGO は啓蒙活動も行う。**アムネスティー・インターナショナル**は，政治や思想的な理由によって投獄された「良心の囚人」の救済や，死刑廃止を訴え，人権の促進や保護のために活動している。**国境なき医師団**（MSF）は，天災や紛争によって被害を受けた人々に対して医療活動や人道援助を行う。国連は，一定の条件を満たす NGO をパートナーとして，**経済社会理事会**を通じて国連の会議への出席や会議で発言を行う資格を与えている。

　個人の権利を保護し促進することを目的として，さまざまな人権条約が制定されてきた。さらに個人を国際法によって直接裁く体制がつくられている。第二次世界大戦後には**ニュルンベルク裁判**や**東京裁判**（極東国際軍事裁判）など軍事法廷が開かれたが，これらは特定の戦争犯罪を対象とした裁判であった。**冷戦後の旧ユーゴスラビア紛争やルワンダ内戦**では，**民族浄化や虐殺**が行われた。戦争犯罪やジェノサイドに関わった個人を裁くために，国連によって旧ユーゴスラビア国際刑事裁判所，ルワンダ国際刑事裁判所が設立された。また1998年にはローマ規程により，常設の機関として国際刑事裁判所（ICC）も設立され，国際法に基づいて重大な国際犯罪行為が裁かれるようになった。日本も2007年にローマ規程に加入した。

 # グローバルな問題は，サミットなど主要国の首脳が集まる会合においても議論されている。2015年にドイツで開催された G7 エルマウ・サミットでは，世界経済，貿易，外交政策，気候変動，エネルギー，テロなどが議論された。

> **Keyword 27　サミット**　主要国首脳会議。G7/8 とも呼ばれる。アメリカ，イギリス，イタリア，カナダ，ドイツ，日本，フランス（G8 にはロシアが含まれる）の首脳と欧州理事会議長および欧州委員会委員長が参加し，国際的な政治，経済，社会問題を話し合う場である。毎年定期的に開かれる。日本では，東京（1979年，86年，93年），九州・沖縄（2000年），北海道洞爺湖（2008年）で会合が開かれた（2016年には伊勢志摩で開催の予定）。首脳会議（狭義のサミット）にあわせて外相会合なども開催される（広義のサミット）。

Ⅳ　国際法の日本への影響

　国際法は日本に住む私たちの生活にどのような影響を与えているのだろうか。**日本国憲法**98条１項は，憲法が国の**最高法規**であると定めている。また２項において，日本国が締結した**条約**と確立された国際法規はこれを誠実に遵守することを必要とする，と規定する。日本国憲法には，憲法と条約の上下関係は明示されていないものの，国際法上，憲法が条約よりも上位に位置し，**法律**や**政令**が条約より下位に位置することは通説となっている。ただし，両者が抵触する場合には調整によって解決される。また，**条約法条約**は，国家が条約不履行を正当化する根拠として自国の国内法を援用できない，と規定しており，国家は国内法を理由として国際法上の義務を逃れることはできない。

　日本は条約の締結や国際法の援用によって，国内の法律を改正してきた。例えば難民条約への加入を契機として，出入国管理および難民認定法が整備され難民認定制度が設立され，**女性差別撤廃条約**の締結に伴い，**男女雇用機会均等法**が整備された。**人種差別撤廃条約**が国内の裁判所の判断で援用された事例もみられる（札幌地判平14・11・11判時1806号84頁など）。

　また，人権諸条約に基づいて設立された各委員会に，条約締約国の政府が定期的に報告書を提出し，国家の人権状況や政府の取組みが審議されている。審議の際には委員会としての見解や意見が示される。これまで女性差別撤廃委員会などでの日本政府報告書の審査では，女性に差別的である**民法**上の規定について取り上げられてきた。日本では，2003年に戸籍における**非嫡出子**（婚外子）の続柄記載の区別が廃止され，また2013年には婚外子の相続分が嫡出子の半分と規定した民法について違憲とする判断が**最高裁判所**で下された（最大決平25・9・4民集67巻6号1320頁）。報告書の審査と国内法の改正との直接的な影響は明確ではないものの，条約上の制度は，日本を含む各国における人権を保護し促進する上で，重要な役割を担っているといえよう。

【設　問】

1　下線部ⓐ［国際社会］についての記述として正しいものを，次の①〜④のうちから一つ選べ。(2014年・センター追試験「政治・経済」)

①　ウェストファリア会議の結果，各国の主権とその平等に基づく国際社会が，地球規模で成立した。

②　第二次世界大戦の終結後，国連（国際連合）が設立されたが，ソ連はアメリカとの対立を理由に当初加盟を見送った。

③　国際司法裁判所（ICJ）は，国際法にのっとって裁判し，判決を強制執行する。

④　国連の総会は，加盟国が一票の投票権を有する多数決制に基づき，決定を行う。

2　国連憲章上の安全保障体制について，国連憲章の条文に触れながら述べなさい。(2014年度秋学期・関西学院大学法学部「国際機構論」)

■ さらなる学習のために

植木俊哉編『ブリッジブック国際法〔第3版〕』(信山社，2016)

中谷和弘ほか『国際法〔第3版〕』(有斐閣，2016)

松井芳郎『国際法から世界を見る─市民のための国際法入門〔第3版〕』(東信堂，2011)

横田洋三編『国際法入門〔第2版〕』(有斐閣，2005)

【望月康恵】

第12章　戦争と平和

【概念図】

　戦争と平和は，国際政治に関する最も重要なテーマである。諸国家は，常に戦争や平和の問題と向き合いながら外交を展開してきた。第二次世界大戦後の日本は，直接的には他国との戦争を経験していない。しかし，諸国家が強制力を手段として自国の安全保障を追求する状況に変わりはなく，私たちが暮らす東アジアにおいても，戦争と平和の問題は大きな国際的テーマである。本章では，近現代の国際政治の展開をたどりながら，戦争と平和の問題を検討していきたい。

■第二次世界大戦までの国際政治　→Ⅰ参照

　ウエストファリア体制下……勢力均衡による（結果的）平和

　第一次世界大戦……勢力均衡による平和の限界（旧外交→新外交）

　戦間期……多国間条約に基づく国際秩序の安定の模索

　日独伊などの国際秩序の再編を求める軍事行動→第二次世界大戦の発生

■第二次世界大戦後の国際政治　→Ⅱ参照

　戦後の国際秩序の形成をめぐる米ソの対立　→　冷戦の発生

　冷戦の諸相⑴西側陣営対東側陣営（権力対立とイデオロギー対立の側面）→⑵

　激しい軍拡（特に核開発）競争と核戦争の危険性（ex：1962年のキューバ危機）

　→⑶米ソ間でのデタントの形成と国際政治の多極化の進展，一方で局地制限戦

　争の泥沼化（ベトナム戦争）→⑷「新冷戦」（「第二次冷戦」）と米ソの財政悪化

　　　→　冷戦終結

■冷戦終結後の世界　→Ⅲ参照

　地域紛争と民族紛争（問題）の顕在化／アジアでの緊張（朝鮮半島・台湾海峡）

　9.11同時多発テロ事件（アメリカによる非国家的主体との「新しい戦争」へ）

　国際社会の取組み……安全保障概念の捉え直し（人間の安全保障）

　　　　　　　　　　　多国間の安全保障協力・対話（OSCE・ARF など）

　平和構築の主体の多様化（NGO などの役割）→「積極的平和」の重要性

I　第二次世界大戦までの国際政治

1　近代の国際体系の成立

（ⅰ）　ウエストファリア体制の成立　　戦争と平和は，**国際政治**（国際関係）の問題を考える際の最重要テーマである。平和には，大きく分けて「消極的平和」と「積極的平和」の2つがある。「消極的平和」は，戦争がない状態を指し，狭義の平和ともいわれる。これに対して「積極的平和」は，戦争がない状態だけでなく，そこに暮らす人々に対する抑圧の極小化といった要素も含めて平和を捉える。そこで，「積極的平和」は広義の平和ともいわれる。

　近代の国家が第1に追求したのは，戦争がない状態つまり「消極的平和」であった。近代の国際体系は，ヨーロッパにおける**ドイツ三十年戦争**（1618-48年）を終結に導いた**ウエストファリア条約**によって成立したとされる（→第2章Ⅳ **6**，第11章Ⅰ **1**）。同条約によって，ヨーロッパで**国際法**（万国公法）に基づく**主権国家体系**（**主権国家体制**）が形成されていったからである。

　ウエストファリア体制の下，ヨーロッパの諸国家は，自ら軍事力を整備して自国の安全を確保しようとした。そして，結果的に諸国間の**勢力均衡**（Balance of Power）が形成され，戦争が抑制された側面があった。例えばドイツの**ビスマルク**は，諸国家間に軍事的な力の均衡が成立していれば，それによって戦争を防止できると考えた。国家間の力の均衡状態が，特定の国家の軍事的独走を抑え，その結果，戦争不在の状態が成立するというわけである。

> ＃　他方で，19世紀中頃の国際秩序を特徴づける際，イギリスが世界的覇権を掌握したことで世界に構造的な安定がもたらされたとする見方もある。その場合，イギリスが推進した**自由貿易**の拡大などに相対的安定の要素を見出す。この点で，19世紀のパクス・ブリタニカの時代は，**重装歩兵**などの軍事力に支えられたローマ帝国が強大な影響力を持った時代（パクス・ロマーナ）などと区別できる。

　ただし，国家間の力の均衡状態に一定の平和と安定の要素を見出しえても，列強の**植民地**などに対する抑圧の問題を看過することはできない。また，イギ

リスなどが推進した自由貿易についても，その実態面に着目する必要がある（例えばイギリスは，中国からの茶の輸入による赤字を相殺するため，インド産アヘンを中国へ輸出した。その結果，中国から銀が大量に流出した）。

　(ii)　アジアの状況　　他方アジアでは，従来中国の華夷思想に基づく冊封・朝貢関係によって地域的秩序が形成されていた。中国は，周辺の政治勢力の首長に対して冊封使を派遣し，国王としての称号を与えた。朝鮮，琉球，ベトナムなどは，中国と冊封関係にあった（日本は，中国と冊封関係を結んだ時代もある）。

　　#　冊封関係を，単純に中国とその周辺国との間の権力的な上下関係と捉えることはできない。冊封国は，他国との外交を独自に行っており，中国にとっても，周辺国の首長を国王として認めることは，その侵略を防止するために重要であった。

　　しかし，18世紀後半からの欧米諸国の積極的なアジア進出を契機として，冊封・朝貢関係は崩壊していった。1840年に起こったアヘン戦争で，清国はイギリスに敗北した。1842年に結ばれた南京条約で，清国は香港島の割譲と上海や広州などの開港，「公行」の廃止，賠償金の支払いなどを認めた。さらに貿易拡大を求めたイギリスは，アロー号事件を口実にフランスと共同で広州・天津を占領した。1858年に天津条約を結んだイギリスは，その後北京を占領し，1860年にこのアロー戦争の講和条約として北京条約を結んだ。天津条約と北京条約により，北京での外国公使の駐在が認められた。このことは，冊封・朝貢関係に基づく中国の対外関係が変化していく上で，大きな意味をもっていた。

　(iii)　焦点としての朝鮮半島　　日本は，欧米に倣い，万国公法と主権国家体系の下での国家の安全を追求した。明治維新後，日本は富国強兵を推し進め，朝鮮への政治的・軍事的影響力の拡大を求めた。しかし，一方で清国は朝鮮に対する宗主権を維持しようとし，日本と対立した。1894年8月，日本は対清国宣戦を正式に布告した（日清戦争）。戦争に勝ったのは日本であった。日清戦争の結果，アジアの冊封体制は事実上崩壊するに至った。その後朝鮮では，高宗の妃である閔妃を中心とした勢力が，ロシアへ接近して日本に対抗しようとした。そのため閔妃は，1895年10月，日本の三浦梧楼公使らが大院君を担ぎ出し

て実行したクーデタの際に殺害されてしまう（閔妃殺害事件）。

　1900年，中国では「**扶清滅洋**」を唱えた義和団が，清国の兵とともに北京にある各国の公使館を包囲した。これに対して日本を含む8カ国は軍隊を派遣し，義和団を鎮圧した（**義和団事件**）。この結果，清国の国際的立場はいっそう弱まり，またロシアは中国東北地方（満州）を事実上軍事占領した。

　日本政府内では，満州経営の自由をロシアに認める代わりに，日本の朝鮮での優越権をロシアから得ようとする意見もあった。しかし，日露の交渉はうまくいかず，1904年2月に**日露戦争**が起こった。この戦争では，アメリカとイギリスが経済面で日本を支援した。戦争遂行が難しくなった日本は，アメリカの調停によってロシアと**ポーツマス条約**を結び，戦争に勝利した。こうして，アジアでも諸国間の戦争を通じて国際秩序が再編されていった。**帝国主義**の時代，軍事力中心の国際秩序観は，アジアでも浸透していたといってよい。

　　# 　他方で，日露戦争の際には，非戦の考え方が提起された。例えば，宗教家・評論家の
　　　内村鑑三や歌人の**与謝野晶子**，社会主義者の**幸徳秋水**などの**非戦論**は，国民の側からの
　　　重要な声として捉えることができる。

2　第一次世界大戦の経験

（i）　総力戦　　ヨーロッパの平和は，**第一次世界大戦**の勃発で決定的に崩れた。1914年6月，**ヨーロッパの火薬庫**といわれたバルカン半島のサライエヴォで，オーストリアの帝位継承者がセルビア人に殺害された。これが原因となり，7月にオーストリアがセルビアに宣戦した。ロシアがセルビアを支援したことに対抗して，ドイツがロシア・フランスに対して開戦した。諸国は，**三国協商**（イギリス・ロシア・フランス）側と**三国同盟**（ドイツ・オーストリア・イタリア。しかし，イタリアは開戦時に中立の立場をとり，**未回収のイタリア**の領土を約束されると協商国側についた）側に分かれて参戦した。この大戦では，**戦車，毒ガス，潜水艇，飛行機**などが使用され，技術の発展に伴う戦争形態の変化という点からも特徴づけられる。大戦がヨーロッパに残した傷跡は，あまりにも大きかった（→第11章Ⅰ **1**）。

184

第12章　戦争と平和

> **Column 40** 　**国際政治に対する世論の関心の高まり**　　国際政治学者の E. H.
> カーが，1939年に発表した『危機の二十年』の冒頭で述べている通り，第一次世界
> 大戦は世論の国際政治に対する関心を高める重要な契機となった。カーによれば，
> それまで大学などで同時代の国際問題に関する組織的研究がなされることはなかっ
> た。多くの人は，戦争は軍人の関わることであり，国際政治は外交官が関わること
> であるとみなしていた。第一次世界大戦は，世論がこのような考え方を捨て，外交
> の民主的統制を求めるきっかけとなったのである。

　(ii)　**集団安全保障**（collective security）**の試み**　　1919年 1 月から始まった
パリ講和会議の結果， 6 月に**ヴェルサイユ条約**が調印された。パリ講和会議の
内容に基づき形成されたヨーロッパの国際秩序は，**ヴェルサイユ体制**といわれる。
大戦後の国際社会の理想を示したのは，米大統領**ウィルソン**であった（→第11
章Ⅰ **1**）。ウィルソンは，それまでの**旧外交**（Old Diplomacy）の問題を指摘し，
外交の民主的統制や公開性を謳う**新外交**（New Diplomacy）を提起した。

　ウィルソンは，戦争を国際的組織によって防ぐため，**国際連盟**の設立を提起
した。1920年 1 月に成立した国際連盟は，勢力均衡の問題と限界を踏まえ，**集
団安全保障**により平和と安全を追求する試みであった。集団安全保障とは，多
数の国家が集団的に相互の安全を保障しようとする考え方である。すでに哲学
者の**カント**（Immanuel Kant）は，『**永遠平和のために**』（1795年）の中で，共和
制国家を中心とした戦争防止のための国際的組織を提起していた。こうして第
一次世界大戦後，かつてカントの構想にあったような，戦争防止をめざした国
際的組織が発足するに至ったのである。

　また，ウィルソンは**民族自決**を提唱した。これは，各民族が自らの意思でそ
の帰属と政治組織を決定すべきとする主張である。大戦後，世界各地で自治拡
大や独立を求める動きが生じた。インドの**ガンディー**は，1919年から22年にか
けて非暴力不服従運動を指導し，独立を求めた。日本の植民地下にあった朝鮮
では，**三・一独立運動**が起こり，また中国でも**五・四運動**が起こっている。

　しかし，ウィルソンの提唱した構想には限界があった。第 1 にアメリカは，
自国の負担増大に対する国内の反発の結果，国際連盟には加盟しなかった。現

185

在のアメリカの積極的な対外政策からみると意外かもしれないが，元来アメリカには孤立主義の伝統があり，世論は国内の問題をより重視する傾向があった。第2に，国際連盟は**経済制裁**の権限はもったが，軍事制裁の権限はもたなかった。結果的にみれば国際連盟は，その後のドイツや日本の軍事行動を防ぐことができなかったのである。第3に，帝国主義国間の利害関係から，民族自決権がアジアやアフリカの植民地に適用されることはなかった。

> ＃　また，新外交の提起後，列強の外交官の対外認識が即座に転換したわけでもない。フランス外交官出身のハロルド・ニコルソンは，1939年に有名な著書『外交』を発表したが，この本は新外交が旧外交に完全に取って代わったという立場ではない。列強は引き続き軍事力を背景とした外交を展開し，勢力均衡に基づく国際秩序観は，第一次世界大戦後も政治家・外交官・軍人の中に残ったのである。

(iii)　多国間条約による相対的安定とその限界　　以上の問題はあったが，1920年代，列強は多国間条約による国際秩序の形成を試みた。1921年11月から始まった**ワシントン会議**の結果，①5大国（米英日仏伊）間の主力艦の保有トン数・比率を定めた**ワシントン海軍軍備制限条約**，②中国の主権尊重，領土保全などを約した**九カ国条約**（ただし，中国側からみれば，同条約は列強による中国の事実上の分割支配を容認したものであった），③太平洋諸島の現状維持などを求めた**四カ国条約**（米英仏日）を結んだ。ワシントン会議の内容に基づくアジア・太平洋の国際秩序は，**ワシントン体制**と呼ばれる。

　ヨーロッパでは1925年12月，ドイツ西部国境の現状維持，ラインラントの非武装化，国際紛争の仲裁裁判などを定めた**ロカルノ条約**が正式調印された。また，1928年8月にパリで15カ国が調印した**不戦条約**は，平和的手段による国際紛争の解決を規定した。ただし，不戦条約においても，自衛権による戦争と条約による制裁戦争は認められた。

　一連の多国間条約は，国際社会に相対的な安定をもたらしたが，それも長くは続かなかった。日独などは，米英仏などが主導する国際秩序に反発し，軍事力を背景にその再編を求めた。列強間の対立は，経済圏のあり方をめぐるものでもあった。1927年の金融恐慌と1929年の**世界恐慌**によって日本経済は混乱し，

社会不安が高まった。こうした中，日本の関東軍は，1931年 9 月に**満州事変**を引き起こした。1932年 3 月，日本の傀儡国家である**満州国**が建国された。その後，国際連盟臨時総会で**リットン調査団**の報告書に基づき日本の満州国承認の撤回を求めた勧告案が採択されると，日本は1933年 3 月に国際連盟の脱退を通告した。他方ドイツは，1936年 3 月にロカルノ条約を破棄し，ラインラントに軍を進駐させた。日本は，1937年 7 月の**盧溝橋事件**後中国と長期の戦争状態となり，中国南部へ侵略地域を拡大した（**日中戦争**→第 3 章Ⅲ **2**）。

> ＃　日中戦争が泥沼化する中，日本では1938年11月の近衛文麿首相による「東亜新秩序建
> 設の声明」などを契機として，東アジア諸民族の協同を求める「東亜協同体」論が盛ん
> となった。しかし，中国の**蔣介石**は，「東亜協同体」は「日本大陸帝国」の完成であると
> 批判した。

3　第二次世界大戦と原爆の投下

　こうして，再び列強間の戦争が始まった。1939年 9 月，**ナチス・ドイツ**がポーランドに侵攻し，**第二次世界大戦**が始まった。日本ではドイツ熱がいっそう高まり，1940年 9 月の**日独伊三国同盟**の締結へと至った。またスペイン内戦後，スペインも結局**枢軸国**を支援した。この内戦を批判的に描いたのが，ピカソの『**ゲルニカ**』である。さらにナチスは，**ユダヤ人の虐殺**，すなわち**ジェノサイド**を行った。他方，**ファシズム**国家群の勢力拡大に対し，米英をはじめとする**連合国**側は連携を強めた。1941年 8 月，米英は**大西洋憲章**を発表し，連合国の戦争目的を明確にした（この憲章は，その後，国際連合憲章に継承された）。

　日本は，1941年12月，真珠湾を攻撃して対米英戦を開始した（**太平洋戦争（アジア・太平洋戦争）**）。日本は「大東亜共栄圏」の建設をスローガンとし，東南アジアの各地域を**軍政**下に置いた。しかし，1942年 6 月の<u>ミッドウェー海戦</u>での敗北以降は劣勢となった。戦場の実態は悲惨なものであった。敵軍との戦闘ではなく，病死または餓死した日本兵が多かった。1945年 4 月，米軍は**沖縄本島**への上陸作戦を開始した。沖縄戦では，沖縄県出身者の約 4 分の 1 が死亡しており，沖縄住民の集団自決という悲惨な出来事が発生している。

187

そして，第二次世界大戦では，史上初めて**核兵器**が使用された。アメリカは，
1945年8月6日に広島にウラン型**原子爆弾**を投下し，8月9日には長崎にプル
トニウム型原爆を投下した。トルーマン政権による原爆投下の理由としては，
①米軍兵士のさらなる被害を防止し，戦争を早期終結させるため，②ソ連に対
する牽制（「原爆外交」），③**フランクリン・ローズベルト**政権期の大規模な原爆
開発計画（「マンハッタン計画」）に基づき，実験的な意味も含めて原爆投下がト
ルーマン政権下で既定路線化していた，といった点が挙げられる。想像を絶す
るその破壊力から，核兵器は戦争観を大きく変えることになった。

> ＃　原爆投下をめぐっては，現在でも国際的に一致した評価が成立していない。アメリカ
> では，原爆投下により日本が降伏し，米軍兵士約50万人の命が救われたと説明されるこ
> とが多い。例えば1995年に当時のクリントン大統領は，原爆投下決定は正しかったとし
> て，謝罪の意思を否定している。

Ⅱ　第二次世界大戦後の国際政治

1　冷戦の発生と展開

　（ⅰ）　米ソの対立とヨーロッパ　　1945年8月14日，日本は**ポツダム宣言**を受
諾した。9月2日，戦艦ミズーリ号で日本側代表の重光葵と梅津美治郎が降伏
文書に調印している（アメリカでは，この9月2日が戦勝日とされている）。こうし
て**第二次世界大戦**は終わった。その後，日本とドイツに対しては**国際軍事裁判**，
すなわち**東京裁判**（極東国際軍事裁判）や**ニュルンベルク裁判**が行われた。戦後，
連合国は国際平和のための構想を実行に移した。1945年10月24日，**国際連合**が
設立された。**国際連盟**が第二次世界大戦を防げなかった反省から，**国際連合憲
章**では，紛争の平和的解決の義務が定められる一方（33条），平和に対する脅
威，平和の破壊および侵略行為に対しては，**安全保障理事会**（安保理）の決定
に基づく**軍事的措置**が認められた（42条）。国際連盟になかった軍事制裁の権
限が，国際連合には認められたのだった。

　しかし，国連の**集団安全保障**が機能する状況は実現しなかった。米ソが対立

した結果，安保理が機能しなくなったためである。第二次世界大戦で戦勝国となった米ソは，戦後の国際秩序の形成をめぐって対立した。1947年3月，トルーマン米大統領は，従来イギリスが行っていたギリシアとトルコへの軍事経済援助を引き継ぎ，共産主義の膨張からギリシアとトルコを防衛する決意を演説の中で主張した（**トルーマン・ドクトリン**）。同年6月には，マーシャル米国務長官がヨーロッパ経済復興援助計画（**マーシャル・プラン**）を発表した。ソ連と東欧諸国はこのアメリカ主導の復興計画に賛同せず，同年9月，各国の共産党間の情報交換・協力機関として**コミンフォルム**を結成した。

　こうして，1947年には米ソ対立は決定的となった。だが，米ソは直接の軍事衝突につながる行動は避けた。それゆえ，米ソ対立は**冷戦**といわれた。国際社会は，アメリカ主導の**資本主義諸国**（**西側陣営**）とソ連主導の**社会主義諸国**（東側陣営）とに政治的に分断された。両陣営の対立は自由主義対共産主義というイデオロギー対立の特徴を帯びていた。1948年6月にはソ連による**ベルリン封鎖**が行われたが，アメリカはベルリンへの物資の大規模空輸で対応した。ソ連は，1949年1月に東欧の**社会主義国**との間で**コメコン**（経済相互援助会議）をつくり，経済面での東側陣営の結束を強めた。一方でアメリカは，同年4月に**北大西洋条約機構**（NATO）を発足させ，西欧諸国との軍事的協力関係を強めた。

　(ⅱ)　米ソ対立のアジアへの波及　　米ソの対立は，アジアの政治状況にも影響を及ぼした。当初アメリカは，**中華民国**を軸とした戦後のアジアの国際秩序を考えていた。アメリカは，**蔣介石**率いる国民党が中国を統一することを期待しながら，日本の非軍事化と民主化を進めた。当時アジア・太平洋地域では，日本に対する警戒感が根強く残っていた。1947年5月に施行された**日本国憲法**は，こうした国際政治状況の反映でもあった。

　しかしながら，米ソの対立が激化する中，アメリカは対日政策を転換し，「反共の砦」としての日本の経済復興を優先させるようになった。中国では共産党が内戦で勝利し，1949年10月に**中華人民共和国**が建国された。こうした中，**吉田茂**首相は，アメリカとの協調関係を軸とした日本の戦後復興の路線を選択し，全面講和論を否定した。

> **Column 41　マッカーサーの日本中立論と沖縄**　マッカーサーが，1949年に
> 日本の役割は「太平洋のスイス」となることであると述べた有名な話がある。スイ
> スは，他国と同盟関係を結ばない永世中立国であった。マッカーサーのこの言葉に，
> 多くの日本人が感激したといわれる。しかし，彼の発言は，米軍の軍事拠点として
> の沖縄の保有を前提とした上でのものであった。戦後沖縄は，「太平洋の要石」と
> して米軍の軍事戦略の重要拠点となっていった。

　他方でアメリカは，当初，朝鮮半島に関する十分な情報や具体的計画をもっ
ていなかった。アメリカはソ連との間で北緯38度線を境界に設定したが，米ソ
対立を背景に，この境界に沿って分断国家が形成された。1948年 8 月，アメリ
カに亡命していた李承晩を大統領とする大韓民国（韓国）が建国された。これ
に対抗して同年 9 月，抗日パルチザンで活躍したとされる金日成を指導者と
する朝鮮民主主義人民共和国（北朝鮮）が建国された。その後1950年 1 月，ア
チソン米国務長官は演説の中で，アメリカはアリューシャン列島・日本・**沖縄**
諸島・フィリピンに至る防衛線への侵略を許さないと述べた（アチソン・ライ
ン）。この言葉からすれば，朝鮮半島はアメリカの防衛線の外のはずであった。

　冷戦が熱戦となったのは，この朝鮮半島であった。金日成は，北朝鮮が韓国
を武力統一してもアメリカは本格的には介入しないと判断したといわれる。韓
国では，李承晩の独裁に対する民衆の反発が強まっていた。金は，朝鮮半島の
武力統一の容認を得るため，モスクワを訪問し**スターリン**と会談した。また，
金は中国共産党の**毛沢東**からも支持を得た。同年 6 月25日，北朝鮮が韓国に侵
攻し，**朝鮮戦争**が始まった（→第 4 章Ⅰ **3**）。

　アメリカは，北朝鮮の行動を祖国解放戦争とは認めなかった。ソ連が欠席す
る中（欠席理由は国連安保理の中国代表権問題をめぐるものであった），安保理で北
朝鮮に対する軍事制裁が決議された。米軍を中心とした部隊（名称として**国連軍**
が用いられた）は，ソウルを奪還した。しかし，奪還後，米軍が鴨緑江近くま
で北上すると，中国の人民義勇軍が介入した。その後，1953年 3 月にスターリ
ンが死去したこともあり，同年 7 月に朝鮮戦争の休戦協定が調印された。

　ちなみに，朝鮮戦争開始後の1950年11月には，国連総会で「**平和のための結**

第12章　戦争と平和

集」決議が採択されている。これにより，安保理が動かない場合，国連総会が
国際の平和と安全の維持，回復のため安保理に代わり行動できるようになった。

　(iii)　東西両陣営の形成　　国連が事実上機能しない中，米ソは各国と条約を
結び，自国に有利な国際状況を形成しようとした。アメリカは，アジアでは
NATO のような多国間の安全保障取決めは実現できないと考えた。そこでア
メリカは，アジアの友好諸国と各々条約を締結して，米軍の戦闘作戦行動を自
由に実施できる態勢を整えた。

> ＃　アメリカは，日本との間で**日米安全保障条約**（1952年発効）を，オーストラリア・
> ニュージーランドとの間では ANZUS（1952年発効）を締結した。またアメリカは，1953
> 年の朝鮮戦争休戦後に韓国との間で米韓相互防衛条約を，1954年には台湾の国民政府と
> の間で米華相互防衛条約を結んだ。アメリカは，これらの条約網によって「自由世界」
> (the Free World) の陣営構築を推し進めた。

　これに対しソ連も，1950年2月に日本やアメリカを仮想敵国とした中ソ友好
同盟相互援助条約を結んでおり，1955年5月には，ポーランドや東ドイツなど
東欧諸国との間で**ワルシャワ条約機構**を発足させ，東側陣営内の軍事協力関係
を構築した（また中国は，1961年に北朝鮮との間で中朝友好協力相互援助条約を結んだ）。

　他方で，第三世界での重要な動きとして，1954年に**ネルー**と**周恩来**が，会談
の中で**平和五原則**を確認し，翌年には**アジア・アフリカ**（バンドン）**会議**が開
かれている。その後，1961年には**非同盟諸国首脳会議**が開催されるなど，独自
の動きをみせている。

　(iv)　核開発競争の激化　　ソ連は，すでに1949年8月に**核実験**に成功してお
り，アメリカの核独占は崩れていた。その後米ソは**水素爆弾**（水爆）を開発し
た。**核兵器**の保有によって相手国の核使用を思いとどまらせ，核戦争を防止す
るという**核抑止論**が，米ソ政府内での支配的な考え方となった。ダレス米国務
長官は，1954年1月，核による大量破壊能力によってソ連の勢力拡大を抑止す
る戦略を発表した（大量報復戦略）。

　国家間の核開発競争は，新たな犠牲者を生み出した。1954年3月，ビキニ環
礁でのアメリカの水爆実験に日本の漁船**第五福竜丸**が巻き込まれ，被爆した無

191

線長の久保山愛吉が死亡した（第五福竜丸事件）。核実験場となったミクロネシアでは，住民が放射能による病気に苦しんでおり，アメリカ国内でも，米軍の核実験によって米軍兵士が被爆していた深刻な実態が明るみになった。

核兵器の開発に対して，物理学者の**アインシュタイン**ら11名は，1955年，核兵器の廃棄と科学技術の平和的利用を求めた宣言に署名した（ラッセル・アインシュタイン宣言）。これに続き，1957年7月には，カナダのパグウォッシュに世界各地から科学者が集まり核兵器問題に関する国際会議が開かれ（**パグウォッシュ会議**），日本からは物理学者の湯川秀樹らが参加した。

ソ連の対外政策の再検討を進めた**フルシチョフ第一書記**は，1956年2月に**スターリン批判**を行い，西側諸国との平和共存を求めるなど新しい取組みをみせていた。しかし，米ソの技術開発競争は熾烈化の一途をたどったのである。

1957年10月には，ソ連が人工衛星スプートニク1号の打ち上げに成功している。人工衛星を打ち上げる技術は，ミサイルへの軍事転用が可能であった。したがってこのことはアメリカにとって脅威であった。

1962年10月，米偵察機がキューバ国内に建設中のミサイル基地を発見した。キューバでは**カストロ**が社会主義革命に成功しており，ミサイル基地とソ連との関係は明らかであった。**ケネディ米大統領**は海上封鎖を決定し，米ソ間の緊張は一気に高まった。その後，ソ連がミサイル基地を撤去することを決定し，米ソは直接の軍事衝突を回避した（**キューバ危機**）。このとき米ソ首脳は，核戦争の瀬戸際を経験することになったのである。

2 デタントと多極化の時代

（i）局地制限戦争 キューバ危機後，米ソ間には**デタント**（緊張緩和）の状態が生まれた。1963年8月には，米英ソが**部分的核実験禁止条約**（PTBT）に調印している。ただしアメリカは，ソ連や中国との全面的な軍事衝突は回避したものの，**第三世界**の地域紛争には介入した。その中でアメリカを最も悩ませたのがベトナムであった。1945年にベトナム民主共和国の独立を宣言した

ホー・チ・ミンは，その後インドシナ戦争を指導した。ベトナムでも，朝鮮半島と同様南北の分断国家が形成された。アメリカはベトナム共和国（南ベトナム）を支援し，1965年2月にベトナム民主共和国（北ベトナム）への本格的爆撃を開始し，同年3月に海兵隊のダナン上陸を実施した。こうして，**ベトナム戦争**は拡大の様相を呈した。

> ＃　米軍は沖縄をベトナム戦争遂行のための重要拠点とした。グアムから沖縄へ移動した米軍兵士は，沖縄で戦闘待機状態に置かれ，ベトナムへ派遣された。沖縄の嘉手納基地からは，巨大な爆撃機B52がベトナム爆撃のため昼夜を問わず出撃した。他方，戦争の実態が明るみになると，米国内ではベトナム反戦運動が盛んとなった。日本でも，「ベ平連」（ベトナムに平和を！市民連合）の活動などが有名である。

　冷戦期において，軍事的緊張が特に高まったのは，米ソの勢力の境界部分ないしそれに近い地域であった。例えば，以上にみた朝鮮半島やベトナムがそうだった。米ソの軍事対立は，**代理戦争**という形で熱戦となった。ただし，その場合も**通常兵器**の使用に限られ，核兵器の使用を伴う米ソの直接の軍事衝突は回避された。

　(ii)　国際政治の多極化　　デタント期には，国際政治の**多極化**が生じた。1960年代，アメリカがベトナム戦争などのため巨額の財政負担を強いられた一方，日本や西ドイツは経済成長を遂げ，西側陣営内でのアメリカの地位は相対的に低下した。またフランスの**ド・ゴール**大統領は，独自の核保有を決定し，NATO軍事機構から脱退した。東側陣営内でも変化が生じていた。ソ連と中国は，国際共産主義運動のあり方や領土をめぐって対立した。中国は独自で核兵器の開発を進め，1964年10月に核実験に成功して核保有国となった。1969年には，中ソ国境付近での軍事衝突も起こっている。

> ＃　中国の核保有を受け，1964年12月から1965年1月にかけて，**佐藤栄作**首相が日本の核兵器保有の選択肢をアメリカ側に示唆し，アメリカによる日本防衛の意思を再確認するという動きも起こっている。

　デタントと多極化の状況の中，米ソは軍備制限に取り組んだ。1968年7月，**核拡散防止条約**（NPT）が調印され，1970年3月に発効した。また米ソは1969

年から**戦略兵器制限交渉**（SALT）を進め，1972年に協定が結ばれた（1972年には第二次SALT が始まり，1979年に調印されたが，発効には至らなかった）。

(iii)　**非軍事的手段による安全保障**　　冷戦構造の下，日本の歴代政権は，**憲法9条**と日米安全保障条約の双方を維持する吉田茂の首相時代の方針を継承しながら，平和と安全を確保しようとした。1973年の**石油危機**を契機として，日本では経済的安定・繁栄や，資源，食料の安定的供給も安全保障に関わる問題であるという認識が広まった。その後，1978年12月に成立した**大平正芳**内閣は，軍事的手段と非軍事的手段とを組み合わせて安全保障政策を実施しようとする，総合安全保障の考え方を提起した。

> ＃　なお冷戦構造下においても，民族対立や独裁政治の問題は発生していた。アフリカでは，ナイジェリアからの独立をめざしたイボ族が，1967年にビアフラ共和国の建国を宣言したが，1970年に敗北した。ビアフラ側では約200万人の餓死者が出たとされる。カンボジアでは，ポル・ポトが1976年に民主カンプチア（民主カンボジア）政権を樹立し，恐怖政治により約120万人ともいわれる国民が弾圧された。

3　冷戦の終結

デタントは，1979年12月のソ連軍による**アフガニスタン侵攻**によって終わり，その後「新冷戦」といわれる時期に入った。1981年1月に就任したレーガン大統領は，ソ連との対決姿勢を明確に示した。一方ソ連も，中距離核兵器SS20を西ヨーロッパに向けて配備するなど強硬姿勢を示していた。アメリカ側からは，SDI（戦略防衛構想）によって，ソ連の弾道ミサイルを宇宙空間でのレーザー攻撃で破壊するという大胆な計画も提示された。

他方で米ソは，1982年6月から戦略兵器削減交渉を進めていた（その後1991年7月，（第一次）**戦略兵器削減条約**（START）が調印された）。背景には，米ソの巨額の軍事費が，それぞれ大きな財政負担となっていた状況がある。こうした中，1985年3月にソ連共産党書記長に就任した**ゴルバチョフ**は，**グラスノスチ**（情報公開）と**ペレストロイカ**（改革）を提起し，体制の立て直しを図った。1987年12月には，米ソ間で**中距離核戦力**（INF）**全廃条約**が調印されている。

結局のところ，ゴルバチョフのつくった政策の流れが冷戦の終結につながっ

た。1989年2月，ソ連軍はアフガニスタンからの撤退を完了した。他方中国で
は，政府が民主化運動を武力で鎮圧する事件が発生した（**天安門事件**）。東欧で
は民主化の波が起こり，社会主義政権が続々と倒れた。11月には，1961年以降
東西ドイツ間の自由な行き来を妨げていた**ベルリンの壁**が開放された。その後
の**東西ドイツの統一**は，冷戦構造の崩壊の象徴であった。

　1989年12月，アメリカのブッシュ（父）大統領とソ連のゴルバチョフは地中
海のマルタ島で会談した（**マルタ会談**）。この会談において，米ソは冷戦の終結
を宣言したのだった。こうして，第二次世界大戦後の国際秩序に決定的な影響
を与えてきた冷戦は，終焉するに至ったのである。

Ⅲ　冷戦終結後の世界——地域紛争・民族紛争・テロ

1　地域紛争と民族紛争の噴出

　冷戦後，国際紛争はなくなったのだろうか。残念ながら，冷戦終結後も世界
各地において，**地域紛争**と**民族紛争**（問題）は続いた。1990年8月，イラクが
クウェートに侵攻した。イラクがさらにサウジアラビアなどへ侵略するのをお
それたアメリカは，国連安保理決議を経て，**多国籍軍**を組織してイラク軍を攻
撃した。**パレスチナ**（問題）を抱える中東では，過去何次にもわたる**中東戦争**
が発生していた。冷戦後もアメリカは，中東の問題に積極的に関与する意思を
示したのである。ただし，アメリカは，クウェートの解放は行ったが，イラク
のフセイン政権を崩壊させるところまでは軍事作戦を展開しなかった。**湾岸戦
争**は，アメリカ主導による新たな国際秩序の形成過程の一局面として捉えられ
る。1991年12月にはソ連が解体し，冷戦終結後は，アメリカを中心とした一極
体制の時代となった。

　そして冷戦後は，**エスノセントリズム**（自民族中心主義）の問題が表面化した。
特に**ユーゴスラビア内戦**（紛争）は，**民族浄化**を理由とした他民族の殺害とい
う悲惨な結果をもたらした。アフリカのルワンダでは，ツチ族とフツ族が対立
し，**ルワンダ内戦**に発展した。スーダンでは，**ダルフール紛争**が続き，数多く

の死者が出た。また，トルコ，イラク，イラン，シリア・アラブ共和国などに居住しているクルド人が，独立運動を起こしている。こうした地域紛争や民族紛争（問題）の結果，各地で多くの難民が発生し，深刻な問題となっている。すでに1951年に難民の地位に関する条約（難民条約）が採択されているが（効力発生は1954年），難民問題の解決はなおも喫緊の課題である。

　1992年にガリ国連事務総長が提出した「平和への課題」は，ポスト冷戦期の国連の平和活動に影響を与えた。国連は，世界各地の地域紛争や民族紛争に対して，国連平和維持活動（PKO），国連平和維持軍（PKF）を通じて対応した。しかし，ソマリアでは国連の部隊が現地の民兵から攻撃される事態に陥るなど，国連の関与が常に成功につながったわけではない。

　東アジアでも不安定要因は残った。1990年から92年にかけて韓国がソ連や中国と国交を結んだ結果，北朝鮮が外交的に孤立する状況が生まれた。当初北朝鮮は，韓国に対抗して日本への接近を試みたが，うまくいかなかった。その後，1994年に第一次北朝鮮核危機が発生した。結局，2003年に，北朝鮮が核拡散防止条約（NPT）からの脱退を通告した。また，中台関係も緊張した。1996年3月，台湾の総統選挙前に，中国が台湾沖でミサイル演習を実施した。これに対してアメリカは，横須賀に配備していた空母などを派遣して対応している。

2　「新しい戦争」の時代

　1993年，政治学者のハンチントン（Samuel P. Huntington）は，外交・国際関係の専門誌『フォーリン・アフェアーズ』に「文明の衝突？（the Crash of Civilizations？）」と題した論文を発表した。この論文は世界的な反響を呼び，しかもその後の国際政治は，ハンチントンが予想した通りに展開したかのようにみえた。2001年9月11日，アメリカで同時多発テロ事件が発生し，世界を震撼させた。アメリカは，テロを指示した武装勢力の潜伏などを理由に，アフガニスタンのタリバン政権を攻撃した。イスラーム教（アッラーの啓示を受けたムハンマドを開祖とする）は世界各地で信仰されているが，特に中東地域では，アメリカを批判するイスラーム原理主義の武装勢力が力を増していた。アメリカの

第12章　戦争と平和

軍事作戦行動は，こうした非国家的主体をも対象としていた。そのことから，ブッシュ（長男）米政権の戦争を「新しい戦争」だと特徴づける議論もある。

そしてブッシュ政権は，大量破壊兵器の保有を理由にイラクを攻撃し，フセイン政権を崩壊させた（結局大量破壊兵器は発見されなかった）。この**イラク戦争**では，湾岸戦争のときと異なりアメリカの単独行動主義（unilateralism）が目立った。アメリカは有志連合を形成して軍隊を派遣したが，それははじめに国連安保理決議を経たものではなかった。日本は，アメリカとの同盟友好関係に基づき米軍支援を実施したが，自衛隊の米軍支援に対しては国内の議論が2分された。その後，中東地域では，2011年前後のチュニジア，エジプト，リビアなどでの**アラブの春**も束の間，イラクやシリア・アラブ共和国，ナイジェリアなどでは，イスラーム原理主義の武装勢力の支配地域が拡大した。**スンナ派**と**シーア派**の対立も絡み，中東の政治情勢は混迷の度合いを深めている。

3 平和的共存に向けて

このように，冷戦終結後も戦争の原因はなくなったとはいえない。しかし，平和構築に向けた国際社会の取組みは続いている。国連では，国連総会の補助機関である**国連軍縮委員会**（UNDC）が重要な議論を重ねており，また1990年代に登場した**人間の安全保障**（human security）という考え方は，**多文化主義**に根差した，各国の国際平和に対する世論形成に影響を及ぼしている。そして，NGO の活動と役割の重要性も高まっている。

> [Keyword 28] **人間の安全保障**　これは，人間を生存，生活，尊厳に対する脅威から守ろうとする考え方で，もともと1994年の**国連開発計画**（UNDP）の『**人間開発報告書**』の中で提起されたものである。日本では，特に小渕恵三内閣が人間の安全保障を日本外交の重要視点として提唱した。ちなみに小渕は，外相時代の1997年12月，**対人地雷全面禁止条約**に署名している。

＃　また，**クラスター爆弾禁止条約**も2010年に発効したが，他方で1996年に国連総会で採択された**包括的核実験禁止条約**（CTBT）は未発効である。

多国間による安全保障協力や対話の取組みもなされている。欧州では，**全欧**

197

安全保障協力会議（CSCE）が<u>欧州安全保障協力機構（OSCE）</u>へと発展し，軍事交流なども通じた各国間の**信頼醸成措置**（Confidence Building Measures）の構築を進めている。アジアでも，<u>ARF</u>（ASEAN 地域フォーラム）が毎年開かれ，実績を積んでいる。こうした国家間の平和と安全に向けた取組みにも関心が向けられるべきである。

　冒頭で述べた通り，平和には狭義の意味と広義の意味がある。**人口爆発**といわれる世界の人口増加傾向は，これからも続くとみられる。こうした中で，平和を実現し，維持していくためには，戦争不在の状況はもちろんのこと，環境や貧困の問題の解決による抑圧の極小化といった，広義の平和の問題にも大きな関心を払う必要があるといえよう。

【設　問】

1　下線部⑥［冷戦］について述べた文として誤っているものを，次の①～④のうちから一つ選べ。（2015年・センター本試「世界史Ｂ」）

　①　金日成を首相として，朝鮮民主主義人民共和国の成立が宣言された。

　②　1949年に，ドイツ民主共和国の成立が宣言された。

　③　ポツダム会談によって，冷戦が終結した。

　④　アメリカ合衆国が，トルーマン＝ドクトリンを発表した。

2　1941年12月8日，日本は真珠湾を攻撃し，日米戦争が始まりました。なぜ日本は日米戦争に踏み切ったのかについて，史実を踏まえながら説明してください。（2014年度後期・龍谷大学法学部専門科目「日本政治史」）

■ さらなる学習のために

E. H. カー（原彬久訳）『危機の二十年──理想と現実』（岩波書店，2011）

イマヌエル・カント（池内紀訳）『永遠平和のために』（集英社，2015）

加藤陽子『それでも，日本人は「戦争」を選んだ』（朝日出版社，2009）

川島真＝服部龍二編『東アジア国際政治史』（名古屋大学出版会，2007）

高畠通敏『平和研究講義』（岩波書店，2005）

【中島琢磨】

索　引

あ　行

ILO（国際労働機関）……………… 134, 169
アイデンティティ（自我同一性）……… 80
赤字国債 ……………………………… 66
朝日訴訟 …………………………… 59, 147
アジア・アフリカ（バンドン）会議… 172,191
芦田修正 ……………………………… 58
芦田均 ………………………………… 60
圧力団体 ……………………………… 65
アメリカ合衆国憲法 ………………… 31
アメリカ独立宣言 …………………… 25
アリストテレス ……………………… 3
アンシャン・レジーム（旧制度）…… 26
安全配慮義務 …………………… 112, 132
安全保障理事会 ………… 170, 172, 188
イギリス革命 ………………………… 22
イギリス国教会 ……………………… 20
イスラーム ……………………… 19, 196
イスラーム原理主義 …………… 174, 196
李承晩 ……………………………… 60, 190
イタイイタイ病 ………… 65, 107, 111, 175
板垣退助 …………………………… 35, 42
市川房枝 …………………………… 68, 75
一事不再理 …………………………… 160
イデオロギー ………… 59, 62, 74, 172, 189
伊藤博文 …………………………… 36, 41
委　任 ……………………………… 107
犬養毅 ………………………………… 50
違法性 ……………………………… 139, 153
イラク戦争 …………………………… 197
イラク復興支援特別措置法 ………… 67
因果関係 ……………………… 108, 154
印紙法 ………………………………… 24
ヴァイマル（ワイマール）憲法 … 137, 142
ウイリアム３世 …………………… 12, 23
ウィルソン ………………………… 168, 185
ウィーン体制 ………………………… 28

植木枝盛 ……………………………… 36
ウエストファリア条約 ………… 29, 164, 182
ヴェルサイユ条約 ……… 46, 134, 168, 185
ヴェルサイユ体制 ………………… 168, 185
氏 …………………………………… 77, 82
失われた十年 ………………………… 122
「宴のあと」事件 …………………… 110
疑わしきは被告人の利益に ………… 160
永久不可侵の権利 …………………… 72
英米法 ………………………………… 11
営利法人 ……………………………… 120
冤　罪 ………………………………… 59
王権神授説 ………………………… 12, 19, 22
欧州連合（EU）……………………… 173
王政復古 …………………………… 23, 35
大きな政府（福祉国家）……………… 66
大隈重信 …………………………… 36, 41
沖　縄 ……………………………… 61, 187

か　行

外見的立憲主義 …………………… 31, 39
会　社 ……………………………… 117, 156
海商法 ………………………………… 68
核拡散防止条約（NPT）…………… 193
核家族 ……………………………… 78, 83
革新自治体 …………………………… 65
拡張解釈 ……………………………… 155
過　失 ……………………………… 108, 154
家　族 ……………………………… 56, 72, 77
　　──制度 ………………… 40, 76, 82
華　族 ……………………………… 39, 75
学校教育法 …………………………… 57
割賦販売法 …………………………… 102
家庭裁判所 …………………………… 153
カトリック ………………………… 9, 17, 164
カネミ油症事件 …………………… 100, 107
株式会社 …………………… 64, 116, 129
環境庁 ………………………………… 65

199

慣習法……………………11, 88, 91
カント……………………13, 185
関東軍……………………49
議員定数不均衡違憲判決……63
議院内閣制………………58
議 会……………………12
　　身分制──……………21
期 間……………………97
機関委任事務……………70
企 業……………………117
起 訴……………………158
貴族院……………………42, 47
基本的人権……26, 58, 72, 76, 176
　　──の尊重……………133
金日成……………………60, 190
キューバ危機……………192
教育委員会………………57
教育基本法………………57, 69
教育勅語…………………40, 73
教 皇……………………9, 12, 16
強行採決…………………62
強行法規…………………93, 102
協 賛……………………39, 41
行政委員会………………57
行政指導…………………69
行政手続法………………69
行政法……………………89
京都議定書………………165, 176
共和政……………………5, 27
拒否権……………………171
ギリシャ…………………3, 17
キリスト教………………73
緊急勅令（ポツダム勅令）……38, 48, 56
銀 行……………………118, 124
クロムウエル……………12, 22
クローン…………………156
軍国主義…………………50
『君主論』………………17
軍部大臣現役武官制……42, 51
経済社会理事会…………170, 178
警察予備隊………………60

刑事訴訟法………59, 68, 150, 157
刑 罰……………………150
刑 法……………68, 74, 89, 150
契 約……………6, 28, 92, 101, 117
　　──自由の原則……92, 101, 132
ゲルマン人の大移動……8, 9
検 閲……………………74
原 告……………………113
検察官……………………153, 157
検察審査会………………159
原子爆弾…………………53, 188
元 首……………………5, 38
憲 法……………36, 72, 82, 88, 164
　　──9条………………58, 194
権 利……………………90
　　──章典………………12, 24
　　──請願………………12, 22
　　──の宣言……………12, 24
権力分立…………………26, 59
元 老……………………42, 50
　　──院…………………5
故 意……………………108, 154
小泉純一郎………………65, 69
行為能力…………………79, 94
公 害……………………65, 107
　　──対策基本法………65
　　──防止条例…………65
公海自由の原則…………164
公共事業…………………141
公共の福祉………………73
合計特殊出生率…………85, 146
公職選挙法………………67
公正取引委員会…………128
構成要件…………………139, 153
控 訴……………………113, 160
構造改革…………………69
交通事故…………………107, 113
公的扶助（生活保護）……27, 143
高等裁判所………………160
高度（経済）成長……63, 100, 174, 175
公 法……………………89

索　引

拷　問……………………159, 177
五箇条の御誓文………………35
小切手法………………68, 116
コーク（クック）, エドワード…22
国際刑事裁判所（ICC）………178
国際司法裁判所………………170
国際社会………………164, 172
国際人権規約………………165, 177
国際仲裁裁判所………………168
国際法……………164, 175, 182
国際連合…………62, 134, 165, 188
　──憲章………165, 176, 188
国際連盟………51, 168, 185, 188
国粋主義………………50, 56
国籍法違憲判決………………82
国民皆保険………………59, 145
国民議会………………26
国民主権………………26, 58
国連環境計画（UNEP）…171, 175
国連平和維持活動（PKO）……196
　──協力法（PKO協力法）…67
戸主制廃止………………56, 78
個人主義………………72, 78, 85
個人の尊重………………72, 85
国　家……………17, 101, 175
国家総動員法………………52
子どもの権利条約………80, 177
近衛文麿………………51, 58
五・四運動………………45, 185
ゴルバチョフ………………194
コロンブス………………19
婚　姻………………77, 83

さ　行

西園寺公望………………43, 50
罪刑法定主義………………152
債　権…………92, 97, 104, 108, 120
最高裁判所………………160
再婚禁止期間………………83
財産権………………91, 177
再　審………………59, 160

財政再建団体………………70
財団法人………………118
財　閥………………57, 128
裁判員制度………………69, 161
裁判官………………157
　──の独立………………59
裁判所………………112, 140
裁判を受ける権利………………112
債　務…………92, 97, 104
　──不履行………………88, 105
詐　欺………………95, 156
佐藤栄作………………61
サリドマイド薬害事件……100, 107
三・一独立運動………………46, 185
三月革命………………30
残虐刑の禁止………………150
産業革命………………24, 136
三権分立………………12, 59
三国協商………………168, 184
三国同盟………………168, 184
参政権………………39, 176
三部会………………26
サンフランシスコ平和（講和）条約……61
参謀本部………………38
自衛隊………………61, 67, 69
ジェームズ１世………………22
ジェンダー………………76, 85
死　刑………………3, 160, 177
自己決定権………………69, 84
自己実現………………74
自己統治………………74
市場経済………………117, 141
市場の失敗………………141
自然法………………5, 19
七月革命………………28
自治体警察………………60
実定法………………5, 91
私的自治…………69, 90, 101, 109
幣原喜重郎………………48, 56
私　法………………89
司法権の独立………………59

201

資本家	21, 136
資本主義	13, 167
——経済	24, 141
市民階級（ブルジョアジー）	21
市民革命	21, 157
社会契約説（論）	12, 37
社会主義	60, 67, 75, 189
社会的身分	75
社会福祉	143
社会保障	59, 142
借地借家法	89, 101
自 由	73, 112
学問の——	74
居住・移転の——	91
集会結社の——	74
——主義	29
——党	24, 37, 41, 61
——放任（レッセ・フェール）	26, 141
——民権運動	35
——民主党	62, 66
職業選択の——	91, 118
人身の——	158
信教の——	73
精神的——	73
表現の——	74, 177
集会条例	36, 75
衆議院	39, 40, 52, 56, 67
——の解散	61, 69
宗 教	73, 164
——改革	18
13植民地	25
集団安全保障	168, 172, 185, 188
周辺事態安全確保法	67
収 賄	64, 156
主権国家	166, 182
シュタイン	38
春 闘	66, 137
条 件	111
商 号	117
商行為	117
——法	68

上 告	113, 160
少子高齢化	85, 145
小選挙区（制）	62
象 徴	58
商 人	116
常備軍	19
消費者	100, 113
消費税	66, 146
消費貸借	89, 103
商 法	40, 89, 116, 125
条 約	41, 62, 164
——（の）承認（権）	63
——法条約	165, 179
昭和天皇	56
植民地	167, 182
女性差別	75
女性（女子）差別撤廃条約	76, 177, 179
女性参政権	56, 75
所得再分配	141
所有権	28, 39, 96
人権宣言	25
人事院	140
人種差別	32, 177
——差別撤廃条約	177, 179
人身保護法	23
神聖ローマ帝国消滅	30
神道指令	56, 74
人民（プープル）主権	23
枢密院	38, 49
スターリン	53, 190
ストライキ	46, 60, 139
砂川事件	61, 170
スミス，アダム	141
清教徒革命（ピューリタン革命）	21
政教分離	74
政治学	4, 17
生存権	59, 142
政 党	37, 48, 52
——助成法	67
——政治	43
——内閣	42, 44, 48

索　引

生命保険 ……………………………… 108, 118
勢力均衡 …………………………………… 168, 182
世界恐慌 …………………………… 49, 141, 186
世界人権宣言 ……………………………………… 177
責任能力 …………………………………… 108, 154
石油危機 …………………………… 64, 174, 194
セクシュアル・ハラスメント ……… 76, 134
絶対王政 ………………………… 10, 12, 18, 21
先住民（族） ………………………………………… 31
戦争放棄 …………………………………………… 58
全体主義 ………………………………………… 72, 76
1791年憲法 ……………………………………… 26
戦略兵器削減条約（START） ………… 194
戦略兵器制限交渉（第一次 SALT） …… 194
争議権 ……………………………………………… 139
争議行為 ………………………………………… 139
捜索（・押収） ………………………………… 158
総選挙 ……………………………………………… 56
相　続 ………………………………………… 56, 77
総　評 ………………………………………… 57, 66
贈　与 …………………………………………… 6, 93
贈　賄 ………………………………………… 64, 156
遡及処罰の禁止 ……………………………… 152
ソヴィエト ……………………………………… 58
損害賠償 ………………………………………… 108
損害保険 ………………………………… 108, 118
尊属殺人罪違憲判決 ……………… 68, 152

た　行

第一共和政 ……………………………………… 27
第一次護憲運動 ……………………………… 43
第一次世界大戦 …………… 44, 48, 141, 184
大学の自治 ……………………………………… 74
大逆事件 ……………………………………… 43, 46
第五福竜丸 …………………………………… 191
第三共和制（政） …………………………… 29
第三身分 ………………………………………… 26
大正デモクラシー ……………… 48, 75, 137
大政翼賛会 …………………………………… 52, 59
大統領制 ………………………………………… 58
第二次世界大戦 … 52, 56, 76, 100, 133, 137,

141, 168, 172, 176, 187, 188
大日本帝国憲法（明治憲法）…38, 41, 76, 57,
73
太平洋戦争（アジア・太平洋戦争）… 52, 187
逮　捕 …………………………………………… 158
第四次中東戦争 …………………………… 64, 174
代　理 …………………………………………… 95
大陸法 …………………………………………… 11
多極化 …………………………………………… 193
多国籍軍 ………………………………………… 195
田中義一 ……………………………………… 47, 48
団結権 …………………………………………… 137
男女共同参画社会基本法 ………………… 76
男女雇用機会均等法 ……………… 76, 134, 179
男女同権 ………………………………………… 56
団体交渉権 …………………………………… 137
担保物権 ………………………………………… 106
治安維持法 ……………………………… 48, 59, 73
治安警察法 ……………………………… 42, 46, 137
地球温暖化 …………………………………… 174
地球環境問題 ………………………………… 174
地球サミット ……………………………… 175, 177
知　事 …………………………………………… 140
知的財産権 …………………………………… 91, 126
地動説 …………………………………………… 17
地方自治法 …………………………………… 59
嫡出子 …………………………………………… 77
チャールズ１世 ………………………… 12, 22
中華人民共和国……………………………… 60, 189
中華民国………………………………………… 189
中距離核戦力（INF）全廃条約 ………… 194
朝鮮戦争 ………………………………………… 60, 190
賃　金 …………………………………………… 132, 143
賃貸借 …………………………………………… 89, 93
通信の秘密 …………………………………… 74
通信傍受法 …………………………………… 158
帝国議会 ………………………………………… 39, 40, 58
帝国主義 ………………………………………… 167, 184
手形法 …………………………………………… 68, 116
適正手続の保障 …………………………… 152, 157
テニスコートの誓い …………………………… 26

203

テルミドール9日のクーデタ……27
テロ対策特別措置法……67
天安門事件……195
典型契約……93
電電・専売・国鉄民営化……66
天　皇……34, 58, 73
　　──大権……38
ドイツ三十年戦争……29, 164, 182
登　記……97, 106
東京裁判（極東国際軍事裁判）…56, 178, 188
当座預金……124
同時多発テロ事件……67, 196
東条英機……52, 56, 62
統帥権……38, 49
同性愛……84, 151
『統治論二篇（市民政府二論）』……12
道　徳……13, 88
同輩者中の首席……40
当番弁護士……158
東洋大日本国国憲按……37
独裁官（ディクタトル）……5
独占（・寡占）……141
独占禁止法……57, 118
特別法……89, 101, 117
特許権……119
取り調べの可視化……161
奴隷制……5, 31, 102
奴隷的拘束及び苦役からの自由……151

な　行

内　閣……58, 61
　　──制度……38, 58
　　──総理大臣……38
　　──提出法案……62
　　──不信任決議……60, 67
中曽根康弘……65, 66
ナショナリズム……51, 172
ナチス……151, 187
夏目漱石……72
NATO……189
ナポレオン法典……11, 28, 90

新潟水俣病……65, 107, 111, 175
二院制……58
二月革命……28
二酸化炭素……176
西側陣営……61, 189
二大政党制……24
日独伊三国同盟……52, 187
日米安全保障条約……61, 191
日米相互防衛援助協定（MSA協定）……61
日清戦争……40, 183
日中戦争……52
二・二六事件……51
日本国憲法……58, 68, 72, 78, 104, 133, 137, 142, 150, 157, 179, 189
日本社会党……58, 61, 66
日本自由党……59
農　奴……10, 16

は　行

陪審制……161
売　買……93
廃藩置県……35
破壊活動防止法……60, 75
バージニア権利章典……25
鳩山一郎……59, 62, 69
バブル経済（景気）……66, 106
パリ条約……25
ハンムラビ法典……2, 151
判例法……11, 88
東インド会社……25, 116
東日本大震災（東北地方太平洋沖地震）…69
被疑者……157
被　告……113
被告人……157
ビザンツ（東ローマ）帝国……7
批　准……164
ビスマルク……30, 182
非嫡出子……79, 83
　　──相続分差別事件……81
ヒトラー……51
平等（法の下の平等）……75, 76, 112

索　引

平塚らいてう ……………………………75
ファシズム …………………………51, 187
夫婦同氏 ……………………………77, 82
夫婦別姓 ……………………………68, 82
福祉国家 …………………………………142
福田赳夫 ……………………………64, 69
富国強兵 ……………………………34, 183
不作為 ………………………………133, 156
不戦条約 ……………………………48, 186
普通選挙 …………………………………45
物　権 ……………………………………96
不動産 ………………………………96, 105
不当労働行為 …………………………140
不法行為 ………………………………107
プライバシー ………………………107, 158
フランス革命 ……………………………26
フランス人権宣言 ………………………25
不良債権 ……………………………48, 67, 106
プロイセン ………………………………27
プロテスタント ……………………18, 164
ベトナム戦争 …………………………193
ベバリッジ報告 ………………………142
ベルリンの壁 ………………………67, 195
ベルリン封鎖 …………………………189
ボアソナード ………………………40, 76
保安条例 …………………………………75
保安隊 ………………………………60, 61
ホイッグ党 ………………………………23
法科大学院 ………………………………69
封建社会 ……………………………10, 16, 18
法　人 ……………………………91, 117, 126
法治主義 …………………………………2
法定手続の保障 ………………………152
『法の精神』 ……………………………12
法の適用に関する通則法 ………68, 88
法　律 …………………38, 41, 102, 150, 179
　　──の留保 …………………………39
法　例 ……………………………………68
北緯38度線 …………………………60, 190
保守合同 …………………………………62
保証契約 ………………………………104

細川護煕 …………………………………67
ホー・チ・ミン …………………………193
ポツダム宣言 ……………………53, 56, 188
ホッブス …………………………………12
ポーツマス条約 ………………………184
ボナパルト, ナポレオン ………………27
ポリス ……………………………………3

ま　行

マキャベリ ……………………………12, 17
マッカーサー草案 ………………………58
マルクス …………………………13, 21, 137
マルタ会談 ……………………………195
満州事変 ……………………………50, 56, 187
見えざる手 ……………………………141
三木武夫 ……………………………60, 64
未成年者 ……………………………79, 94
三井合名会社 ……………………………57, 128
ミッドウェー海戦 ………………………53, 187
三菱樹脂事件 …………………………136
水俣病 ………………………………65, 107, 175
美濃部達吉 ……………………………44, 49, 75
「身分から契約へ」 ……………………13
宮澤喜一 ……………………………65, 66
民事訴訟法 ……………………………68, 113
民　族 …………………………………172
　　──紛争（問題） …………………195
民　法 …………40, 76, 82, 88, 96, 101, 132
　　──改正 …………………………56, 77, 82
　　──典論争 ………………………40, 76
無産政党 ……………………………47, 51, 59
ムッソリーニ ……………………………51
無党派層 …………………………………65
明治維新 ……………………………34, 183
名誉革命 ……………………………12, 21
免田事件 ……………………………59, 160
毛沢東 ………………………………60, 190
黙秘権 …………………………………158
モラトリアム（猶予期間） …………80, 146
森永ヒ素ミルク事件 …………………100, 107
門　地 …………………………………75

205

モンテスキュー……………………………12

や　行

ヤルタ会談 ……………………………53, 169
八幡製鉄政治献金事件……………………118
郵政民営化…………………………………69
ユニオン＝ショップ（ユ・シ）協定……138
予　算 ………………………………39, 41, 52
吉田茂 ……………………58, 61, 69, 189
四日市ぜんそく ……………65, 107, 111, 175
四大公害訴訟 ……………………………65, 107

ら　行

『リヴァイアサン』…………………………12
利益衡量 …………………………………110
利息制限法 …………………………………89, 103
立憲改進党 ………………………………37, 41
立憲君主制 ………………………………58
立憲主義 …………………………………21
　　近代── …………………………………26
立憲政友会 ………………………………42, 59
立法権 ……………………………………39, 52
領　海 ……………………………………164
両性の本質的平等 ………………………78, 83
リンカン …………………………………31
累進課税制度 ……………………………141
ルソー ……………………………………12, 37
ルター ……………………………………17
ルワンダ内戦 ……………………………178, 195

令　状 ……………………………………158
冷　戦 ………………………59, 61, 172, 189
連　合 ……………………………………66, 137
　　──国 …………………………………56, 61
連合国軍最高司令官総司令部（GHQ）……74
連立政権 …………………………………67
労使関係 ………………………………132, 136
労働委員会 ………………………………140
労働関係調整法 …………………………57, 139
労働基準法 ………………………………57, 133
労働基本権（労働三権）…………………137
労働組合 …………………………………66, 136
　　──法 …………………………………57, 137
労働契約（雇用契約）……………132, 139
労働三法 …………………………………57, 139
労働者 ……………………21, 132, 136, 143
労働法 ……………………………………68, 101
ロシア革命 ………………………………46
ロッキード事件 …………………………64
ロック ……………………………………12
ローズベルト，フランクリン…142, 169, 188
ローマ ……………………………………5, 17
　　──法 …………………………………6
ローマ・カトリック教会 …………………9, 16

わ　行

ワシントン体制……………………………46, 186
ワルシャワ条約機構………………………191
湾岸戦争……………………………………67, 195

＊索引項目は，本書キーワード（**太字**・太字）の内，重要だと思われるものを厳選した。

執筆者紹介

（執筆順，＊は編者）

＊君塚　正臣	横浜国立大学大学院国際社会科学研究院教授	はしがき，4章	
上石　圭一	追手門学院大学社会学部教授	1章	
小沼　史彦	東京電機大学理工学部講師	2章	
畑野　勇	学校法人根津育英会武蔵学園記念室長	3章	
佐々木くみ	東北学院大学法学部教授	5章	
伊室亜希子	明治学院大学法学部教授	6章，7章	
吉垣　実	愛知大学法学部教授	8章	
中内　哲	熊本大学大学院人文社会科学研究部教授	9章	
水留　正流	南山大学法学部准教授	10章	
望月　康恵	関西学院大学法学部教授	11章	
中島　琢磨	九州大学大学院法学研究院准教授	12章	

Horitsu Bunka Sha

高校から大学への法学〔第2版〕

2009年4月5日　初　版第1刷発行
2016年4月5日　第2版第1刷発行
2021年1月30日　第2版第3刷発行

編　者　君塚　正臣
発行者　田靡　純子
発行所　株式会社　法律文化社

〒603-8053
京都市北区上賀茂岩ヶ垣内町71
電話 075(791)7131　FAX 075(721)8400
https://www.hou-bun.com/

印刷：共同印刷工業㈱／製本：㈱藤沢製本
装幀：仁井谷伴子

ISBN978-4-589-03740-4

Ⓒ2016 Masaomi Kimizuka Printed in Japan

乱丁など不良本がありましたら、ご連絡下さい。送料小社負担にてお取り替えいたします。
本書についてのご意見・ご感想は、小社ウェブサイト、トップページの「読者カード」にてお聞かせ下さい。

JCOPY 〈出版者著作権管理機構　委託出版物〉
本書の無断複写は著作権法上での例外を除き禁じられています。複写される場合は、そのつど事前に、出版者著作権管理機構（電話 03-5244-5088、FAX 03-5244-5089、e-mail: info@jcopy.or.jp）の許諾を得て下さい。

君塚正臣編

高校から大学への憲法〔第2版〕

A5判・222頁・2100円

高校までの学習を大学での講義に橋渡しすることをねらったユニークな憲法入門書。本文では高校で学んだ用語を明示するとともに大学での基本用語も強調し，学習を助ける工夫をした。高校の新指導要領を踏まえ全面的に改訂。

宍戸常寿編〔〈18歳から〉シリーズ〕

18歳から考える人権〔第2版〕

B5判・106頁・2300円

人権によって私たちはどのように守られているのか？　ヘイトスピーチ，生活保護，ブラック企業……人権問題を具体例から読み解く入門書。SDGs，フェイクニュース，コロナ禍の解雇・雇止めなど，人権に関わる最新テーマにも言及。

永田秀樹・松井幸夫著

基礎から学ぶ憲法訴訟〔第2版〕

A5判・324頁・3100円

好評を博した憲法指南書の改訂版。問題集を全問差し替えるとともに，「憲法判断の方法」などの新項目も追加してさらに充実化を図る。憲法訴訟という実践の場を想定し，そこでの問題解決策を考える形で憲法を論じる。

吉永一行編

法 学 部 入 門〔第3版〕
―はじめて法律を学ぶ人のための道案―

A5判・194頁・2102円

法学部はどんなところ？「学生のつまずきの石」を出発点に，法学部新入生の学習をサポート。「何を学ぶか」「どう学ぶか」の二部構成からなり，法学部生らしい考え方が身につく一冊。法律上の年齢にまつわる豆知識を随所で紹介し，楽しく読み進める仕掛けを追加。

吉田利宏著

法 学 の お 作 法

A5判・196頁・1800円

法学という難しそうな世界の「しきたり」を，本質から順を追ってわかりやすく解説。法律を読むための「学びの作法」から，日常生活を過ごすうえでの「社会の作法」まで，絶妙な例え話で作法の心得を修得する。

林 誠司編

カリンと学ぶ法学入門

A5判・200頁・2200円

商学系単科大学に通う1年生のカリンが，家族や友人・先輩・恋人との間で展開する日常会話から法律問題のエッセンスを学ぶ。条文・用語の基礎知識とともに具体的状況がイメージしやすいようにイラストを多数配置した。

法律文化社

表示価格は本体（税別）価格です